U0362020

The Faith in the Rule of Law

法治的底色

胡 健 / 著

北京大学出版社
PEKING UNIVERSITY PRESS

作者简介

胡健，男，80后，江苏盐城人。华东政法大学法学学士、香港大学普通法硕士、清华大学法学博士。现供职于国家立法机关。这些年，在信访部门拆过信、接过访，在香港特区立法会和终审法院做过实习生，在中越边境小城那坡县基层锻炼过。工作之余，曾开设《法制日报》"香江札记"专栏和《晶报》"法眼旁观"专栏，担任《新京报》等媒体特约评论员、"大头妈妈讲故事"微信公众号义工。在《比较法研究》《法学》等发表学术论文二十余篇，在《中国青年报》《解放日报》《南方周末》等发表随笔评论百余篇；参著法律释义若干，译有《美国破产法》等。

序

孙　潮[*]　徐向华[**]

　　胡健是我们在华政任教时的学生，是一个关注现实、勤于思考、善于表达的年轻人。过去十年，他在工作闲暇之余，笔耕不辍，发表了百余篇法治评论和随笔，是个"高产"作者。如今这些文字要结集出版了，他邀请我们作序。作为老师，我们高兴又惶恐，既为推荐，更是共勉。

　　细读这些年胡健发表的"小文章"，我们觉得有几个特点。一是，涉猎面广。既有对其立法本职工作的思考，又涵盖了民主政治、社会治理、司法改革等多领域的话题，展现了作者较为宽广的理论视野和浓厚的研究兴趣。二是，时效性强。有的文章是编辑约稿的"急就章"，有的文章是作者"拍案而起"的即兴之作，但都是针对当

---

　[*]　孙　潮，贵州省高级人民法院院长，华东政法大学教授、博士生导师。
　[**]　徐向华，上海交通大学凯原法学院教授、博士生导师。

时社会关注的热点问题。现在读来仍有很强的"现场感"和启发性。

三是，富有前瞻。文章有时不在于大小长短，而要看能否起到推动社会进步的作用。作者撰写的文章，关注热点问题，也有不少是前沿问题，且注重提出建设性的意见。从后续进展看，对推动制度的进步和完善有一定价值。**四是**，视角独特。还有一些文章十分有趣，如谈"开会""常识""杀人游戏""街头标语"等，从独特的视角切入，把理念与现实、"大词"与"小事"有机结合起来，读来颇有启发。**五是**，语言生动。本书收录的不少文章，都在媒体上发表过，语言生动，以诙谐简明的话语传递出严肃深刻的观点，对于普及法律常识、推广法治思维颇有裨益。

胡健写的不少"小文章"，最后都落脚到制度设计或制度创新，这既是从事立法工作的职业习惯使然，也是法律人应有的担当。希望他在下一个十年，能够继续深入探索制度形成与运作的规律，同时还应看得更远一些、想得更深一些、做得更实一些，把理想情怀和现实国情、仰望星空和脚踏实地更好地结合起来。毕竟，制度不是用来挂在墙上作装饰的，而是用来有效施行并为民众造福的。建立在现实之上的理想才不是"幻想"，仰望国情之上的星空才不是"虚空"。

一直以来，我们都勉励学生并提醒自己，无论是身处法律界还是法学界，都应有学术良心和责任意识，始终保持关注现实的热忱和解决问题的能力。首先，要注重在实践中去发现并追求真理，不能仅仅满足甚至陶醉于空洞的、想象的、无法实践的理论。其次，要善于在社会变革中抓住制度创新及其嵌入的"天窗期",并且让嵌入的制度符合事物发展的客观规律、符合中国的实际情况。最后也是最重要的,要高度重视、自觉要求所倡议的制度设计能够化成活生生的实践,不仅可接受,而且可操作、可复制。因而制度的设计必须有精品意识,尤其是程序制度必须环环相扣、连贯周全,确保其充分体现工具价值和实践价值。总之,我们要努力在实践中发现真理,让真理体现为制度,让制度成为鲜活的治理手段。对于每一位法律人来说,这是我们施展身手的时代幸运,更是我们在兹念兹的毕生责任。

因此,胡健给文章合集取名为《法治的底色》,我们十分认同。浅层的寓意是,合集中的绝大多数文章都表现出鲜明的法律人思维,可以说是文章的"法治底色"。深层的立意是,期许他并告诫我们自己不忘初心,不弃追求,不辱使命,无论身处何方、身居何职,始终坚守法治信仰,始终秉持敬畏之心,永远保持为人的"法治底色",为人民创造更加美好的法治环境。

是为序。

2015 年 10 月

目　录

第一辑　民主根基

从开会说起　/ 003

把人民的呼声带上"两会"　/ 007

大会堂北门亲历记　/ 010

别让代表建议和委员提案成"空中楼阁"　/ 014

代表议案"上会审议"的法治价值　/ 017

议案提案不宜"重点督办"　/ 021

代表与委员缺位的遗憾　/ 024

莫要动辄"警惕"私营企业主的"参政热情"　/ 027

个案不是人大对司法监督的范围　/ 030

理性看待"两高"的反对票　/ 033

为老百姓看好每一分钱　/ 048

奢侈性采购的根子出在预算上　/ 052

破解乡镇人大建设的制度性瓶颈　/ 056

用"信息披露"取代"政绩广告"　/ 061

正确看待政府的诚恳与善意　/ 064

第二辑　宪意阑珊

从不许公民改名说开去　／ 071

牛群卸任与谢军落选　／ 075

"双重劳动标准"是一种隐藏的歧视　／ 079

媒体与民意　／ 084

消除歧视应是防艾立法核心　／ 087

法治框架内的改革才是真正的改革　／ 091

"多一点赘肉不要紧,杨贵妃照样迷死唐明皇"　／ 095

"杀人游戏"的非典型反思　／ 098

媒体报道真实性的限度在哪里?　／ 102

法治社会离不开道德建设　／ 104

年终总结与契约意识　／ 107

赌博受罚与私域保护　／ 110

警惕法律信仰危机　／ 114

推荐一个"小人物"　／ 116

第三辑　良善之法

该让什么民意"左右"立法?　／ 121

警惕"立法万能主义情结"　／ 125

道德莫要绑架法律　／ 128

立法咨询专家:期待之中的担忧　／ 131

让立法更加民主和透明　／ 135

正视立法中的利益博弈　／ 139

好心是否要有立法支撑?　／ 144

立法没有最优只有次优　/ 149

区域立法协调的法治示范意义　/ 152

公务员工资如何立法规范？　/ 157

唯上是从还是唯法是从？　/ 162

《行政强制法》：给权力的舞蹈戴上镣铐　/ 169

《企业破产法》：一切才刚刚开始　/ 173

银监会扩权：公权与私权需平衡　/ 177

城乡选举权平等：渐进的过程，必然的方向　/ 182

《道路交通安全法》第 76 条：何去何从？　/ 187

规避《劳动合同法》是一条死胡同　/ 193

《劳动合同法》绝不是"吃力不讨好"　/ 196

个人破产立法时机尚不成熟　/ 201

第四辑　治理之道

律师介入信访值得提倡　/ 207

艾滋病预防期待走出法治悖论　/ 210

权利救济途径不畅是私力救济的源头　/ 214

个性化车牌复出引发的思考　/ 218

手机实名制：争论背后的思考　/ 222

应急预案是政府行政能力的"试金石"　/ 228

民间反扒：离"天下无贼"有多远　/ 232

手捧鲜花和街头抓拍　/ 236

养犬立法要避免"两头不讨好"的尴尬　/ 241

"一路畅通"并非遥不可及的梦想　/ 245

禁摩再起风云，程序优先实体　/ 249

宋庄风云的标本意义　／252

从"瓮安事件"看程序正义　／257

第五辑　竞争法则

反行政垄断：反垄断法之核心　／263

卡拉如何 OK——统一 KTV 曲库争论背后的思考　／269

扶上马，送一程，莫恋栈　／273

关注垄断就是关心自己　／277

警惕以"自律"为名，行"垄断"之实　／280

公路收费还贷要"有始有终"　／284

从奥运门票看人情与制度　／290

为《反垄断法》的顺利出台鼓与呼　／293

从通存通兑涉嫌垄断说起　／298

标准背后的垄断诉求　／301

电价上涨该谁买单？　／304

还有多少不合理的"行规"没有打破　／307

《反垄断法》实施前夜的喜与忧　／310

"黑屏"反盗版并非明智之举　／314

第六辑　司法正义

证人保护制度有待深化　／319

检方提前介入：效率优先还是公平优先？　／325

要"大侠"还是要警察　／328

"球迷的狂欢"莫成"赌徒的盛宴"　／332

未成年人司法解释:保护权益还是纵容犯罪? / 336

电脑量刑与法官的理性局限 / 340

信访必须也只能在法治的框架内进行 / 345

创新"调解"这一利益协调的"东方经验" / 349

警惕破产制度设计中的"腐败黑洞" / 354

从"女儿举报父亲"谈"亲亲相隐" / 358

"裸聊"案撤诉的法治理性 / 362

对轻微犯罪不捕不诉:放纵还是宽容? / 366

私力救济式的暴力维权为何层出不穷? / 370

返航事件的法律考量 / 373

"人肉搜索"必须接受法律规制 / 376

网络侵权的认定应"公私分明" / 380

第七辑　公民问政

别拿"不知法"推卸责任 / 387

"新闻发言人"不是"政策传声筒" / 389

"双重国籍"不是引进人才的筹码 / 392

我们为什么难以培养"学术大师" / 395

政府官员不能市场化 / 399

别让"听证会"异化为"恳谈会" / 403

安全感上升引发的思考 / 406

及时叫停"拍卖狩猎权"是明智之举 / 410

莫让爱心为法所伤 / 414

为大龄女青年鸣不平 / 419

公布领导电话能否承载民众诉求 / 422

为立法解禁小商小贩叫好 / 426

把文明的理念内化为文明的习惯 / 429

驻京办该不该撤？ / 431

城市如何让生活更美好？ / 434

第八辑 香江札记

闲话香港立法会二三事 / 441

香港"接访"亲历记 / 447

当"大花筒"遇上"看门狗" / 454

细节之处的司法尊荣 / 461

一场盛典管窥香港法治 / 466

法庭不是解决政治问题的地方 / 471

常识的力量 / 477

"香港胜在有你和 ICAC" / 480

"廉署请你喝咖啡！" / 486

"黑暗年代"的彻底终结 / 491

廉署与警队的"爱恨情仇" / 495

一部纪录片背后的冲突与妥协 / 502

香港街头的"标语"与"告示" / 505

后记：热血的青春还需好好淬炼 / 511

第一辑

民主根基

民主是个好东西。除却希腊城邦那样的"寡民小国",代议制民主是世界潮流。建立和发展代议制民主,一要靠"会议",二要靠"代表"。会议开得好不好,代表选得好不好、干得好不好,在一定意义上标志着这个社会的民主程度、公民权利的保护程度、公共决策的科学程度和民众福祉的实现程度。

从开会说起[*]

　　无论是现代文明社会,还是原始蒙昧部落,"开会"都是绕不过去的"必备事项"。大到每年备受全世界瞩目的"两会"、五年一次的执政党全国代表大会,小到一个小区召开的业主大会、一个学校里召开的学生代表大会,我们的日常生活与"会议"息息相关,不可分离。"开会"是每个行业重要的制度运作载体,国家公职人员只有得到抽象的"人民"通过"开会"任命才能走马上任;大学老师的学术成果、学术道德只有通过"学术委员会""开会"认可,才能如愿以偿地获得"教授"头衔;田间地头的一名普通农民,也要经过慎重思考,在村民代表大会上投出自己宝贵的一票,通过"开会"选举让信得过的人成为全村致富奔小康的带头人。作为三百六十行中某一行当中

---

　　* 本文发表于《解放日报》2007年4月21日观点版,发表时题为《让我们从开会开始》,《文摘报》5月28日转载,题为《说开会》。

从开会说起 | 003

的一员，我们必须信任"开会"这一载体，并通过"开会"让这个行业正常地运转。

　　无论是在东方，还是在西方，"开会"的重要性早已形成共识。美国一位名叫罗伯特的将军，由于一次失败的主持会议经历，下定决心把如何开会研究透彻，写出了一本被称之为"开会圣经"的小册子——《罗伯特议事规则》。这本小册子在一定程度上可以说影响了整个美国社会的运行效率和民主程度，以至于成为每个国会议员的案头必备——因为据说国会议事程序未尽事项，以罗伯特议事规则为准。中国的革命先驱孙中山先生同样重视"开会"，把"开会"视为中国民主启蒙的起步，更把会场视为民主培训的重要课堂。为此，他参考《罗伯特议事规则》，也撰写了一本有关如何开会的小册子，名曰《民权初步》。因为如何"开会"，确实是"吾国人行民权第一步之方法"。

　　其实从民主政治的角度来看，"开会"承载着三项重要职能。一是民意汇集。无论是直接民主，还是间接民主，都要"开会"这个程序，来彰显民权、汇集民意、反映民声和集中民智。一个坚持"开会"的国家，不一定是实现民主的国家，假民主自然也可能通过"开会"而大行其道；但一个"不愿开会"或"不让开会"的国家，肯定是一个专制的国家。二是权力监督。无论是国家政权还是社区自治、团体自治，都涉及一个"授权"之后的权力监督问题，这同样要通过"开会"来解决。"一府两院"的工作报告，只有获得人民代表大会的"信任"投票，行政权和司法权的运行才会得到合法的确认；村委会的工作能不能让全体村民满意，学生会的服务是否得到全体学生的认可，业主委员会的奔走能否得到全体业主的信任，一样也要接受"开会"的监督。至于形形色色的听证会、论证会、座谈会或恳谈会，在某种程度上讲也是一种对各式各样的"权力"进行有效制衡的会议。三是决策执行。授权、监督解决了一个权力运行的合法性的问题，但任何一项"权力"都要通过决策、执行来落实，如传达精神、布置工作、沟通协调、吹风研讨、表彰先进、总结成绩等，这些工作同样也要"开会"。当然，被广大民众质疑、批评的"文山会海"，不少正是这一类的"开会"。

近年来，执政党和国家机关一系列关于"开会"的动议或者动向值得我们关注。全国"两会"逐年压缩了代表的"会外活动"，让代表参加会议行权履职的时间更长一些；公布了代表团的驻地，加大了代表团的开放力度，"开会"越来越公开和透明；中央带头，各地跟进，不断改进会风文风，减少会议、精简文件，提倡开短会、写短文，努力提高工作效率；有的地方还出台各式各样的"开会守则"，对会议的会期、规模、程序等作出了具体限制和要求，以期通过这些"硬约束"的指标深入倡导新会风。我们可以从细微处清晰地发现："开会"，正逐步回归其本身的功能和属性，越来越贴近民众，越来越关注民生，越来越彰显民权。这既体现了执政党"民本意识"的进一步深化，"群众路线"优良传统的发扬光大，更体现了公权力对私权利的尊重和对自身运行的约束。

"开会"，任何一个民主、开放社会的公民每天都要关注并参与其中，会开得好不好，在一定意义上标志着这个社会的民主程度、公民权利的受保护程度、公共决策的科学程度和民众福祉的实现程度。作为公民，从民主视角看"开会"，我们期待涉及"民意汇集"与"权力监督"的会议开得越来越多，时间越来越长，讨论越来越充分；

只有如此，公民有序的政治参与才能通过"开会"这一有效途径得到实现。期待涉及"权力运行"和"决策执行"的会议开得越来越精简，越来越公开，越来越透明，民众和专家的参与越来越多；只有如此，纳税人的"开会"负担才会越来越轻，权力寻租的空间才会越来越小，民主监督才能越来越实，决策的科学化和民主化的水平才会越来越高。

把人民的呼声带上"两会"[*]

每年的"两会"前,各大媒体会就老百姓最关注的热点问题开展问卷调查,参与者颇众。民众积极参与、代表普遍关注、媒体大力支持,日益成熟、互动的"民意调查"充分显示:"两会"不仅仅是代表委员参政议政的殿堂,更是广大人民群众表达社情民意的重要平台。

代议制民主中,民意代表的作用十分重要;他不仅是下情上达的重要途径和渠道,更是维护选民利益、监督政府行为不可缺少的关键一环。人民代表大会制度是我国根本的政治制度,"政治协商、民主监督、参政议政"是人民政协的三项主要职能,决定了人大代表和政协委员在中国要承担其民意代表的重要职责,这既是宪法赋予的身份,更是人民寄托的重任。对于中国这样一个正处于转型期的

---

　　* 本文系唐俊编辑约稿,发表于《法制日报》2007 年 3 月 1 日评论版,发表时题为《把民情民意民声带上"两会"》,《报刊文摘》2007 年 3 月 7 日全文转载。

国家,经济利益多元化,利益诉求多样化,人大代表和政协委员作为民意代表,如何才能更加精准地分析、取舍和提炼民意,把人民的呼声带上"两会"?

第一,少表达一些"地方性"的民意,多表达一些"全国性"的民意。代表委员来自五湖四海,民意表达中包含一些"地方性"的因素不可避免,为本地方的经济发展谋取更好的发展环境、争取更好的政策支持,也在情理之中。但是代表委员是人民的代表委员,而不是地方的代表委员:从地方性的角度考虑多了,势必就会少从全国性的层面考虑;为本地的利益谋划多了,势必就会削弱全国一盘棋的统筹。人民的代表和委员,虽然来自地方,但民意表达却应当立足于全国,从科学发展的角度献计献策,才能平衡地方利益,实现区域协调发展。

第二,少表达一些"行业性"的民意,多表达一些"全局性"的民意。代表委员来自各条战线,是各行各业的行家里手和业务骨干。但是,代表委员不仅仅是行业界别的代表委员,更是全体人民的代表委员。往年的"两会"报道中,我们时常发现这样一个现象:来自教育界的代表委员热衷于谈义务教育、高考改革、素质教育;来自政法界的代表委员倾向于谈司法公正、平安建设、综合治理;来自文艺界的代表委员更愿意谈知识产权保护、艺术创新、文化遗产保护。这固然体现了代表委员在本领域所发表意见的专业和权威,但须知,代表委员参加的是"两会"而不是行业或部门会议,身份是民意代表而不是某个领域的专家或资深人士。因此,代表委员更应当从各自的职业和行业背景中走出来,关注的面更广一些,管的"闲事"更多一些,这样的民意表达才会更充分、更全面,更能反映人民的呼声。

第三，少表达一些"官方"的民意，多表达一些"草根"的民意。众所周知，人大代表的组成应当具有广泛的代表性，人大代表中如果官员比例特别是"一府两院"官员的比例过高，无论是从逻辑上讲，还是从实际情况看，都不利于国家权力机关履行立法和监督职能。近几年来，学界和实务界也一直对"官员代表"比例过高多有批评。其实代表的身份并不重要，我们不能说，担任行政职务的代表就只会代表公务员群体，不会代表其他群体"发声"。事实上，随着社会阶层的分化组合，"来自某个领域、群体或阶层的人大代表，主要就是为这个领域、群体或阶层说话；相应地，某个领域、群体或阶层的选民，主要也是从自己的领域、群体或阶层选举人大代表，将他们视为这个领域、群体或阶层的代言人"，这种理想化的代表模式是不存在的。在"官员代表"比例尚未下降的现实情况下，我们期待着"官员代表"在步入"两会"会场之后，暂时"忘记""官员"身份，"牢记""代表"身份，以平等的态度、平和的心态、平实的作风参加审议，"官方指示"少一些，"民意表达"多一些。

大会堂北门亲历记[*]

　　"两会"政治季,人民大会堂的北门向来是各路媒体的"兵家必争之地"。为何? 因为列席的部长们必须要走过那条长长的红地毯,才能进入会场。笔者曾多次参加"两会"新闻报道组的工作,亲眼目睹、亲身经历了大会堂北门的"部长通道"这一"媒体焦点"的变迁。

　　最初,是"百团大战"。每当某位曝光度高或者恰逢分管领域涉及热点新闻的部长一进入北门,立马引起一阵剧烈的骚动,大批记者将部长团团围住,长枪短炮让部长应接不暇,有的直到开会铃声响起都无法脱身,只能靠新闻组的小伙子们把部长从包围群中"拯救"出来。这种"中国特色"的采访,毫无章法可循,记者们不满意,

---

　　* 本文写于 2014 年 3 月 10 日,蒙中华全国新闻工作者协会邢发亮兄不弃,发表于中国记协网"两会手记"。2016 年 3 月 11 日作了修改。

因为推搡拥挤中自顾不暇，仪容不佳，更问不出什么有价值的信息，最多只能和部长来一次亲密接触；部长们也不满意，且不说可能耽误参加会议，在重重包围中接受的采访，新闻传播效果可想而知。因此，不少部长选择了"跑"，一进北门就"百米冲刺"，试图将大批记者甩在身后，"你追我赶"的壮观场景登上了不少媒体的头条。

后来，是"春秋战国"。 依稀记得好像是从 2008 年开始，"两会"新闻组痛定思痛，集思广益，应对并解决这种混乱的采访局面。广为人知并备受称道的就是设立了专门的"采访区"，部长在红线里面，记者在红线外面。看到部长经过，记者不能越线，想要请部长接受采访，只能靠"喊"。面对此起彼伏的"点名"，部长们不用再跑，想接受采访的，可以大方自信地站到采访台前，侃侃而谈；不想接受采访的，可以微笑以对，拱手作揖，从容入场。这种经过改良的采访方式，部长们满意，因为不用汗流浃背、狼狈不堪，不会耽误开会、有辱斯文。但不少记者不满意，因为绝大多数时候，记者们"喊破嗓子"也不如部长们"甩开膀子"。

接着，是"三国演义"。 新闻组的一位资深同事，试图在秩序和效果之间找到一种平衡，于是想出了请记者们推选代表入场邀请部长接受采访的点子。入场的记者有时两位，有时三位，据说竞争十分激烈，最后推选出来的不少都是青春靓丽的女记者。巾帼女英雄们邀请部长接受采访，真是使出了浑身解数：有的动之以情，晓之以理；有的插科打诨，戏虐调侃；有的十分生猛，生拉硬拽。结果怎么样呢？借用《地道战》里的一句台词，"各村有各村的高招"，不少记者甚至总结出每一位部长的性格特点和语言风格，"看人下菜碟儿"，成功邀请部长接受采访的几率确实提高了不少。这种颇有"中国智慧"的小小改进措施,赢得了不少媒体的赞誉,有序有礼有节,给部长们提供了正式的采访平台,也捧红了不少"一拦而红"的"拦部姐"。

从 2013 年开始,大会堂北门的采访又有了新方式,不再提倡记者们推选代表入场邀请部长,改由大会工作人员与部长沟通,劝说部长接受采访。据同事介绍,2016 年接受采访的部长数量大幅上升。面对媒体的热情邀约,部长们几乎是"有求必应",有时一位部长正在接受采访,有的部长需要等待十多分钟才能站上"采访台"。比起新闻发布会,记者们在"部长通道"问的问题更加尖锐,部长们需要用较短的时间、简洁的语言,把记者们最关心的问题讲清楚。在这个过程中,部长们与媒体打交道的能力在增强,"离麦克风越近,离民意越近"的理念也逐步被接受。

热闹与进步之余,需要我们反思的是:为什么每年"两会"的大会堂北门都成为媒体的焦点和记者的战场? 究其根底,就是一年三百六十五天,媒体记者尤其是都市媒体、地方媒体和新媒体的记者能够见到部长面、听到部长声音的机会实在太少了。地方债、转基因、简政放权、央地关系、教育平权、养老保障、公车改革……憋了三百六十四天的问题,要在一天里抓住部长们问个清楚,能不让大会堂北门"热火朝天"吗? 说到底,要想让部长不跑不躲,记者不追不围,关键是打造阳光政府,让政府决策的每一个环节、每一次进步、每一步落实都让广大公民看得见、听得到,摸得着。

媒体是社会的公器,记者的背后,是广大的公民;记者的提问,某种程度上也是公民知情权、参与权、监督权、表达权的延伸。人民政府是人民的政府,对人民负责、受人民监督天经地义,理所当然。

人民政府的公仆,善于运用"两会"这个绝佳的政治平台,把政策的本意及时公布,把决策的考虑解释清楚,把长远的规划问计于民,既是"权为民所赋"的必然要求,也是依法治国理政、广泛凝聚共识的必由之路。尤其是在深化改革全面推进,利益格局深刻调整,公民表达多元变动的大背景下,能不能及时发出政府的好声音,推进主流的正能量,凝聚全民的强信心,是对每一位人民公仆治国理念和执政能力的深刻考验。期待每年"两会"期间,每一位部长都大大方方地走上北门的红地毯,主动去接受媒体的采访——做得好的"得意之作",希望媒体朋友多去报道,促进政策落地生根;做得不好或不尽如人意之处,要主动去解释说明,以期社会的理解,为政策调整打好伏笔;应该做但因为阻力大、掣肘多,还没有做成的事,要主动发声,赢得媒体和公民的支持,为深化改革凝聚动力和能量。

别让代表建议和委员提案成"空中楼阁"[*]

"两会"前,媒体专门报道了农业部研究落实代表建议和委员提案的有关情况,并列举了两份建议和一份提案的内容、进程(部分办理情况)、链接(举出具体实例)。按照惯例,一般只会在"两会"召开之时关注当年属于"热点"的建议和提案,不会在隔了一年之后"炒冷饭";即使报道去年的建议和提案,一般也只会报道办结的数目,以示承办单位的"高度重视"和"认真负责",不会再次出现建议和提案的内容,更不会出现承办单位的办理意见和结果。这样一个看似寻常的报道,一个极易忽视的细节,值得我们仔细回味。

人大代表的建议(议案)、政协委员的提案,无疑是民意代表履行为民代言职责的一种重要方式;国家权力机关、行政机关和司法

* 本文系《新京报》2005 年 2 月 28 日社评,发表时题为《公开建议提案办理情况需新机制》。

机关妥善办结代表建议和委员提案,不仅是宪法法律的刚性要求,更是民主政治的重要体现。长期以来,建议和提案在我国现代化建设过程中发挥了巨大的作用,但也毋庸讳言,建议和提案作用的发挥仍然受到一定限制,主要体现在建议和提案的办理和落实环节上。没有制度保障,再好的建议和提案也会沦为空谈,代表和委员再多的心血也不得不付之东流,相伴而生的是没有渠道表达关系民生的利益,缺少民意代表监督和制衡政府行为。

那么如何为建议和提案的落实提供制度的保障呢?确保程序公开是前提,构建责任机制是基础,两者结合,才能充分保障民意代表的建议权和提案权,发挥民意代表为民代言、为国献策的重要职能。

阳光是最好的防腐剂,程序则是制度建设的万灵丹。程序公开包括建议与提案的内容公开、办理部门公开、办理过程公开、办理结果公开。通过公报或媒体,全文公开建议和提案的内容,而非蜻蜓点水式的"热点"报道,可以提高代表和委员的"代言意识"。作为民意代表,能否下情上达、反映民生是衡量其履职能力的重要标准;公开建议和提案的内容,让选民知晓、社会议论,这本身就是对代表和委员一种无形的"监督",也是对社会知情权的尊重。这种监督的压力和尊重权利的选择必将进一步增强民意代表的责任感和使命感,激发民意代表的主体意识,顾民生、想大局、议大事、献良策,提高建议和提案的"含金量",向选民交出合格的答卷。

公开办理部门、办理过程和办理结果,不仅是政府部门一种善意的姿态,更是不可推卸的职责。人民政府为人民,"有权必有责、用权受监督、侵权要赔偿",是政府行为的原则和准绳。因此,能否将办理部门、办理过程、办理结果公开，就不仅是对民意代表履行答复和办理的义务，更是对一个法治政府执政能力的考验。

办理结果"阳光化"的意义不仅在于将代表和委员的民主权利和民意诉求落到实处，还在于责任机制的构建。代表建议和委员提案不仅"要"办理，而且要办理"好"，标准就是问题是否得到解决，代表和委员是否满意。如若对于办理的结果仅仅只是公开，却缺少征求代表和委员意见的程序，没有构建相应责任机制，那么最终仍然会陷入"能办就办，办不了就拖，拖不了就敷衍"的恶性循环。这无益于回应广大选民的合理诉求、无益于实现民意代表的民主权利、无益于有效监督政府的行为、更无益于和谐社会的建立。

民主的进程不是一蹴而就的，而是一个渐进的过程，有赖于一个个细节的推动，我们期待着这样的"细节"会越来越多。我们期待着每年"两会"建议和提案公开的内容能够更全面一些，公开办理的部门更多一些，公开办理的过程更透明一些，公开办理的结果更扎实一些，责任机制更有效一些。如此，社会民众、民意代表和法治政府的良性互动将进一步制度化和规范化，民主政治的进程将更生动一些，和谐社会的建设步伐将更快一些。

代表议案"上会审议"的法治价值[*]

根据《立法法》，30名以上的代表联名，可以向全国人民代表大会提出法律案。人大代表来自人民，代表着人民，承担着民意代言人的重要职责，这是宪法赋予的身份，更是人民寄托的重任。因此，人大代表依法提出议案，把民众意愿上升为国家意志，既是代表行使权力、履行职责的重要方式，也是民众参与立法的重要途径，更是人民主权的应有之义。2007年提请全国人大常委会审议的《民事诉讼法修正案（草案）》，之所以引发各界高度关注，不仅是审判监督程序的完善和民事执行程序的重构，更在于这部草案并非闭门造车的产物，而是全国人大常委会法制工作机构以全国人大代表提出的有关议案为基础起草的。尽管提请常委会审议的尚不是"原生态"的

＊ 本文发表于《解放日报》2007年7月10日观点版，发表时题为《代表议案"入法"的标本价值》。

代表议案,仍然经过了法制工作机构的"加工"和"把关",但代表议案直接成为法律草案的"基础",仍然有着不容忽视的法治意义和标本价值。

首先,代表议案"上会审议"进一步凸现出人大代表的立法技能和法律素养进一步提升,责任意识和代言"本能"进一步强化,代表议案在整个立法程序中也发挥了越来越重要的作用。尽管从立法法的规定和法学理论上看,代表议案可以成为立法的"源泉"和法律的"母本",但自1979年以来,还从没有代表联名提出的法律案被列入立法议程审议通过的。一个重要的原因就是长期以来代表议案的数量与质量不容乐观。1983年,六届全国人大一次会议仅收到代表议案61件,且其中只有33件作为议案处理,另外28件由于过于简单、尚不成熟或者缺乏可操作性被作为建议处理。此后,代表议案数量逐年增加,并于2004年到达了1 374件的历史最高点,但质量并不尽如人意,最终只有641件作为议案处理,合格率仅为46.7%。近年来,随着民主法治进程的推进,代表责任意识和履职能力不断强化,代表议案的质量不断提高。从2006年、2007年的代表议案看,内容更加完整、规范,案由、案据清楚,绝大多数议案有具体方案,许多法律案有法律草案文本,有的还有必要的说明。人大代表为民代言的职能进一步凸现,立法技能和法律素养进一步提升,代表议案在整个立法程序中也发挥了越来越重要的作用:在立法规划和计划的编制中,代表提出的法律案是确定立法项目的重要依据;在法律草案起草、修改过程中,代表议案文本内容和代表提出的意见更多地被吸收到法律草案中来;在法律草案的审议阶段,相关议案的代表被邀请列席会议,参与对法律案的审议,进一步表达意见,提高立法质量和效率。因此,此次代表议案成为法制工作机构起草法律草案的重要基础,看似偶然,却正是代表议案质量不断提升的大背景下的必然。

其次,代表议案"上会审议"彰显了民众的意愿,进一步加强了立法的公众参与,推动了立法的民主化进程。立法的过程,实质上是利益的整合、协调、平衡的过程。平衡各种不同利益的最好方法,就是让他们都能充分地参与到立法的过程中来,把各自的利益要求都充分地表达出来,然后加以整合、协调、平衡,这样才能使得制定出来的法律正确反映和兼顾各个利益群体的不同要求,才能使得法律的实施更加有效,形成"良法之治"。因此,法律作为一种"公共产品",必须具有广泛的民主性和民意的代表性,否则就可能蜕变为服务于少数利益集团的"私人产品"。代表议案成为起草法律草案的基础,这个制度细节上的一小步,使得立法民主化迈出了一大步,代表议案与法律文本之间"天堑变通途",不再有高山沟壑之深,不再有千山万水之远。议案中凝聚民智,审议中反映民意,民众的意愿将在每一部通过的法律中都得到充分的体现,而法律所产生的影响,又带来许多看得见、摸得着的变化,把代表和人民群众的意愿逐步化为现实,这正是立法民主化进程最真实的写照。

再次,代表议案"上会审议"拓宽了法律案的来源,更加充分、直接地表达了民意,有力地遏制了部门利益的立法扩张。在一些法律、法规和规章的起草制定过程中,由于立法程序的不公开、不透明和不民主,部门"小利益"悄然扩张,一点点"分割、吃掉"国家和公众的利益,导致"行政权力部门化,部门权力利益化,部门利益法制化",行政主导的立法带有强烈的工具主义、功利主义、管理主义色彩。为了遏制部门利益的立法扩张,近年来各级立法机关采取各种措施推动立法的民主化和科学化;从向社会征集立法项目,到委托中立的机构起草法规草案,再到立法听证会、专家论证会、法律法规草案公开征求意见,民意在立法的规划、起草、论证、听证、审议等各个环节得到了彰显。但我们同时也要清醒地认识到,充分发挥人大代表在立法中的作用,才是充分表达民众意愿、有力遏制部门利益的治本之策。代表议案成为法律草案的基础,打破了部门对法律案的垄断,大大拓宽了法律案的来源,使民意得以更加便捷的方式和有效的途径融入立法进程,有力地遏制了部门利益的立法扩张。

人大代表肩负着人民重托,能否下情上达、反映民生,能否仗义执言、为民请命,能否科学建言、理性维权是衡量其履职能力的重要标准。我们期待,人大代表更加细心地倾听民众呼声,更加敏锐地体察民众意愿,通过细致周全的调查研究和符合立法规律的准确表达,形成形式完备、方案可行、代表民意的法律案,与时代发展同步、与社会进步共鸣,将民众的呼声和意愿越来越多、越来越充分地"写"进一部部法律中。

议案提案不宜"重点督办"*

    近年来，为了保证人大代表议案和政协委员提案的办理质量，不少地方的人大和政协采取了"重点督办"或者"挂牌办理"的方式。

    "重点督办"是对特定时期、特定区域的某一具体的重大事件的处理方式，正因为地区的敏感性、时期的阶段性或事件的紧迫性，才会有处理方式的特殊性。"重点督办""挂牌办理"是"特事特办"的表现形式，一定程度上可以集中有限的人力和物力，处理最为紧迫的事件，尤其是事关社会公共利益与公共秩序、危害公民的健康与生命的事件。比如马加爵案件，社会反响大，作案者本人具有极大的社会危害性，因此公安部门"特事特办"，将"重金悬赏"与"挂牌督办"相结合；"阜阳奶粉""苏丹红"等事件牵涉千万群众的身体健

---

    * 本文发表于《中国青年报》2005 年 4 月 5 日"冰点时评"，发表时题为《提案不宜采取"重点督办"的方式》。

康和生命安全,查处晚一天,危害就多一天,因而为了尽快查处,监管部门不可避免地要运用"领导批示""紧急通知""突击行动"等特殊方式。"特事特办"在不违反法治精神的前提下具有社会合理性,尤其在当下中国法治尚未成熟的现阶段,"有形的手"还紧紧握着"无形的手",市场经济和社会秩序尚未达到自发调节和完善的程度,带有一定人治色彩的"特事特办"就不可避免具有存在的现实土壤和广泛的政治需求。

但"重点督办""挂牌办理"是否可以类推适用于作为代表和委员们表达民意、参政议政的方式的人大议案和政协提案呢? 代表委员们所关注的是社会生活中一个个具体的人与一件件具体的事,体现在议案提案中则是从具体到抽象,经过分析、总结、归纳遂形成的一条条政策或法律建议。这些建议是否符合社会现实,能否体现人民意愿,还有待议案提案办理部门和有关决策机构在下一年度"两会"召开之前进行研究和论证。既不能"不急",否则就是提案办理部门的失职和对民意的漠视;但更不能"太急","心急吃不了热豆腐",决策尤需审慎和冷静。因此,代表议案和政协提案并没有"特事特办"的必要性。

人大议案和政协提案都是民意表达的方式,法律面前人人平等,作为民意表达的方式更没理由区分内容优劣和办理次序——民意表达一律平等。我们很难说,普通议案提案所关注的问题就不如重点议案提案所关注的问题有价值。每一份议案提案都凝聚着代表委员的智慧与心血,反映的问题都关系着公民的权利、家庭的稳固、经济的发展和社会的和谐。莫说议案提案事太小,其实件件总关情。

更为关键的是,人大议案和代表提案的提出、办理和答复都具有极强的程序性。程序公正是实体公正的基础,因此议案和提案运作的程序是否公正合理直接关系到民意能否得到伸张,渠道是否通畅。而"重点督办"这种"特事特办"的形式则是以牺牲其他议案提案的办理为代价的,表面上尊重了"民意",表现出"重视",实际上却伤害了代表委员平等的提案权。议案提案无小事,件件都重要。不分先后,不分轻重地研究、论证和落实每一件议案提案,才是对民意最好的尊重。

代表与委员缺位的遗憾 *

　　说一件新鲜事。一位名叫李红光的普通深圳市民,热心公益事业,自费 10 770 元在纸媒刊登广告,提出了 12 条市政建议,希望得到代表委员的关注。然而这种公民热忱却没有得到回应:发给两位连任人大代表的邮件一直没有回音,而给市人大和市政协公开信箱的建议目录也是石沉大海。最后接受了这 12 条建议的不是代表委员,而是市委、市政府的"代表"。尽管李红光希望通过正常渠道对社会发展的问题表达公民诉求的初衷已然实现,但却留下了一丝淡淡的缺憾:我们的代表与委员为什么听不见民意?

　　代议制民主中,民意代表的作用十分重要。人大代表和政协委员作为民意代表,不仅要及时地联系选民、准确地反映民意,更要学会如何通过多种渠道去采纳、取舍和提炼民意,通过代表建议和委

　　* 本文发表于《人大研究》2005 年第 10 期"卷首语"。

员提案履行民意代表的法定职责。然而现实的状况却令人担忧。如果说广东"议案大王"王泽华主动请辞,体现了一种身份自觉和角色归属意识,那么安徽省人大常委会委员高明伦以"科研管理工作繁重,并且感觉自己法律知识有限,不适合承担立法责任"为由提出辞职申请,更是体现出人大代表从政治待遇到责任意识的可喜转变。但是"代表辞职"这件原本很正常的事成了热点新闻,背后隐含着人们对这样一种现象的不满:不履职的民意代表在席位上泰然自若、岿然不动,开开会,举举手,握握手,竟然也可以稳稳当当地干上一届、两届甚至多届,实在是一件匪夷所思的事情。症结就出在我们的大多数民意代表习惯于"向上看",却没有学会"往下走"。

李红光自费刊登广告,本意是希望代表委员予以关注并在"两会"上反映,而非由市委、市政府"代表"接受建议。这折射出社会转型时期,公众对民意代表角色的关注点正在发生变化。由于社会利益格局的复杂化,使不同利益群体之间的冲突日益增多。人大制度和政协制度是现行体制下较为开放的民意表达机制,人大代表和政协委员拥有越来越大的影响价值,掌握着一定的公开话语权。公众对民意代表角色更为关注,对代表是否认真履职也更加关心。如果我们可以把李红光的广告看成一场对人大代表和政协委员履职能力考试的话,很遗憾,铃声响起要交卷的时候,大多数的代表和委员没有交卷甚至交了白卷。

10 770元,数额不大,但对李红光而言无异于一笔"冤枉钱"。作为一名普通公民,李红光向民意代表反映意见、建议本是一项法定权利,而倾听并予以回应则是民意代表不可推卸的职责,但是民意代表的"不在线"使其不得不担负表达公民诉求的政治成本和经济成本。10 770 元,数额不大,对全社会而言却是花在了刀刃上。这笔钱让我们看到了民意代表与普通选民之间缺乏有效的沟通渠道,看到了公民表达诉求的直观成本,更让我们反思民意代表长期以来形成的制度惯性以及针对民意代表的激励和惩罚机制的缺失。

10 770 元花了,希望今后能够尽量减少为表达公民诉求、寻求民意代表"枉花钱";希望当我们有意见和建议要表达时,能找得到民意代表来听我们的表达;希望民意代表能够走进寻常百姓家,主动询问选民是否有诉求需要表达。"知屋漏者在宇下,知政失者在草野。"希望民意代表更多地来自"草根",懂得理解,学会倾听,让民众与政府有更多良性的沟通,让市民社会与政治国家有更和谐的互动。

莫要动辄"警惕"私营企业主的"参政热情"*

《中国私营企业大型调查(1993—2006)》一书显示,中国私营企业主的政治态度表现出鲜明的利益特征,更多地体现在经济层面。尤其需要注意的是,在最近一次的调查中,28.8%的私营企业主认为"争取当人大代表、政协委员"最为迫切。对于私营企业主日益强烈的参政热情,有论者认为少数私企老板把人大代表、政协委员身份当成一顶"红帽子",企图给自己的企业经营或其他社会活动涂上"保护色",对这种"参政"动因必须保持高度警惕。

代议制民主中,民意代表的作用十分重要,不仅是下情上达的重要途径和渠道,更是维护选民利益、监督政府行为不可缺少的关键一环。但不可否认,目前还是有为数不少的私营企业主把人大代

---

* 本文系《新京报》编辑赵继成约稿,发表于《新京报》2007年11月8日评论版,发表时题为《无须"警惕"私营企业主的"参政热情"》。

表和政协委员的身份看成是一种荣誉、一种认可，还有一些私营企业主把人大代表和政协委员的身份视为结交政府官员、打通相关环节、"优化"创业环境的机会和平台，更有少数私营企业主把人大代表和政协委员的身份当成遮风避雨、逃脱罪责的"保护伞"。这些不正常的现象，是否在提醒我们应当戴上有色眼镜去分析、揣测私营企业主的"参政热情"，进而对这种"参政热情"保持高度警惕呢？笔者认为，答案是否定的。

从私营经济入宪，到私营企业主中的先进分子入党，再到"非公经济三十六条"，二十多年中，私营企业主阶层队伍逐年壮大，综合素质与社会地位逐步提高；私营企业经营规模明显扩大，经济实力日渐增强；私营企业经济效益和社会效益逐步增加，社会贡献突出。私营企业主在经济上的作用和在政治上的地位日益明晰。但长期以来对私营企业主"原罪""第一桶金"的质疑，贫富两极分化导致的弥漫于社会上的"仇富"心态，以及部分私营企业在承担社会责任方面的乏力和消极，社会舆论并没有给予私营企业主足够的宽容和耐心。正因如此，部分触犯刑律的人大代表的私营企业主身份才会被无限扩大，一些私营企业主正当合法的利益诉求和参政热情也被怀疑是"别有用心"，必须"高度警惕"。

林子大了，什么鸟都会有。每个社会群体、阶层内部都有好与差、优与劣之分，这是正常的。在私营企业主身份的人大代表中，虽然有刘涌、桑粤春这样的害群之马，但更多的是像周晓光、周建平这样具有社会责任感、积极为民代言的民意代表。就如同不能因为出了一小部分贪官就否定整个干部队伍的廉洁一样，如果因为一小部分私营企业主不正常的参政心态，就质疑甚至否定整个群体的参政热情,无疑是不够公道、不尽合理的。

此外,不少私营企业主之所以会把人大代表和政协委员的身份视为"红帽子",固然有其自身的原因,但答案不能光从私营企业主身上找。如果政府的行政权力得到有效规范,杜绝乱收费、乱罚款、乱摊派现象;如果经济领域的资源配置不再为政府部门所垄断,行政审批、配额分配、工程招标更加透明一些;如果民营企业能够在市场准入、信用贷款、土地出让、招标投标等方面真正获得与国有企业平等的地位,头顶上的那块"透明天花板"能够彻底消失;相信私营企业主能够以更加健康、积极的心态来看待和争取人大代表和政协委员的身份,而这一身份也可以真正回归民意代表的政治属性。

人大代表和政协委员,对于个人而言,是一种身份;对于整个社会而言,更是一种"公器"。对于任何一个社会阶层或职业群体来说,都可以并且应该有参政议政的责任和热情,通过担任人大代表和政协委员,在立法和决策过程中,倾听民意、表达民声,将某个阶层、群体的局部利益和整个国家、社会的整体利益有机结合起来。从这个意义上讲,工人、农民、干部的参政热情与私营企业主的参政热情没有本质差别,都是正当行使其政治权利。因此,参政热情不能被贴上阶层或者职业的标签,我们不能带着有色眼镜去分析揣测甚至"高度警惕"私营企业主的"参政热情"。

个案不是人大对司法监督的范围[*]

历史经验证明,保证司法公正,一方面离不开司法独立,没有独立就没有公正;另一方面又离不开监督,没有监督的权力必然导致腐败。近年来,随着人大权威和地位的日益提高和作用的日益加强,人大对司法机关的监督力度也有所加强;与此同时,一些地方出现了一些越位监督、违法监督的做法,其中最为典型的就是人大对司法个案的监督。

人民代表大会制度是我国的根本政治制度,这个制度的基本原则是民主集中制,即国家权力集中由全国人民代表大会和地方各级人民代表大会统一行使。权力机关与司法机关不是平衡关系,而是立法与执法、监督与被监督的关系。人大开展司法监督,无疑具有

---

* 本文发表于《公民导刊》2005 年第 12 期,发表时题为《个案不是人大司法监督的范围》。

宪法上的正当性。

但是,人大监督必须以尊重司法独立为前提,不能任意和随意,且必须限制在一定的范围内,采取恰当、合适的形式,努力把人大监督和司法独立的冲突降低到最小程度,把对司法独立的影响控制在最小范围,在促进司法公正和效率的目标下实现两者的平衡。因此,人大监督司法部门应当遵循集体行使职权、事后监督和不直接处理具体案件的原则;监督类案而非监督个案,集体监督而非个人干涉;重点应当放在对司法官员的监督和对司法制度运行的监督上,对于案件审理的纠正,应由审判机关和检察机关严格按照法定程序解决。

首先,在处理方式上,要以不干涉司法独立为前提,接受案件、了解案情、调查取证和提出意见都应有明确的法律依据和严格的法定程序。如果代表接到群众反映司法不公的,可以将群众反映的材料转交给人大常委会的有关机构处理;如果代表对某一有重大影响的案件的审理进行监督,可以向人大常委会组成人员反映有关情况,请其以集体行使职权的方式依法监督。

其次,在监督内容上,应将对司法部门的监督重点放在司法队伍建设、作风建设和司法制度建设上。就具体案件而言,监督内容应放在法官、检察官是否有违法乱纪行为,审理是否有明显程序违法,对同类案件的处理是否有难以解释的严重差异上,而不能直接对案件的审理提出具体意见。

再次,要坚持回避原则。代表在监督司法案件时,应从客观公正的角度正确行使职权,若案件涉及代表本人或利害关系人,代表应遵循回避原则,不能以代表身份干涉案件的处理。

补记：

2006 年 8 月 27 日，十届全国人大常委会第二十三次会议表决通过《中华人民共和国各级人民代表大会常务委员会监督法》，未再对"个案监督"作出规定。

理性看待"两高"的反对票[*]

　　每年"两会"雷打不动的六大报告(政府工作报告、计划报告、预算报告、全国人大常委会工作报告、最高人民法院工作报告和最高人民检察院工作报告)中,最有看点、最有争议、最有悬念的就是"两高"的工作报告。2015年"两会","两高"报告收获2000年以来最佳战绩——其中,最高人民法院工作报告(以下简称最高法报告)以2619票赞成,213票反对,44票弃权获得通过;最高人民检察院工作报告(以下简称最高检报告)以2529票赞成,284票反对,61票弃权获得通过。2016年"两会","两高"报告反对票再创新低——其中,最高法报告以2600票赞成,208票反对,46票弃权获得通过;最高检报告以2560票赞成,239票反对,51票弃权获得通过。

　　有人问我:"如何看待'两高'的反对票?"问题太大、一言难尽,

<hr>

　　* 本文完成于2016年3月16日,何帆法官微信公众号"法影斑斓"首发。

还是静下心写篇小文章,对"两高"的反对票作些梳理和分析。

一、为什么"两高"报告这么受关注?

"两高"报告为什么如此受关注? 笔者从十年的旁观经验,初步分析有以下三个原因:

一是,从议程设置看,"两高"报告具有一定竞争意味。除"两高"报告以外的四大报告,无论是报告主体还是报告内容都缺乏可比性,代表和媒体自然就容易聚焦权力属性、工作领域、职业特性上具有高度同构性的"两高"报告。"两会"闭幕当天有表决,"两高"的小伙伴们会在大会堂的二楼列席,阵容整齐、旗帜鲜明,这也可从表决结果出来时两个方阵的掌声和表情看出来。由此,不仅外部将"两高"放在一起比较,"两高"内部也是有点"别苗头"的意思。由于"两高"报告在历年的表决结果中都"垫底",因此,**"两高"激烈争抢"倒数第二"、坚决避免"垫底",自然就成了"两会"一大看点。**

二是,从报告内容看,**"两高"报告更具故事性和现场感。**政府工作报告以及计划报告、预算报告,偏重经济工作,宏观数据多、专业术语多;全国人大常委会工作报告,偏重民主法治建设,主体内容不会脱离人大法定职权的"四菜一汤"(立法、监督、人事任免、重大事项决定以及代表工作);尽管每一句话、每一个字都可能与数亿国民的切身利益息息相关,但故事性偏弱一些,现场感也不强。"两高"报告中虽然也有不少专业术语和枯燥数据,但**一起冤假错案、一次司法不公背后的辛酸眼泪和艰难曲折,足以引发来自五湖四海的人大代表在情节上的代入和情感上的共鸣。**

三是,从社会心理看,反对票与关注度交织互推:反对票越是居高不下,受到的关注反而越高。新中国成立以来的历次全国人大会议,各项付诸表决的报告无一例外都是顺利通过。由于表决结果缺乏"悬念"和"看点",民众会产生审美疲劳。因而,当"两高"报告的反对票逐渐增多的时候,代表们的注意力也相应发生转移,不仅"围观者"增多,等着"看笑话"的情绪也在逐步发酵。2008年,最高检报告的反对票达到"峰值"514票;2013年,最高法报告的反对票达到"峰值"605票。从赞成率看,"两高"报告双双于2009年探底,分别为75.3%、76.8%,而同期政府工作报告则为97.8%。从心理学角度看,这也是"破窗"效应在代表投票机制上的反映——反对票意味着不满,反对票越高,期望值就越高;一旦达不到,不满情绪累积发酵,反对票就如水流不断涌向得票率的"谷底",又像皮球不断冲击满意率的"破窗"。

二、为什么"两高"报告的反对票比较高?

笔者从与人大代表、媒体记者以及"两高"工作人员的交流中,梳理了以下三个原因:

一是,打铁要靠自身硬。尽管"两高"对反对票一直颇有微词,实践中代表投反对票的理由也五花八门、错综复杂;但从尊重民意、谦虚谨慎的角度出发,还是要先从自身查找原因、从内部反思不足。2009年"两会"上,中国社科院学部委员、全国人大代表梁慧星就公开表示:"司法腐败已经到了令人不能容忍的地步","我给最高法的报告打50分"。过去几年,类似的表态在"两会"的小组审议乃至代表团全体会议的现场，并不鲜见。2009年黄松有案、2015年奚晓明案以及近些年部分地方司法机关出现的"掮客""窝案""串案"，无一不触动人大代表乃至全社会敏感的神经。据北京大学侯猛副教授分析，治理腐败的力度一直左右"两高"报告的通过率，而通过率也集中反映了民众对反腐的情绪倾向——1999年到2003年，最高法报告的通过率总体趋势高于最高检；其中一个原因是，那几年腐败大案频发，民众对检察院反贪力度不够有意见。2004年以后，比较每年"两高"报告通过率，最高法报告总体趋势则低于最高检报告，因为法院的正义形象被越来越多的民众想象性地放大，但其客观上又不能成为各类案件的最终解决机关；法官腐败现象反而不断地被揭露出来，凸显出法院的权力缺少有效制约。因此，尽管腐败并不是司法队伍主流，但在"公平正义的最后一道防线"出现腐败现象，更容易掩盖住队伍的主流和不俗的业绩，促使人大代表投下反对票。

二是，乱花渐欲迷人眼。反对票是人大代表投下的，其数之"高"，与人大代表结构也有一定的关系。我国选举法、代表法都强调，人大代表应当具有广泛的代表性。从理论上讲，全国人大代表应当来自各个民族、各个地方、各个行业。但由于我国只在县、乡两级人大代表实行直接选举，县级以上人大代表实行间接选举，再加上提名过程中各种因素的影响，前些年人大代表结构中确实存在"官员代表多、老板代表多"的不合理现象。对于"老板代表"来说，他们在企业经营管理活动中少不了与司法机关打交道，案子胜诉，可能遭遇"执行难"；案子败诉，则会怀疑有黑幕。无论输赢，他们都很难对法院工作满意。"两高"的一些工作人员也认为，部分企业家代表的反对票是最让他们头疼的"铁票"。2013年3月11日,全国人大代表、时任浙江省高院院长的齐奇在浙江团全体会议上发言时就提到:"个别代表以对法院工作报告投反对票来要挟法院,必须按他的意见审判处理案件。"此外,还有一部分"铁票"来自律师代表。律师代表虽然同属法律职业群体,对"两高"的工作情况也十分熟悉;但打官司总会有输有赢,也难免受到"刁难"甚至遭遇"不公"。他们在执业中积攒的不满和怨气,往往化为审议报告后投下的反对票。比较典型的就是连任九届、十届和十一届全国人大代表的迟夙生律师。她在接受采访时就坦承:"每年表决两高报告按下表决器之前,当年代理过的案件都会在脑海里过一遍。"由是观之,**反对票源出多由,如同"乱花"一般,可能会"迷"住一部分代表的双眼、影响其投票判断。**

三是,**衣带渐宽终不悔。**"两高"报告的反对票,固然有自身建设的内因,有代表投票的外因,但还有一部分是"两高"无怨无悔背负的"黑锅"。**从横向看,与国务院、全国人大常委会相比,"两高"的工作更容易受到批评。**政府工作报告牵涉面最广,但以宏观政策导向为主、不涉及地方政府执行层面的问题,因此报告中关于经济增长、就业、进出口、单位能耗等亮点数据还往往显得十分"出彩",每年在社会保障特别是在教育、医疗、养老、税收等方面送上的"蛋糕"和"红包"也特别能够打动代表。全国人大常委会工作报告则具有天然优势,因为密切联系全国人大代表本身就是其一项重要的日常工作,代表对作为"娘家"的全国人大常委会自然也多一份亲近。与国务院行使的行政权,全国人大常委会行使的立法权、监督权等相比较,狭义上的司法权特别是审判权应当是被动和中立的,辨析法理、定分止争而已,何至于成为"众矢之的"?但事实上,中国的司法权(包括审判权和检察权),却承担着不少立法权、监督权和行政权的延伸职能,即通过司法解释细化法律规范,通过司法政策服务政治大局,通过诉讼机制化解矛盾纠纷。因此,作为"最后一道防线"的司法权,往往背负了许多不应由其背负或不应仅仅由其背负的压力。有时候反对票是投给"两高"的,但表达的诉求、针对的事项,却未必完全在司法职权范围之内。

从纵向看,"两高"的工作报告虽由两位首席来作,但囊括的工作却并不限于"两高"自身,而是向地方"两院"的工作深度延伸。根据宪法和两院组织法的规定,上下级人民法院是监督关系,上下级检察院是领导关系。梳理 2000 年以来的"两高"报告后发现,除了肖扬首席大法官曾经作过一次"重点报告最高法院工作,淡化地方法院工作"的伟大尝试以外,报告无一例外都会覆盖各级法院和检察院。笔者认为,从司法权运行规律来说,审判权不同于侦查权、检察权、执行权,除非案件上诉到最高法院,很难说最高法院在道义上和法律上应当对地方法院受理乃至终审的案件负责。更何况新一轮司法改革的方向是要建立权责明晰的司法权力运行机制,"让审理者裁判,由裁判者负责",从而革除审判权的行政化和地方化现象。在没有外部干涉的前提下,对案件终身负责的应当是,也只能是主审法官,不是庭长、院长,更不应当是最高法院的院长。"两高"报告反对票居高不下,或许也与其"无所不包"有一定的关系。如果不是背负了那么多"生命中不可承受之重",两位首席在作工作报告时肯定要放松一些,"两高"在列席"两会""应询"时也会轻松一些。好在人大代表中敢于直言的明白人也不少。在 2013 年"两会"

上，全国人大代表、重庆市市长黄奇帆就表示：**"全中国那么多法院，那么多基层，如果有些什么问题，都让高院背起来，那是黑锅。"**这句话被广为引用，可能说到了"两高"的心坎中上。

三、"两高"还要不要向人大作工作报告？

有的"两高"朋友提出来，现行宪法只规定"两高"对人大负责，并没有明确要求其作工作报告；既然报告反对票这么多，还背了那么多"黑锅"，干脆取消算了，或者只审议不表决。笔者认为，这个意见从法律上和政治上都站不住脚。梳理一下历史，在实践中，"两高"向人大作报告的做法，始于 1959 年的一届人大四次会议。此后，经全国人大常委会决定，"两高"有时不作报告，有时作书面报告。但从宪法文本上看，直到 1978 年宪法才明文规定，"两院"对人大和人大常委会负责并报告工作。**1982 年宪法虽然没有明文规定"两高"向人大作工作报告，但并没有排除这一形式。**特别需要注意 1982 年宪法第 126 条的规定："人民法院依照法律规定独立行使审判权，不受行政机关、社会团体和个人的干涉。"1982 年宪法的主要起草者彭真同志对此作过专门解释，这样修改"有利于加强党对司法工作的领导和人民代表大会对司法的监督。"因此，"两高"向人大报告工作本身，也是对人大负责、接受人民监督的重要体现。为了落实 1982 年宪法精神，两院组织法、代表大会议事规则、常委会议事规则等法律文件都明确规定，"两高"对人大负责并报告工作。因此，**从 1980 年开始，"两高"每年向全国人大作报告已形成稳定的"宪法惯例"。**

再补充说说为什么从讲政治的高度，"两高"也要坚持作报告。据一些老同志介绍，1982年宪法通过后，确实曾有人提议，既然宪法没有对"两高"向人大作工作报告作出刚性的要求，那么可以考虑在1983年"两会"上取消"两高"作工作报告这个议程。曾参加1982年宪法起草工作的张友渔老先生就认为，"两高"的任务和工作都同作为全国人大执行机关的国务院不同，不一定要硬性规定它们报告工作；特别是"两高"工作中，很少有重大问题，何必硬性规定形式主义地作例行公事的报告呢？然而，强烈反对这一动议的并非旁人，恰恰是"两高"，特别是时任最高人民法院院长的江华和最高人民检察院检察长的黄火青。因此，用一些研究者的话来说，**"两高"向人大作报告其实是自己争取的结果，至少从形式上和名义上取得了与国务院同样的政治地位，此后才算正式有了约定俗成、习以为常的"一府两院"说法。**记得直到21世纪初的央视新闻上，对"两高"常务副职的访谈，都还是被列入"部长访谈录"的。这就说明，社会层面在潜意识中并没有充分认识到"两高"在中国政治架构中的独特地位，以至于地方"两院"被地方党委政府指派招商引资、拆迁维稳等任务，也就不足为怪了。笔者认为，"两高"向人大作工作报告，既是对人民负责、受人民监督的"政治宣示"，也是从形式上展示"两高"独立行使司法权的最佳契机。**既然这是"两高"自己"争"来的"权力"，含着泪也要行使好，切不可打退堂鼓；否则既不合情，也不合法。**

四、"两高"应不应该重视反对票？

当然应该！因为从理论上讲，"两高"工作报告确实有通不过的可能性。实践中,也发生过地方法院工作报告没有通过的先例。2001 年 2 月 4 日,沈阳中院工作报告经表决,218 人赞成,162 人反对,82 人弃权,未获通过。2007 年 1 月 24 日,衡阳中院工作报告经表决,174 人赞成,43 人反对,61 人弃权,未获通过。这两起事件在当时都引起了轩然大波,也引发了"两高"的高度关注。2009 年"两会"对于"两高"来说更是堪称"噩梦",当年报告的通过率,分别为最高法 75.3%、最高检 76.8%,其中,非赞成票均都在 700 张左右,比 2008 年明显增加。这无疑在"两高"头上悬了一柄"达摩克利斯之剑"。

笔者认为,宪法和法律没有明确规定"两院"工作报告未获通过应当如何处理,而在沈阳和衡阳两起事件中,最后的处理方法也只是法院进行大力整改后再次向人大或人大常委会作工作报告并获通过,还是留下了很多深层问题没有回答。比如,人大代表对"两高"报告投下的反对票,反对的究竟是什么?是决议草案写得有误,还是报告文笔不好?是仅仅反对"两高"各自的工作,还是笼统反对法院系统和检察系统的工作?又如,"两高"报告未获通过是否类似信任投票未过关,是否属于严重的宪法事件或政治事故?法院院长和检察院检察长是否应当引咎辞职?人大是否应当及时启动质询、罢免乃至特定问题调查委员会等监督手段?笔者认为,这些问题目前还很难有确切的答案,但有一点是明确的:既然"两高"向人大报告工作已成"宪法惯例",也有法律依据,那么**无论导致"反对票"的具体原因是什么,"两高"都必须高度重视:因为反对票反映的是民意、折射的是民心。**尽管"两高"有一肚子苦水要倒,笔者只能无奈地说,**这是民主必然的代价,也是法治必要的成本。**

五、"两高"是不是应该凡票必争?

过去几年,"两高"密切联系人大代表、积极争取理解支持方面确实是"蛮拼"的。正如有媒体总结的,面对居高不下的反对票,"两高"启动了攻坚战、人海战、阵地战、持久战。从两位首席到基层"两长",从专司代表联络的机构到第一线的业务庭、业务厅,从提前征求代表意见到邀请代表参加座谈调研,从清理代表关注案件到现场答疑解惑,"两高"几乎全员出动,使出了浑身解数。辛勤付出也有显著成效,从 2010 年开始,"两高"报告的通过率逐年提升。特别是 2015 年"两会"上,最高法报告收获了自 1990 年七届全国人大三次会议采用按表决器表决以来的最高赞成率;2016 年"两会"上,最高检报告也收获了 1990 年以来的最高赞成率。

笔者十分钦佩"两高"重视民意和敬业拼搏的精神,但同时认为,**"两高"自身也应理性对待反对票,既要在战略上高度重视,又须在战术上具体分析,不能走极端,凡票必争**。有一些代表本身就是案件的当事人或辩护人,因为利益冲突,几乎是反对票的"铁杆"。对于这些反对票,"两高"是不是也要争取?笔者认为,"两高"从姿态上不能放弃任何一张可能的赞成票,但绝不能迎合甚至屈从于极少部分代表的"要挟"。除了基于保障代表履职的"人身特殊保护"和"言论免责",人大代表没有任何法律特权;人大代表手上的一票是神圣的,代表的是公益而非私利,绝不能用来利益交换。所以,**案件该怎么查就怎么查,该怎么判就怎么判,哪怕得罪代表丢了票,也要坚持公平正义。这是"两高"应有的担当,也是司法改革必须坚持**

的原则。只要扛得住、耐得烦,辅之以春风化雨、循循善诱,时间久了,就能在人大代表中形成共识、立住规矩。事实上,现行法律对人大代表的履职也有明确规范。2006 年制定的监督法,几经波折,最后明确人大常委会对"两高"工作的监督,主要是通过听取和审议"两高"专项工作报告、执法检查等形式,督促司法机关完善内部监督制度,重点解决审判工作、检察工作中群众反映强烈、带有共性的问题,促进司法公正;但决不能代替审判机关和检察机关行使职权,叫停了"个案监督"。2010 年修改代表法也专门增加规定:人大代表应当正确处理从事个人职业活动与执行代表职务的关系,不得利用执行代表职务干涉具体司法案件或者招标投标等经济活动牟取个人利益。因此,**对于每一名人大代表,在投票之时都应该仔细想想宪法、监督法和代表法的规定,理性地投下能够代表人民利益的一票**。

六、"两高"报告要不要改进?

"世易时移,变法宜矣。"当然要改进! 事实上,自 1980 年以来,"两高"工作报告在话语、结构、内容等方面一直是与时俱进的。2016 年最高法的工作报告,已经采用了全新的框架体例,分为"2015年依法履职情况""2015 年深化司法改革情况"和"2016 年工作安排"三大部分,对司法改革倾注的心力、寄予的厚望跃然纸上。而最高检报告,结构体例虽保持稳定,但报告所附的五个附件,内容翔实、图文并茂,既融入了大数据的先进理念,又体现了尊重代表主体地位的满满诚意。除此之外,"两高"报告是不是还有改进的空间,值得我们思考。

"两高"向人大作工作报告,是民主制度的重要组成部分;"两高"依法独立行使审判权、检察权,则是司法制度的重要组成部分。民主制度体现并保障政权的合法性,必须包容各方利益诉求,容纳各种不同声音,强调平民化、大众化、草根化。**法律则是一门关于公平正义的复杂艺术,适用法律的司法则是高度精英化、职业化、程式化和理性化的活动,有时候"少数服从多数"的民主规则未必能在司法领域中畅通无阻**。这也许可以解释,西方两院制国家,往往把选任、审核或批准大法官的权力交给参议院,而不是众议院;同样也可以解释,面对"人皆曰可杀"的犯罪嫌疑人,法官要顶着莫大的压力,才能落实无罪推定的原则。由此,**民主制度与司法制度之间天然存在内在的张力,"两高"向人大作工作报告则将两者交汇于一点,更加凸显了平民化与精英化、大众化与专业化之间的冲突。因此,改进"两高"报告,既要坚持中国特色司法权的人民性,高度尊重民意、自觉接受监督,又要坚持司法活动内在规律和基本原则,不和稀泥、勇于担当,用专业赢得尊重,靠公正收获支持。**

首先,"两高"报告要处理好中央与地方的关系。司法权是中央事权,各级法院和检察院是中央设立在地方的、属于国家的司法机关。但这并不意味着"两高"报告就要事无巨细、无所不包,更不能将各级"两院"应当承担的政治责任和法律责任向上传递。笔者理解,"两高"报告不应是全国法院系统和全国检察院系统的工作报告,而应当是宪法和两院组织法所规定的"两院"职权范围内的工作报告。特别需要研究的是,实行省以下地方法院、检察院人财物统一管理后,市、县两级法院、检察院仍要对本级人大负责并报告工作,又应当报告什么、怎么报告等。

其次,"两高"报告要处理好"主业"与"副业"的关系。根据宪法规定,最高人民法院是最高审判机关,最高人民检察院是最高检察机关。因此,与司法权的改革与运行有关的,就是"两高"的主业;反之,则为"副业"。笔者注意到,本届以来,"两高"工作报告从结构到内容方面都发生了很大的变化,越来越聚焦"主业",对于细枝末节、不痛不痒的"副业"则基本上一笔带过。笔者认为,接受全国人大代表"品头论足"的"两高"报告,应当聚焦于司法体制改革进展如何,司法权力运行成效如何,司法政策取向合理与否,司法人员队伍廉洁与否。"两高"报告的内容不是小事,如果处理不好"主业"与"副业"的关系,必然导致责任分担机制的错乱,甚至可能导致司法权运行的行政化和地方化。同时,随着最高检的职能不断从刑事领域向民事领域、行政领域延伸和拓展,除了重特大刑事案件以外,"两高"报告相互之间也存在内容上的交叉。特别是在司法改革领域,"两高"工作既有密切联系,又有各自特色。因此,"两高"报告在内容和结构上也要加强沟通协调,既要聚焦本公司的"主业",又要兼顾隔壁公司的"付出"。为此,未来"两高"报告的自我革新,本身也会是树立司法权威、构建司法公信的重要路径。

再次,"两高"报告要处理好坚守与开放的关系。"坚守"的是"两高"自身的永恒追求和优良传统,"开放"的是积极借鉴域外司法机构的有益经验。域外司法机构特别是普通法系的司法机构,囿于"三权分立""司法独立"的宪法精神与历史传统,鲜有向国会(议会)全面报告工作的先例;而地位尊崇、深居简出的最高法院大法官,除非迫不得已,也不太愿意同混杂着意识形态、政党纷争与政客利益的国会(议会)打交道。但出于各种因素的考虑,司法机构也会通过各种形式向"人民"汇报一年来的主要工作。笔者翻阅了近些年**美国联邦最高法院的年终报告**,与 2012 年、2013 年连续两年关注法院经费问题不同,2014 年年终报告的核心内容是最高法院在运用信息技术领域所取得的成就,特别是具有世界先进水平的美国联邦最高法院电子案件文档和电子案件管理系统(CM/ECF);2015 年则聚焦美国民事程序改革,特别是刚刚生效的《联邦民事诉讼规则》修正案。其特点就在于**重点突出、问题导向**,同时也积极展示最高法院面临的困境和挑战,呼吁社会公众的理解和支持。笔者曾在香港终审法院实习,有幸获邀参加了香港 2009 年法律年度开启典礼(Ceremonial Opening of Legal Year)。终审法院首席法官检阅纪律部队,法律界四位核心人物(终审法院首席法官、律政司司长、大律师公会主席、律师协会会长)作"工作报告",对过去一年的争议作出回应,对新一年的改革进行展望,这与"两高"报告在内容上有一点类似。记得**那年典礼的主题是"司法公信力"**,这与 2008 年发生的高等法院彭键基法官"一案三判"的"乌龙"判决有关。该事件引起舆论哗然,伤及香港民众对司法的信心,同时触发法官兼任司法机构以外职务是否合理正当的争论。**时任终审法院首席法官的李国能在"工作报告"中就此代表司法界进行了有礼有节、不卑不亢的回应**:司法机构并没有主动要求由法官担当此等工作;如果政府当局基于社会共识而建议立法订明委任现任法官担任某一职务,只要司法机构认为在原则上并无不妥之处,便会在立法机关制定有关法例后安排法官出任;若社会的共识是有关职务不必再由现任法官担任,司法机构亦不会有异议。由此可以看出,**法院的"工作报告"还**

承担着回应社会批评、检讨有关制度、维护司法权威的重要职能。

总之,美国联邦最高法院和香港特区终审法院的"工作报告"各具特色,但在加强司法界与普罗大众的沟通、祛除司法机构的神秘化和封闭化、维护司法权威和公信力方面成效明显,值得我们研究借鉴。

七、结　　语

建立司法权威和公信力很难,维系则更难——过去没有,不代表将来没有;但今天有,不代表明天还会有。一起错案、一桩冤案,极易摧毁民众对司法的尊崇和信任。树立司法权威、塑造司法公信力将是一个非常漫长的考验过程,需要恰当的政治时机和宽松的社会氛围,需要一批又一批法律人前赴后继、接力前行,但更需要包括各级人大代表在内的全体民众在这个艰难"过渡期"内的耐心、包容和理性。因此,我们要理性客观地看待"两高"的反对票,既看到反对票背后的不满和期待,又能够客观评价司改的成效、理性分析个案的输赢,不简单"以票数论英雄、定成败",给"两高"减负减压,为深入推进司法改革、树立司法权威和公信力创造宽松的环境和良好的氛围。

为老百姓看好每一分钱 *

近年来，各省（区、市）人大常委会相继设立预算工作委员会，标志着"政府花钱、人大要管""为老百姓看好每一分钱"的理念已经深入人心并付诸实践。

预算是经法定程序批准的国家和地方各级政府在一定期间的收支计划，是政府凭借国家权力对社会财富的征收及再分配，是社会各阶级、各层面利益的调整，也是社会公众了解政府活动、监督政府活动的主要依据。审查、批准预算是议会最为重要的传统职权之一，西方国家将议会对财政的这一监督权形象地称为"掌握钱包的权力"或"管理国库的权力"。

人民代表大会制度是我国最根本的政治制度，国家的一切权力

---

　* 本文系《潇湘晨报》2005 年 3 月 30 日社论，发表时题为《预算委员会要为老百姓看好每一分钱》。

属于人民。这就意味着政府花多少钱,钱从哪里来,花到什么地方,是否花得公平、合理、有效,都不应逃过人大的眼睛,预算监督是人大监督最重要的形式之一。

新中国成立后,我国通过立法形式确立了严格的预算制度。从1954年至今的四部宪法都规定了人民代表大会的预算审批权,每年的人民代表大会总有审查批准政府预算的议程。政府对于公共资金的每一分支出,都应该事先制定详尽的预算,待人民代表大会审议和批准后方可支出;而政府预算一经立法机关审议批准,即成为法律文件,具有很强的严肃性和约束力。

但预算具有极强的政策性、专业性、技术性和复杂性,这就对具体行使预算审批权的人大代表的素质提出了更高的要求——"外行看不懂,内行看不清""只知其方向,不知其细节""定性而不定量",日益成为人大代表们的普遍共识。那么如何才能解决这一难题,切实加强人大的预算监督呢? 成立专门的预算工作机构,赋予其审查预决算、审查预算调整方案和监督预算执行的职能,并予以法律、资金和人才的保障,成为值得探索的发展方向。

1996年深圳市在全国率先成立地方人大常委会预算工作委员会;1998年全国人大常委会预算工作委员会成立;1999年九届全国人大常委会十三次会议通过了《关于加强中央预算审查监督的决定》;同年,财政部就被要求提前编制预算、细化预算、编制部门预算、严格按预算支出;也在同年,全国人大提出建议,改进预算编制办法,要求国务院将29个所属部门的2001年预算提交全国人大审议。正是这些点滴的进步与不断的探索,人大对政府的监督从软性监督进入刚性监督。因此,在这一宏观的背景下,各省(区、市)人大常务委员会相继设立预算工作委员会,的确是一个巨大的进步,但同时也只是万里长征刚刚迈出的第一步。

随着各级人大及其常委会的监督意识不断增强,监督力度不断加大,各级人大代表的素质不断提高,预算中"看不懂"的情形已经越来越少,但是"看不清"的情况却依然普遍存在;各级政府预算中财务支出求"粗"不求"细",只有定性的报告而没有定量的分析,代表们往往"只知其方向,但不知其细节";而在预算审查的"类、款、项、目"四个层次中,大多数的审查只到类,少数到款。钱是谁花的?花钱干什么?钱是如何花的?预算监督中这三个看似简单的问题,要搞清楚却并不容易。因此我们期待着各地人大常委会已经设立的预算工作委员会:

首先是要秉持并传播"阳光财政"的理念。一切政府都离不开财政,而文明社会的财政则是法治下的"阳光财政"。这不仅意味着政府的一切收入均须取之以道,严格依法征收,也意味着政府的每一笔支出,都须公开透明,对纳税人负责,受权力机关的监督和约束。

其次是强化预算监督手段,增强预算监督的刚性和力度。一要充实人员力量,建立一支适应预算监督工作需要的专业化队伍;二要越来越多地、直接或间接地运用审计手段来监督政府的预算,用数字说话,用数字服人,让人大的预算监督由软变硬,真正具有刚性;三要推行财政支出"绩效评价",不仅要监督政府花了多少钱,更要审查政府如何花钱,花钱的效果如何。

再次是创新预算监督的内容,提高预算监督的实效性。一要提前介入,参加财政部门召开的预算编制会议,了解政府全年预算安排重点,主动到有关部门进行走访、座谈,掌握情况、沟通意见,督促政府提前编制好预算草案,使人大有充足的时间论证预算草案。二要立足初审,细化预算编制,列示具体科目,增加透明度,防止"外行看不懂,内行看不清",使预算编制既科学合理,又符合实际。三要发扬民主,在人大财经委员会审查的基础上,广泛听取委员们的意见和建议,必要时邀请有关专家审查,避免政府说什么,人大听什么;给什么,看什么;报什么,批什么。四要跟踪预算执行全过程,人大及其常委会对财政预算作出的决定、决议具有法律效力,不经法定程序,不得随意改变,对预算科目之间资金的随意调剂,或是审计出来的问题,要严格依法处置,确保法律的严肃性和人大的权威性。

补记:

2014年8月31日,十二届全国人大常委会第十次会议表决通过了《关于修改〈中华人民共和国预算法〉的决定》,进一步细化了全面规范、公开透明的预算制度,加强了人大对预算的审查监督。

奢侈性采购的根子出在预算上 *

近日，部分地方政府奢侈性采购在网络上被连续爆料，春晚的戏谑之语"不差钱"用在他们身上恐怕一点也不过分。黑龙江省公安厅采购一台笔记本电脑要花 41 000 元，被网友惊呼为"最牛笔记本"；辽宁省抚顺市财政局公布的招标公告指定了 7 部苹果 iTouch 4当 U 盘，被网友称为"史上最贵 U 盘"。更夸张的是苏州市公安局交巡警支队采购的警务通，竟然是最新潮的苹果 iPhone 4 手机。事后，这些部门有的采取"鸵鸟政策"，有的主动派员解释，委婉一点的把责任推到"业务不精""责任心不强"的采购人员身上，死硬一点的干脆就坚称采购物品"无法替代的唯一性和先进性"，但社会公众却一直看不到有关部门启动正式的调查程序，更看不到有人为此而承担

---

　　* 本文发表于《法制日报》2010 年 12 月 30 日评论版，发表时题为《预算不公开，采购才疯狂》。

责任。这也足见公款消费之"松"与预算管理之"软"。

在我们这样一个坚持一切权力属于人民的国度里,"权为民所赋,权为民所用"是为官者最起码的政治道德,这其中也蕴含着为官者要以谦卑的态度、谨慎的行为,善用纳税人每一分钱的要求。贪污腐败是堂而皇之的"以权谋私",损害了政府的形象,也引起了民众的极大愤慨。相比之下,奢侈浪费不太容易察觉,有时只被认为是"小节",而放纵了下去。事实上,财政运行的过程,如果受不到有效的监督,不仅容易成为滋生腐败的温床,而且会导致公共管理的低效。随着民主法制意识的增强,社会公众对滥用公帑行为的容忍度也越来越小,频发的奢侈性采购事件在某种程度上也会削弱政府的公信力,导致社会公众对政府的不信任感,最终加大社会运行的成本甚至激化社会矛盾。

其实,纳税人都明白,行政管理是有成本的,政府花钱是"天经地义"。但大家更关心的是,如何保证政府不乱花钱,使每一分钱都花到刀刃上呢?有的专家认为,当务之急是及时完善《政府采购法》。笔者认为,加强政府采购方面的监管固然是有效措施,但加强对预算的监督更加重要,因为地方政府奢侈性采购的根子就出在预算上。

从预算的编制来看,突出的问题是预算编制完全由政府主导,决策过程过于封闭,缺乏公众参与。如果预算编制本身就不科学、不民主、不透明,那么很难保证财政资金的使用做到公开、公平、公正和高效。现在有的地方从预算编制为起点,试水公共预算改革。比如浙江温岭的"参与式预算",让群众参与政府预算编制、人民代表大会审查与修改预算草案,使预算资金的分配更加公平、合理。

上海闵行区的"预算项目听证",人大代表陈述人和社会公众陈述人与政府负责人针锋相对的辩论一直都是听证会的焦点和看点,最终的结果是,从 2008 年开始,每个区人大代表都收到一本绿皮由再生纸印刷的 358 页的财政预算详表。而在 2007 年以前,发到代表手上的预算决算草案报告只有一张 A4 纸的内容。

从预算的通过来看,突出的问题是预算内容过于专业,代表们看不懂,审议不深入,监督不"给力"。其实,要求不脱离各自生产和工作岗位的人大代表都能读懂预算,并不实际。更何况,在短短的几天会期里,就想把预算完全弄明白,恐怕对专家来说都是一件难事。因此,要更加重视人大的专门委员会——财经委员会与常委会的工作委员会——预算工作委员会的作用,发挥具有财经背景的人大代表与有关专业人士的长项,在预算编制环节就提前介入,获取第一手的信息,为人大审查预算报告提供专业性的意见。近年来,北京、山东、湖南等省(市)人大常委会专门成立了预算工作委员会,进一步加强了预算审查的专业力量。

从预算的执行来看,突出的问题是预算是一年一次批准生效的,但一些官员却随意调整预算结果。光靠预算执行者的良心,挡不住乱花钱的手,因此对预算执行的监督十分重要。近年来,不少地方人大通过绩效审计,加强对资金使用的监督力度,促使预算编制和资金的使用更为科学、合理。从 2010 年起,为加强对预算的监督,全国人大常委会还打破惯例,特地将听取上年决算报告与当年预算执行情况报告分开,并安排在 8 月专门听取预算执行情况报告。但事后监督毕竟有局限性,为了提高监督的时效性,人大还有必要实时监督预算执行,一旦发现政府及其有关部门有违纪违规花钱迹象的,就及时亮起"红灯",把隐患消灭在萌芽状态。比如广东等省人大常委会预工委与财政厅国库集中支付计算机系统实现联网,每个部门的支出都会在计算机联网系统的账户上显示出来,人大对各部门的集中支付情况基本上都能实时掌握。

这些年,中央部门和不少地方都在推行预算公开,社会公众申请政府公开预算信息的热情也越来越高涨,这给公众参与预算编制和监督提供了一条重要的途径。对公众而言,参与预算编制和监督是有序政治参与的重要环节,同时也是民主培训的重要课堂。对政府部门而言,预算既是限制自己花钱的"笼头",也是实现与公众理性沟通、重塑政府形象的有效渠道。我们的政府是人民的政府,不仅要认识到"权为民所赋",更要做到"钱为民所用"。这才是预算的真谛所在。

补记:

2015年12月26日下午,十二届全国人大常委会第十八次会议举行联组会议,审议国务院关于2014年度中央预算执行和其他财政收支审计查出问题整改情况的报告,并进行专题询问。6位常委会组成人员提问,审计署、发展改革委、民政部、财政部、卫生计生委、体育总局、中科院等7部门负责人到会回答询问。

破解乡镇人大建设的制度性瓶颈[*]

　　乡镇是我国最基层的一级政权。乡镇人大代表由选民直选产生,与人民群众的关系最密切,对人民群众的要求最了解,对乡镇事务最有发言权,在推进基层民主政治建设和法治建设的进程中具有独特且无法替代的作用。但现状却不容乐观:乡镇人大代表的作用整体上还没有得到有效的发挥。一些代表仅有当代表的热情,缺乏基本的法律素养和文化素质,只把代表当荣誉,满足于开开会、举举手。一些代表有为民代言的心愿,但又觉得"势单力薄",担心得罪人,办不了事,缺乏信心和勇气。一些代表热衷于歌功颂德,认为即使提意见也无足轻重,甚至认为代表一没任务二没指标,干与不干一个样。更有相当的一些代表是村、组干部,觉得干部、代表一个

---

　　* 本文发表于《北京人大》2006 年第 3 期,发表时题为《乡镇人大代表行权履职需要好的平台》。

样,把干部和代表画等号,对代表的职责缺乏起码的认知。为什么会出现这样的状况呢?原因是多重的,不同的角度不同的答案,仁者见仁智者见智。但是,不可否认的一点是,要发挥乡镇人大代表的作用,加强乡镇人大的建设是关键,实践中乡镇人大建设的滞后已经成为乡镇人大代表行权履职的"瓶颈"。

众所周知,我国各级人大代表的主体作用,主要是靠代表在会议期间行使职权、闭会期间参加各项活动来体现和完成的。但我国各级人大代表都是兼职的,代表履行职责完全是义务性的。人大代表虽是一种法定职务,但不是一种职业,他们都不脱离自己的工作岗位和生产岗位;加之代表分布广泛、居住分散,在无人组织的情况下代表工作难以形成合力。因此,人大作为人大代表的"娘家",不仅仅是搞搞选举、组织大会,更应当成为代表履行职责行使权力的"平台"。尤其是在农村经济大幅度增长,农村收入不断提高,农民的财产权利意识和民主权利意识逐步觉醒,乡镇村民居民要求参与乡镇治理的愿望越来越强烈,特别是在涉及乡镇村民居民的切身利益的事项方面,民主参与的呼声日益高涨的大背景下,乡镇人大作为最基层一级政权的权力机关,担负着统筹"三农"、维护稳定的重担,地位更加突出,其自身建设也更为关键。正如一些人大代表所直言的:"没有乡镇人大体制的完善,国家根本政治制度便缺乏坚实的根基;没有乡镇人大的有效作为,基层民主很难真正落实;没有乡镇人大的成熟,整个人大的权威就无法确立。""可以说,乡镇人大的作用能否到位,实质上关系到推动或者制约人大制度乃至民主政治制度的健康运行。"

首先,乡镇人大该干点啥?乡镇人大应该有所为,有所不为。

但现行乡镇权力结构存在诸多不适应的状况,使得乡镇人大的定位还存在着误区。乡镇政府的管理方式和决策程序没有发生相应变化,官本位现象严重,侵害村民居民权益、加重群众负担的事件频频发生;而乡镇人大在地方社会政治和经济事务的决策中没能发挥地方权力机关最终决策者作用,满足于为党委、政府工作服好务,"种了别家的田,荒了自家的地"。况且乡镇人大的"人、财、物"都集中在乡镇政府手中,"端人家碗受人家管",在乡镇政权高度集中的今天,乡镇人大又如何监督政府的是是非非? 其实最基层的组织,也是离人民群众最近的组织;基层的代表,也最关注基层政权的建设。在这一点上,乡镇人大具有天然的优势,也有制度创新的广阔空间和舞台。在乡镇人大的"三权"中,监督权无疑应当摆在更加突出的位置,通过听取和审议政府工作报告、质询、罢免、撤销等程序,"以权力制约权力",以防止"天高皇帝远"的基层政府违反国家政策和法律秩序。基层政府如能在乡镇人大的监督之下,由"全能走向有限、神秘走向透明、任性走向守信、权力走向责任",农民负担将会轻得多,越级上访将会少得多,问题都解决在基层就是对稳定最大的维护。而且相对县级以上人大,乡镇人大不管是选举本级国家政权机关组成人员,还是决定重大事项,对"三农"都有着直接而深刻的影响,与农民的切身利益息息相关。近年来,各地基层发生的涉农、侵农、伤农等恶性案件恰恰折射出了乡镇人大宪法职责的缺失和自身定位的模糊。

其次,乡镇人大怎样才能干得更好? 急待解决的是乡镇闭会期间权力机关缺失的问题。根据我国宪法规定,县级以上的地方各级人民代表大会设立常委会。地方组织法又专门对县级以上的地方各级人大常委会的组成、职权、工作程序等作了具体规定,从而保证了县级以上人民代表大会在闭会期间作为地方国家权力机关职权的行使。但《地方各级人民代表大会和地方各级人民政府组织法》对于乡镇人大在闭会期间如何行使职权却没有规定。《地方各级人民代表大会和地方各级人民政府组织法》第 14 条第 3 款规定,乡镇人大主席、副主席在本级人大闭会期间负责联系本级人大代表,组织代表开展活动,并反映代表和群众对本级人民政府工作的建议、批评和意见。由此可以看出,乡镇人大在闭会期间既没有行使职权的主体,也没有行使职权的途径。乡镇人大主席、副主席在闭会期间虽然做一些联系代表等方面的工作,但却不能行使人大职权。因此,乡镇人大闭会期间人大如何行使职权等方面的制度应当进一步完善并有所创新。

最后,乡镇人大靠什么来支持?靠党和人民群众。中国共产党是领导核心,党的支持是乡镇人大坚强的后盾。但是实践中很多乡镇党委对人大工作不够重视,不够支持。有的乡镇党委书记习惯大包大揽,不善于发挥乡镇人大的职能作用,将乡镇人大工作放到可有可无的地位;有些乡镇本该由人大决定的事项不通过人大,而有些违背群众意愿甚至违法的事情却让人大去办理;有些乡镇领导嘴上说人大工作很重要,可实际行动不跟上,有的乡镇人大主席团连起码的办公场所和办公用品都没有,办公经费和代表活动经费得不到落实,组织开展活动举步维艰。因此,乡镇人大要切实得到加强,发挥代表平台的作用,就必须争取党的支持:县乡党委有必要进一步加强对人大工作的领导,将人大工作纳入到党委工作的总体布局之中,定期召开党委人大工作会议,研究解决乡镇人大工作出现的新情况、新问题;县委对乡镇党委的年度工作考核应有人大工作的内容,把乡镇人大工作的好坏作为衡量乡镇党委工作水平的一项主要依据。同时要加大乡镇人大干部的交流、提拔和使用力度,选拔一些年轻有为的干部从事人大工作,干出工作成绩后提拔重用,形成老、中、青相结合的乡镇人大干部队伍,确保人大工作的连续性。要给乡镇人大工作提供必要的物质保障,配备必要的办公场所和办公用品,落实办公经费和代表活动经费,推动乡镇人大工作的全面开展。

乡镇人大是最基层的权力机关,是广大群众参与国家事务管理、行使当家作主权利的基本形式和途径,是乡镇人大代表行使权力履行职责的核心平台;乡镇人大处于民主法制建设的最前沿,对保证宪法和法律在基层的正确实施起着不可替代的重要作用。因此乡镇人大工作的状况,直接关系到乡镇人大代表作用的发挥,乡镇治理秩序的建构和基层政治文明的推进。解决了乡镇人大建设滞后这一"瓶颈",我们坚信,乡镇人大代表行权履职将会获得更为广阔的空间和舞台。

补记:

2015 年 6 月,中共中央转发《中共全国人大常委会党组关于加强县乡人大工作和建设的若干意见》;2015 年 8 月 29 日,十二届全国人大常委会第十六次会议表决通过了关于修改地方组织法、选举法、代表法的决定,自公布之日起施行。

用"信息披露"取代"政绩广告"*

这些年,各大媒体上或明或暗的"政绩广告"一度风靡。究其原因,是有的地方组织群众对机关单位进行评议。凡是排名靠后的单位将被责令限期整改,主要负责人将接受诚勉谈话;连续两次评议排名靠后单位的主要领导甚至将要受到组织处理。为此,一些参与评议的单位不惜血本,在各家媒体大量刊登"政绩广告",甚至买下头版头条,宣传本单位工作成绩。

长期以来政府与公民之间存在严重的信息不对称,比如很多政府机关的政务网站内容单调,充斥领导发言和活动报道,缺少实质性的工作情况和公民办事的指南,而且更新速度非常慢,远远不能满足社会和公民对政务信息的知情要求,直接导致了公民对政府工

---

　　* 本文发表于《燕赵都市报》2004 年 12 月 16 日,发表时题为《建制"信息披露"才能根除"政绩广告"》。

作缺乏了解。政府是依靠纳税人的钱来运作的，那么政府怎么花这些钱，花钱都办了些什么事，不能等到公民询问时才告知或者要群众评议时才宣传，而应该在平时把保障公民知情权的工作做好，做扎实，让政府的一举一动都让纳税人看得见，能评议，这也是"阳光政府"的应有之义。

"政绩广告"是一种临时抱佛脚的举动，规避了政府在平时就应当履行的告知义务，公民的知情权没有得到切实的保障，"政绩广告"当休矣！但是，取消了"政绩广告"能从根本上解决问题吗？答案是否定的。

股民购买上市公司的股票，是一种投资，同时也取得了参与上市公司决策的权利，保障这种权利行使的唯一途径就是，上市公司及时、准确的信息披露。公民缴纳税款，支持政府运作，是为了让政府源源不断地提供高效率、高质量的公共服务；那么，怎样才能保障政府不乱花钱，公务员不懈怠呢？同样也需要政府"信息披露"。

"信息披露"不能是应景之作，敷衍了事，不能在评议前才披露，而应该在平时经常性地披露。只有信息披露成为政府法定的义务而不是道义上的责任，才能真正促使政府改变机关作风，对下负责而不是对上负责，对百姓的钱袋子负责而不是对自己的官帽子负责。

要动真格搞信息披露，就必须首先披露政府的财政收支，这是公民最大的知情权。缴了税却不知道是怎么花的，是对知情权最大的伤害。"信息披露"的内容必须言之有物，如果信息披露的内容充斥着领导的讲话和日程安排、部分学者的歌功颂德、简单的年度总结，那么还不如不披露，披露了反而引起群众反感，适得其反。

"信息披露"应该采用什么样的形式？挪用经费买版面搞政绩宣传肯定不是信息披露应有的形式。因为信息披露作为法治政府应当承担的义务，无论采用什么形式都应当是免费的，信息披露的成本应当由财政统一承担。目前部分地方尝试的"政情公报"是一种值得提倡的"信息披露"方式。政府办公厅在每月定期汇总各个政府部门的工作情况，比如价格听证的过程介绍，市长办公会议的决议，增设或废止了哪些收费项目，本月当地的交通状况、治安情况以及各部门财政支出等。但需要指出的是，目前很多地方所搞的"政情公报"，内容不全面，对公民应知晓事项公布的力度不够，公民获得"政情公报"的途径也不通畅，一是数量较少，二是本该免费的信息披露却变了味，变成了收费的"杂志"。这些问题是政府机关在尝试新的"信息披露"方式时应当避免和克服的。

"政绩广告"不可取，但至少说明了政府机关已经端正了态度，开始认真对待公民的评议，真正把群众的满意度放在了工作的重要位置，这的确是一个进步。要从根源上保障公民的知情权，彻底改观政府的机关作风，制度上保障经常性的、内容全面客观的、易获取的"信息披露"应当成为建设"阳光政府"的必然趋势。

补记：

2013 年 2 月，浙江省温州市下辖的瑞安、苍南因河道污染，当地环保局长相继被网友邀请下河游泳，引发关注。

温州市环保局在当地报纸刊发整版"政绩广告"，盘点 2012 年度七大成就，称温州市去年获得"浙江省环保模范城市"称号，遭到社会广泛质疑。

正确看待政府的诚恳与善意 *

这些天北京的天气不错，难得连续好几天都是蓝蓝的天。同事开玩笑说，这么好的天气，完全是天公作美，人帮忙。天公作美是最近风力不小，雨水也多，每天都像是把天空洗了一遍。人帮忙，看来就是北京市政府最近的交通限行政策，由于实行单双号出行，路上的车流明显少了，空气也清新了许多。

天空蓝，空气佳，心情也好。北京市政府致市民的一封公开信，开头一声"市民朋友们"，紧接着便是一个"恳请"，恳请市民对国际赛事期间采取的一系列交通限行措施给予谅解，更是拉近了政府与民众的距离，让人心里暖洋洋的，心甘情愿地为首都作出贡献。正如不少评论所指出的，一声"恳请"，让民众感觉这不再是一个硬邦

---

　　* 本文发表于《晶报》2007 年 8 月 23 日"法眼旁观"专栏，发表时题为《怎样看待管理者的诚恳与善意》。

邦的政令,更像是一个朋友、一个邻居写的一封诚恳的、发自肺腑的道歉信,有助于化解民众的怨气,求得公众的谅解,体现了北京市政府的行政能力和执政艺术。

说实话,看到这封公开信,心情确实舒畅了许多。虽说备受首都"首堵"的折磨,也经历过"黄沙黄沙满天飞""满城尽带黄金甲"的壮观,但感受到政府的诚恳与善意,心气似乎就顺了,埋怨也不太好意思表达出来了。

但顾全大局并不意味着我们放弃反思,诚恳与善意背后的柔性管理和执政艺术,并不能作为责任豁免的理由。顺畅的交通、宜居的环境,和公共安全、食品卫生一样,都是政府应当提供的公共服务;公民纳税形成公共财政,从而享受相应的公共服务,则更是现代政治的应有之义。的确,交通拥堵是当今大都市的通病,纽约、东京、香港、伦敦,都不同程度地存在;如果政府已经建设了充足的轨道交通,提供了足够替代私家车的出行方式,甚至在城市规划上已经考虑到了交通的因素,那么政府的公共服务的责任就已经尽到,剩下的事才是如何合理地协调和规划,最大限度地减少不利的影响,并求得市民的谅解。

环境污染也是一个困扰各大城市的难题,而汽车尾气的排放是主要的原因之一,如果政府已经对私家车的总体规模进行了合理预测和适当控制,而非出于促进本地汽车产业发展的目的而推动私家车的盲目扩张,那么政府的公共服务责任也算尽到了,诚恳和善意地求得市民谅解才是理所当然。但如果交通拥堵、环境恶化是由于政府在城市规划、产业发展、基础建设等方面的缺位、滞后甚至是决策失误所造成的,那么诚恳和善意很有可能被解读成寻求借口和推卸责任,毕竟政府失误或者错误的成本让市民来承担或者分担,既不合情,更不合理,甚至违法。

近年来,政府和民众的沟通交流越来越频繁,政府不断在放下身段,民众也在学习参与的技巧。从书记问计于民,到市长面见网友,再到越来越多的听证会、论证会、征求意见、告市民书,执政者展示出的宽容和大度,释放出的诚恳和善意,让我们深切感受到中国民主政治的进程和现代政府行政理念的转型。但我们不能因为一时的感动而放弃深入的反思:诚恳和善意是一种姿态,一种亲民的作风和爱民的理念,但除了折射出的理念之外,也仅仅是一种沟通的技巧和执政的艺术,既不能弥补过去决策的失误所带来的损失,更不是对未来发展的承诺和实践。因此,作为负责任的现代公民,我们在理解政府的苦衷并默默作出奉献的同时,还是要"吹毛求疵",还是要"求全责备":反思一下政府公共服务供给不足和质量不佳的真正原因究竟是什么,如果无法避免,并非人为因素或决策失误所造成,那么我们就心甘情愿地接受政府的诚恳和善意,并以参与的精神尽到公民义务、展现公民精神;如果事出有因,源自于决策不当或者失误,那么我们面对政府的诚恳和善意时,更应该善于追问和敢于质问,人大监督、舆论监督和行政问责更是要紧紧跟上,一个都不能少。

补记:

2007 年 8 月 17 日至 20 日,"好运北京"体育赛事期间,北京市单双号限行;

2008 年 7 月 20 日至 9 月 20 日,北京市奥运会、残奥会期间,北京市单双号限行；

2014年11月3日至12日，APEC会议在北京召开，北京市单双号限行；

2015年8月20日至9月3日，中国人民抗日战争暨世界反法西斯战争胜利70周年纪念活动在北京举行，北京市单双号限行；

2015年12月19日7时至22日24时，空气重污染红色预警首次启动，北京市单双号限行。

第二辑

宪意阑珊

　　宪法是国家的根本法，是治国安邦的总章程，承载着凝聚社会共识、引领改革发展、有效制约权力和充分保障人权的重要价值。宪法看似"虚无缥缈""高高在上"，实则无处不在，与每个公民的生活息息相关。大到民意表达、政府定位、官员选任、公权行使，小到公民改名、反对歧视、"杀人"游戏、年终总结，众里寻宪千百度，蓦然回首，宪法却在，灯火阑珊处。

从不许公民改名说开去[*]

近日,某市基层派出所被告上了法庭,起因就是该所对一份提出改名的申请作出了不予批准的回复。笔者得知此事后,十分迷惑:姓名权是公民人身权之一,《民法通则》规定了公民有权决定、使用和依照规定改变自己的姓名。派出所作为公安部门的派出机构依法行使一定的公权力,但是,其是否有权干涉公民对私权利的处分? 如果有权,那么干涉的范围和程度又该如何把握?

《民法通则》第 99 条规定:"公民享有姓名权,有权决定、使用和依照规定改变自己的姓名,禁止他人干涉、盗用、假冒。"这条规定确立了公民的姓名权是人身权的重要组成部分,并通过法律的形式予以保护。如果该条中没有"依照规定"这四个字,这事可能就不那么复杂了。正是《民法通则》对改变姓名预留下了限制条件,才给各地

* 本文写于 2004 年 7 月 26 日。

方的具体解释办法和操作程序留下了极大的空间:某基层法院正是依据该地方的《户口管理暂行规定》,没有支持当事人的诉讼请求。话说到这又复杂了一步:这一解释是否违背《民法通则》的立法原意? 行政机关作出的规定是否有变相剥夺公民权利的嫌疑?

《民法通则》规定改变自己的姓名需要"依照规定",主要考虑到公民个人的名字看似与人无涉,但与社会安定息息相关,随意更改姓名,容易造成民商事活动的失序与混乱。但是,《民法通则》并没有明示所依据的规定是什么、应当由什么机关来设定;从实践上看,由于中国地区发展不平衡差异比较大,各个省市的公安或者民政部门都有类似的解释、细则出台。但是这些规定是否就是《民法通则》所指的"规定"? 地方政府(部门)是否有权限制公民私权利(如姓名权)? 从立法原意上看,《民法通则》只是原则上规定了个人更改姓名不能影响社会公益,但是经过实践的运作和地方政府的解释,对个人更改姓名的限制却越来越多,越来越重:如某市《户口管理暂行规定》规定:"未满十八周岁或者已满十八周岁但有特殊情况的,凭有关证明,可以更改姓名。"已然增加了更改姓名的举证难度。某市《关于执行〈户口管理暂行规定〉的实施意见》更是进一步明确:"十八岁以上的居民因户口登记差错或重名过多而使工作、生活各方面造成不便,所起名字的谐音有损人格等特殊情况要求更改姓名的,凭本人书面申请、有关更改依据向户口所在地派出所申请更改。"由是观之,不仅"特殊情况"的范围被越限越死,而且举证的难度也越来越大。从以上的分析可以看出,某市的相关规定的确可以看做是按照《民法通则》作出的解释细则,但是离《民法通则》在不影响公共利益的前提下最大限度地尊重公民自身的选择自由的立法本意愈来愈远,而为防止社会混乱过多限制公民更改姓名的权利,已经影响了公民的自由选择和人身权益。

根据《立法法》的规定,剥夺公民政治权利与人身自由的强制措施、处罚必须由法律设定,行政法规、地方性法规、部门规章无权设定。政治权利与人身自由固然重要,但是公民的基本权利如荣誉权、姓名权等同样不能忽视,失去为人的尊严、没有选择的自由,人就如同牢中困兽,精神必将受到极大的压抑和痛苦,这与失去人身自由又有什么差异呢? 因此,凡是要对公民基本权利的限制,宜由立法机关通过法律解释进行,其限制的广度和范围须在充分评估公共利益与私人权益的基础上确定,地方政府通过规定、细则等方式随意限制公民的基本权利,无疑是不合适的。

同样的问题也出在司法机关身上,对于法院而言,是否必须凡是法律没有明确规定的都必须以行政机关的解释、细则为判决的依据? 在英美判例法国家,成文法要么匮乏要么过于原则性,没有法官通过判例进行解释往往是无法实施的;换而言之,这些国家法官判决的依据只有法律和存于心中的正义良心,而不会是所谓的政府解释、细则。长久以来,中国的专制传统导致了集权思想泛滥,行政权过多、过滥地介入了不应该介入的领域,应当由立法机关通过立法解释对公民基本权利进行的限制被行政机关的一纸"规定"所取代,法官的判决依据往往也是地方政府的"规定"多于统一施行的法律。这样的结果,不仅会导致司法权的过于行政化,而且容易滋生地方保护主义,扩大地区差别,反而不利于法制统一。

西方启蒙思想家宣扬的"主权在民",我们党所倡导的"为人民服务""执政为民",都突出了"公民""人民"的决定性作用和在国家政治、社会生活中的地位。但是光有思想上的启蒙和理论上的重视还不够，我们还需要加强制度的建构，把公权力限制在宪法与法律限定的范围之内，从而充分保障公民的私权，只有这样，市民社会才能逐步形成与发展，以人为本的法治才有得以实现的可能。

"毛发受之父母，不可妄动；姓名取自祖先，不可妄改。"古人没有选择自己姓名的权利是因为儒家"孝"的思想的束缚，把保持姓名看成是对祖先的尊重和父母的孝敬，甚至基于纲常伦理，很多时候还要"为尊者讳"。历史发展到了今天，思想上的束缚没有了，我们考虑的更多是个人权利和社会公益的协调与权衡，这也是"二战"以后各国的发展趋势。即使是为了社会公益而限制个人权利，也必须遵循事先设定的规则，注意限制的范围和程度。对于一名要改名的公民，只要派出所能够查证该公民没有不良信用记录，更改姓名不至于影响其信誉，动摇相关的财产流转关系，当然应该批准该申请。这是对社会公益负责，更是以人为本，对每一个公民的合法权利负责！——姓与名，也该让老百姓自己做个主了！

补记：

2014 年 11 月 1 日，全国人大常委会首次对《民法通则》第 99 条第 1 款和《婚姻法》第 22 条作出立法解释：公民原则上应当随父姓或者母姓；有下列情形之一的，可以在父姓和母姓之外选取姓氏：(1) 选取其他直系长辈血亲的姓氏；(2) 因由法定扶养人以外的人扶养而选取扶养人姓氏；(3) 有不违反公序良俗的其他正当理由。

牛群卸任与谢军落选[*]

尽管存在程序上的瑕疵,牛群仍然顺利当选为蒙城县副县长,掀起了轰轰烈烈的"造牛运动";尽管已有北京棋院院长的资历和国际棋界的影响力,谢军却因为笔试成绩未进前五名而未获面试资格,无缘北京市体育局副局长的职位。牛群是娱乐界的大腕,谢军是棋界的明星,这两位在社会公共生活中的名气和各自领域的影响力可谓旗鼓相当。然而牛群当年顺利任职,谢军本次无奈落选,却绝非仅仅是牛群的幸运抑或是谢军的不幸,这种变化背后折射出的是我们在体制外选拔官员的方式正走出盲从、走出朦胧,逐步走上了正轨。

程序上的公正、公开,应当是体制外选拔官员、引进人才的底线。牛群当年顺利通过蒙城县人大表决,当选为副县长,很大程度

---

* 本文发表于《文汇报》2004 年 11 月 26 日"文汇时评"。

上依赖于当地党委和政府的推动和"引荐",以"扩大知名度和引进外部资金"为理由促成了其当选。未经常规的提名、考评、征求意见,这种"空降式"的任职程序当年备受质疑,但是却无奈地让位于当地政府的"宏观考虑、大局为重"。而纵观谢军的"备考"之路,却需要经过自愿报名、资格审查、笔试、网站公布笔试成绩及名次、公布面试人员名单、面试、组织考察这一系列看似"繁琐"的步骤,尽管最后没有进入面试,但是老百姓看得见、易知晓的选拔程序从根本上保障了本次体制外选拔官员的公开与公正。正是"程序上的公开与公正",排除了选拔过程中非理性因素的影响,把"名人效应"降低到最低点,以实践经验和任职能力作为考察的唯一对象,这也是为什么牛群能凭借名气当选,而谢军却没能从名气上沾光的重要原因。

理性看待"名人效应",是体制外选拔官员、引进人才的应有之义。体制外选拔官员的根本目的是改善干部结构、加强执政能力、提升政府管理的水平和提供公共服务的质量,绝非"选明星""选学位"。牛群的先例和谢军的尝试并不是孤立的事件。近年来,"明星从政""博士做官"一度蔚然成风,经过实践经验,既有成功的做法,也有失败的事例。作为地方政府活跃地方经济,大力引进人才的一种实践,"明星从政""博士做官"确实改变了长久以来单一的官员选拔标准和来源,一定程度上还改变了官场的风气,给人们带来焕然一新的感觉。明星的"名气"可以扩大地方政府的影响力,吸引外部投资;博士的"学识"可以提升政府管理的水平和层次,提高行政效率。但是,不可否认,"名气"不是长盛不衰的,更不能等同于"信誉"和"才能";"博士学位"是学术水平的重要表征,但是却不能替代政府官员作为公共服务提供者的"实践经验"和"应变能力"。

体制外选拔官员必须更加注重民众的选择和诉求。市场经济条件下的依法行政，把政府定位于公共管理和社会服务的提供者；因此，作为政府的有机组成部分，"官员"的首要职责应当是"服务"而绝非"作秀"。无论是体制内选拔官员，还是体制外引进人才，如果忽视了"服务"对政府的重要性，而把单一的"名气"与"学位"等非理性因素纳入选拔的标准，无疑在选拔的初衷上就走偏了道。"官员"的报酬来源于民众缴纳的税金，选拔的费用也是由民众"买单"，因此，选了什么样的官、选的官干了些什么，民众都有最起码的知情权，而评价官员最基本的标准将是公共管理的水平和社会服务的质量。民众的诉求从根本上就要求在选拔程序上做到公开，在选拔标准上更趋理性。

牛群在蒙城取得的成绩有目共睹，至少扩大了蒙城的知名度，也造就了"五子牛"这样一个品牌，但是任内政企不分所引发的项目亏损、债务纠纷，应当由谁买单？作为"引进人才"，牛群可以一走了之，可是参与了投资与建设的民众的损失由谁来补偿？卸任之后一言不发、一味回避也并非负责任官员的做法。这些问题可能是当初请"明星从政"者所未考虑的，但是寻根溯源，缘由正是体制外选拔官员程序的虚置、标准的非理性化和目标的错位。

而谢军在落选之后则显示了成熟的平和心态，并表示"下次有机会还会参与竞争"。把"竞争"而非"名气"作为参与官员选拔的动力，无疑是候选人对现行选拔标准和程序的支持和肯定。"落选明星"的支持和肯定，在客观上更能说明选拔程序透明、选拔标准理性的积极意义和价值。

对"明星从政""博士做官"我们并不能一棒子打死,完全否定;只要符合程序公开公正并排除了非理性的选拔标准,当选者如果是明星或者博士,可能更容易得到民众的支持,更能促进管理水平的提高。而对于选拔者而言,借鉴牛群卸任时的经验教训,鼓励谢军落选后的积极心态,对于进一步规范体制外选拔官员的程序、标准和目标,无疑具有与众不同的推动作用。

补记:

2015 年 7 月,奥运举重冠军占旭刚挂职浙江省三门县县委常委、副县长;

2014 年 10 月,巴西足坛名将罗马里奥高票当选联邦参议员,贝贝托顺利连任里约州议员。

"双重劳动标准"是一种隐藏的歧视 *

第五次人口普查表明,我国当前约有 1.2 亿农民进城务工,但是相对于城市职工而言,农民工就业权利不平等,受到严重的身份歧视和行业、地域限制;在生产劳动中,同工不同时、同工不同酬、同工不同权;在被辞退、解雇或返乡后,无法纳入社会保障体系,生活没有保障。因此,对待农民工,实施了事实上的"双重劳动标准"。

中华全国总工会指出,"双重劳动标准"对农民工而言,直接体现在劳动权益被严重侵犯:就业权利不平等,就业无保障;劳动合同签约率低且不规范,得不到法律的有效保护;工资报酬权受到严重侵犯,拖欠克扣现象普遍;劳动条件恶劣,劳动安全问题严重;社会保障基本缺失;超时劳动现象普遍且十分严重。出现农民工"双重劳动标准",是多种因素促成的:首先是长期以来劳动立法的相对滞

---

* 本文写于 2004 年 12 月 21 日,曾发表在中国青年网"中青评论"栏目。

后和实施不力;其次是缺乏强有力的行政与司法干预,劳动管理不到位,劳动监察一定程度上缺失;再次就是城市二元对立严重,城市中普遍存在歧视心态,没有形成平等和谐的社会氛围。

目前,我国高达1.2亿的农民工已形成了一个庞大的就业群体和社会群体,不但在建筑、纺织、采掘和一般服务业等非农产业领域创造了巨大的社会财富,成为改革开放以来国民经济快速增长重要的贡献者,也为农民增收致富、解决"三农"问题,提供了一种模式与蓝本。农民工理应受到全社会的尊重、关怀与善待。正确对待农民工,事关国计民生,是经济社会发展的需求,也是社会文明的体现。

农民工"双重劳动标准"的实质,正是对农民工的制度性歧视和不公正的待遇,能否合理有效地破解"双重劳动标准",关系到宪法中"国家尊重和保障人权"条款的有效施行。

破解"双重劳动标准",首先必须通过立法加强劳动法制建设。现行1994年《劳动法》,是将计划经济体制下的劳动政策上升到法律规范的层次,尽管适应了市场经济改革的需要,在一定程度上起到了规范市场经济条件下的劳动关系和劳动者权益保护的作用,但是随着经济的多元化和劳动关系的复杂化,越来越明显地体现出不能适应时代发展的一面。突出表现在立法规范的范围狭窄,没有将农民工的权益保护充分包容进去;未能与时俱进地更新立法理念、充分体现平等原则和"以人为本"。同时,《工会法》在维护农民工权益的过程中也有心无力,尽管北京市部分建筑公司已经尝试在农民工中组建工会,但是这些尝试尚未制度化,上升到立法的层面。因此,我们必须通过立法加强劳动法制建设,进一步修订《劳动法》,使其适应城镇化的快速发展和农村劳动力进城务工权益维护和保障的要求;同时注重劳动法制的协调配合,统筹考虑《就业促进法》《安全生产法》《职业病防治法》《社会保险法》和《工会法》等立法,处理好内在关系,为破解"双重劳动标准"做好立法保障。

破解"双重劳动标准",期待政府转变传统政绩观,加大行政和司法干预力度。农民工,在农村拥有土地,但又远离了土地;在城镇工厂做工,但又没有(不能)加入工会。这是一群没有任何法律界定的群体,但是他们却顽强地突破现行城乡二元对立的制度性壁垒,从农村涌向城市。我国进入城市的农民工高达1.2亿人,而且今后脱离农业的剩余劳动力每年将以1300万人左右的速度递增。在城乡二元结构中,农民工作为中国公民的一员,他们在就业机会、劳动安全、工资收入、教育、医疗、保险等各方面与城市居民就有较大的差别,甚至根本谈不上保障,他们遭受了制度性的歧视和不公正的待遇。这一切,各级政府都有不可推卸的责任,我们期待着各级政府切实转变经济效益至上的政绩观,把关注点转移到维护农民工权益、破除"双重劳动标准"上来。从某种程度上讲,没有农民工提供的廉价劳动力,就没有中国经济的高速发展,但是当经济发展之后,依然对农民工采取歧视性政策和不公正待遇,并继续以牺牲农民工权益来维持所谓"投资方的利益"和"地方经济发展",无疑违背了法治政府、责任政府和服务政府的承诺。经济发展的确重要,但是把繁荣建立在农民工的血汗上,不是持久的发展、可持续的发展,更不是正确的政绩观。因此,有必要像环保绿色GDP列入政府考评指标一样,当地农民工等劳动者的权益保护也应当作为重要的政绩考评指标,有利于促使各地政府下力气整顿用工环境,加大行政和司法对"双重劳动标准"的干预力度,为农民工在城市里的生存发展作出合理全面的规划安排，按照"政策引导、有序流动、加强管理、改善服务"的方针给农民工"减负、服务、留退路"，切实保障农民工的合法权益。

破解"双重劳动标准"，需要在全社会营造平等的理念和和谐氛围。对于劳动，目前社会上仍然有鄙视体力劳动的倾向，农民工遭歧视、被侵权甚至出现"双重劳动标准"，从深层次上讲正是这种不良倾向的反映。体力劳动是基础性劳动，不仅在目前而且在可预见的将来，仍然是我国的主要劳动形式。经济要发展，国家要昌盛，就必须崇尚劳动；而崇尚劳动，就必须改变歧视农民工的做法。只要是劳动者，不管他们是什么身份，不管他们从事何种工作，都理应受到尊重。同时作为"城里人"，需要转变"城市只是我自己的家"的观念，改变城市只是城市人甚至只是发达者生存发展的场所的历史惯性，切不能对不合理的城乡二元体制习以为常，甚至积极鼓吹。农民为中国革命的胜利和经济的发展付出了巨大的代价，作为"城里人"，我们无法偿还也还不起这笔巨额的"债务"，农民兄弟也从来没有要求我们偿还过；那么，当农民兄弟进城务工，成为自食其力的"农民工"，尊重他们，善待他们，在力所能及的情况下帮助他们，难道不应是我们不可推卸的责任吗？

劳动为我们每个人打开了幸福之门，不仅为我们创造了生存必需的物质条件，也体现了每个人的社会价值。农民工为国家和社会作出了不可磨灭的贡献，理应受到尊重；劳动光荣，没有贵贱之分，更不应当有"双重标准"。因为，尊重农民工就是尊重劳动，尊重农民工就是尊重我们劳动者自己！

补记：

2015 年 4 月，中华全国总工会印发《关于开展"农民工入会集中行动"的实施方案》；

2015 年 12 月 26 日，中建三局海南分公司 2 000 多名农民工在海南省三亚市加入中华全国总工会，海南省农民工入会率从 18% 上升到 91%。

媒体与民意[*]

从全国人大代表周晓光通过广告向社会征询议案到深圳普通市民李红光为 12 条市政建议自费刊登广告，希望成为代表议案和委员提案的线索，民意代表与社会公众之间一直在探索沟通的平台与渠道；从广州市的社情民意研究中心到北京市的"委员与市民见面会"，各级人大和政协也在不断地尝试，扩大民意征集的方式，畅通民意表达的渠道。

公共权力起源于维护社会公共利益和社会公共生活秩序的需要，本质上是一种凝聚和体现公共意志的力量，那么，决策只有建立在民主的基础上，充分综合和表达民众的利益和意志，才能树立决策权威，唤起公民意识，建构和谐社会。这也是为什么民意越来越

---

* 本文系 2005 年 10 月 11 日《新京报》社评，发表时题为《媒体参与民意征集有独到优势》。

多地受到关注和重视的原因。

在民意征集的过程中，我们见证了民意代表的努力、感受到了决策机构的诚意，而媒体也在这个过程中担当着义不容辞的职责。

媒体是现代社会信息传播的主渠道。无论是决策机构、民意代表，还是普通公民，在一定程度上都需要通过媒体来接受和筛选信息，从而认知社会现实，形成理性的判断，作出决策或建议。从代表的议案和委员的提案中，我们欣喜地看到，媒体提供的信息，已经成为民意代表参政议政不可或缺的素材，并逐步成为决策的重要参考或依据。

媒体也是沟通国家与公民的桥梁。在现代社会，人民参与政治、政府受人民监督都需要一个中介，这个中介就是大众传媒。媒体报道每日每时发生的政治、经济、社会、文化事件，向社会通报信息，向政府传达民意。而公民善于表达，媒体客观反映，国家认真对待，才能形成民主社会的良性循环。

媒体更应是社会实践积极的参与者。在民主社会，如果只是单纯地"传播"与"沟通"，媒体是不能称之为"媒体"的。媒体的功能与优势不能仅仅局限于信息的记录与传递、国家与公民的沟通与互动，而应当积极地参与到社会实践中去，更为准确地提炼和反映民意，从而成为社会发展中重要的推动力。

媒体成为民意征集的渠道，强化了媒体在国家与公民之间的沟通功能，但是这种"沟通"不能仅仅局限于为国家收集信息，为公民传递信息。如果只是充当一个"传声筒"的角色，民意机关完全可以直接接受公民的建议，根本没有必要通过媒体这个中介，况且还可以避免信息传递过程中的"失真"。之所以把媒体纳入民意征集的渠道,不仅是因为媒体在信息传播中的优势和影响力,更需要看重的是,在民意表达的过程中,媒体没有任何部门的利益,没有任何牟利的冲动;因而媒体可以更为客观、准确地记录民意,整理民意,分析民意,向民意机关提供的不仅是原始的"人民来信"和"人民来电"的记录,更可以提供详尽的数据分析、热点的归纳整理,在实现"传播"与"沟通"职能的同时,扮演起"参与者"的角色;在民意征集结束后,媒体更不能"大功告成""偃旗息鼓",而是需要"再接再厉",积极同民意机关沟通,及时向社会公众披露,通过公开透明的过程使得民意真正成为主导决策的依据。什么是媒体的贡献? 这才是媒体真正的贡献!

消除歧视应是防艾立法核心*

"文明,不仅体现在经济繁荣,国民富庶,还在社会秩序及对待边缘化族群或者说弱势人群的态度。"在"世界艾滋病日"这个特殊的日子,世界各国都开展了一系列活动,以表达人类共同迎接挑战、抗击艾滋的坚强决心。不同国籍、民族和种族的人们越来越清楚地认识到,艾滋病是世界性的重大公共卫生问题和社会问题,其快速流行蔓延的趋势,对人类的生存和发展构成了严重威胁。今年"世界艾滋病日"的主题是"遏制艾滋,履行承诺",强调政府与社会各界共同承诺、共同参与。因此,继续推进统一的艾滋病立法,有利于进一步遏制艾滋的蔓延,履行政府庄严的承诺。

自从 1985 年艾滋病传入我国以来,我国颁布了许多涉及艾滋病防治的法律、法规和规范性文件,据统计有三百多件,另外还有 18 个

---

　*　本文系凌锋编辑约稿,发表于《法制日报》2005 年 12 月 5 日评论版。

省、直辖市和大城市制定了艾滋病防治或与此有关的地方性法规或规章。但是由于一方面缺少效力更高的艾滋病防治专门法律，另一方面现有的相关法律、法规和规范性文件又存在相互矛盾、彼此抵触的地方，致使艾滋病防治工作缺乏有效的法制保障。2005 年 10 月 27 日，中国卫生部副部长王陇德表示，《艾滋病防治条例》有望在年底出台。统一的艾滋病立法被及时提上议事日程，不仅体现了我国政府践行承诺的勇气和决心，而且反映了全社会高度关注艾滋病、积极参与艾滋病防治的高度热情。统一的艾滋病立法涉及面广，既要将政府防治艾滋病的政策通过立法予以确定，又与感染者和患者的权益保护、保障制度的完善、政府职能的转变、刑事政策的调整等问题紧密相连。"一口吃不成胖子"，《艾滋病防治条例》出台在即，面对复杂的法律关系和社会现实，统一的艾滋病立法必须突出重点，直指中心。

消除歧视应当成为艾滋病立法的核心问题。卫生部一项调查显示，我国城乡居民对艾滋病感染者、患者和艾滋病普遍存在着恐惧心理。源于艾滋病的不可治愈性和高致死率的恐惧，加上对艾滋病的误解甚至是无知，直接引发了歧视。尽管艾滋病知识已经得到了广泛的普及，但很多社会公众至今仍然把艾滋病与吸毒、性乱、同性恋等行为相联系。歧视存在的直接后果就是人情的冷漠和心态的失衡，不仅是对艾滋病感染者和患者宪法基本权利的侵犯，而且极易导致艾滋病感染者和患者放弃寻求治疗和继续生活的希望，甚至产生对社会的仇恨心态和报复心理。政府和社会投入再多的人力、物力和财力，只要存在歧视，艾滋病防治的成效就会大打折扣。从构建和谐社会的角度出发，公平正义和诚信友爱的社会必须营造没有歧视尤其是制度歧视、充满关怀尤其是人文关怀的社会氛围。因为歧视造成的社会矛盾甚为广泛,对人的伤害也最为严重,是建立和谐社会的最大隐患,会让我们一切的努力付之东流。

政府责任是确保艾滋病防治实效的基石。今年"世界艾滋病日"的主题是"遏制艾滋,履行承诺",强调承诺尤其是政府的承诺。因为政府作为社会事务的管理者和公共服务的提供者,其承诺和责任是艾滋病预防取得实效的关键。中国政府高度重视艾滋病防治工作,逐步建立健全防治工作领导协调机制,积极落实了各项防治措施,动员组织社会各方面积极开展防治工作,政府主导、多部门合作、全社会参与的防治工作格局逐步形成,艾滋病防治工作取得积极进展。艾滋病潜伏期长、隐蔽性强,如果没有长效的工作机制和切实的责任意识,很难取得实效。因此,在艾滋病统一立法中确立政府的承诺、确定政府的责任,对于增强社会公众遏制艾滋的信心、督促公务人员防治艾滋的工作、展示中国政府和中国人民抗击艾滋的决心,具有重要的意义。政府责任当然不能是空洞的宣示,在当前遏制艾滋病传播和蔓延的严峻形势之下,疾病监测检测、高危行为干预和加强宣传教育是政府责任不可或缺的核心内容。

利益平衡是艾滋病立法必须面对的难题。在艾滋病统一立法进程中,公共利益、公共安全和私人利益、个人权利如何平衡,是社会关注的焦点和立法者必须面对的难题。基于维护公共利益的要求,预防艾滋病传播,遏制艾滋病蔓延,是政府义不容辞的责任。因而艾滋病立法确定政府积极主动干预以及干预方式和力度,授权动用社会资源的条件和程序,并明确怠于履行职责应负的责任,是十分必要的。但是,在以人为本的法治社会,政府维护公共利益的方式不同于传统社会,尤其是在艾滋病防治中,如果坚持以管理为中心,固守隔离、限制、严打等传统公共卫生立法理念,必将侵害艾滋病人及感染者的私人利益和个人权利,引发歧视甚至是逆反心理,打击包括艾滋病患者和感染者在内的全社会成员预防和治疗的积极性。艾滋病立法引入人性化的法律措施、重在引导的防治政策,在防治艾滋病的同时注重人权的保护,有利于平衡公共利益和私人利益,消除观念和制度歧视,逐步促进社会和谐。

补记:

2016 年 1 月 18 日,国务院常务会议通过《艾滋病防治条例》,第 3 条明确规定:"任何单位和个人不得歧视艾滋病病毒感染者、艾滋病病人及其家属。艾滋病病毒感染者、艾滋病病人及其家属享有的婚姻、就业、就医、入学等合法权益受法律保护。"

2014 年 12 月,在四川省西充县某村,两百余位村民用写"联名信"的方式,欲将村里一位携带艾滋病病毒的 8 岁男童驱逐出村。《人民日报》2014 年 12 月 18 日发表时评《人心荒芜是防艾大敌》:"一些艾滋病感染者和病人仍然受到有形或无形的歧视,以至于有些人感叹,'不怕死亡,怕歧视''艾滋歧视是一堵墙,需要很多人一个一个地去撞'。"并援引习近平总书记 2012 年 11 月 30 日看望艾滋病患者时所说的话:"艾滋病本身并不可怕,可怕的是对艾滋病的无知和偏见,以及对艾滋病患者的歧视。"

法治框架内的改革才是真正的改革[*]

　　"两会"期间,胡锦涛总书记在参加上海代表团审议时作出鲜明的表态,"要毫不动摇地坚持改革方向,进一步坚定改革的决心和信心"。温家宝总理在十届全国人大四次会议记者招待会上再次强调,"要坚定不移地推进改革开放,走有中国特色社会主义道路。前进尽管有困难,但不能停顿,倒退没有出路"。在"十一五"规划的开局之年,中央领导强调要毫不动摇地推进改革开放,是对近年来以"反思改革"为名否定改革的思潮作出明确的回答,表明了中央鲜明的态度:改革曾经是、现在是、将来更是时代的最强音。

　　在这一历史背景下,如何推动改革、鼓励改革,如何对待改革创新中的失误或者失败,成为社会各界争论的焦点问题,有关决策部门也作出了探索和回应。2006 年 1 月 11 日,最高人民检察院针对

　　* 本文系凌锋编辑约稿,发表于《法制日报》2006 年 3 月 20 日"法治时评"。

检察机关查办破坏社会主义市场经济秩序渎职犯罪，提出指导性意见："对在改革开放、招商引资、企业改制过程中出现的失误或者失败，要慎重对待，严格区分罪与非罪界限，只要是从有利于发展出发，总体上符合中央精神和改革方向，没有徇私舞弊、中饱私囊，没有严重侵害群众利益，不要轻易立案。"2006 年 3 月 14 日，改革开放的试验城市深圳经济特区诞生了全国首部《改革创新促进条例》，明确规定，改革创新工作发生失误，未达到预期效果，或者造成一定损失，只要创新方案制订过程符合程序规定，个人和单位没有牟取私利，也不存在与其他单位或个人恶意串通，就可以免予追究有关人员的责任。虽然"不要轻易立案"意见和"免予追究责任"条款的初衷，是为了减轻改革者的负担，保护改革者的信心，调动改革者的积极性，但允许失误、宽容失败可能引发的直接后果，还是引起公众的广泛质疑。

一般而言，改革有三种基本方式：第一种是先立法后改革；第二种是一边立法一边改革，两者同步进行；第三种是先改革后立法。不可否认，在改革开放的初期，计划经济向市场经济转型，改革就意味着必须突破维护计划经济体制的法律制度或政策底线，"摸着石头过河"的试错领域一直存在并被默许，"先改革后立法"成为无奈而又必须的选择。在这一背景下，"先违法（或违反政策）、既成事实后再修订法律"的突破和创新成为常见的改革模式，"允许试错""宽容失败"等保障措施也相伴而生。但是从整体趋势上看，经过多年的改革，目前我国已基本建立了社会主义市场经济体制，社会主义法律体系也初步形成，现在的任务是进一步完善社会主义市场经济体制和法律体系，建设法治基石之上的市场经济，在现有的法治框架内进行改革创新。"先改革后立法"已经不符合时代的要求,"先立法后改革""边立法边改革",通过立法获得改革的合法性和正当性,成为必然的趋势;法治框架内的改革,才是真正的改革。

　　未来的世界是不确定的,任何事情都存在风险,改革创新是做前人从未做过的事,风险就更大了。不仅如此,改革创新还具有一定的困难性、复杂性,改革者承担着巨大的压力。因此,保护改革者,鼓励创新,是完全必要的。但允许试错、宽容失败是否就是真正地保护改革者?改革固然充满了试验性,但在我国进行的改革绝不是改革者的"试验田",更不同于科学家在实验室里进行的实验。科学家的实验一次不行可以两次,两次不行可以三次以至多次,但政治经济领域里的试验,则极容易导致国家与人民财产的重大损失,因此不容许无限试下去。改革的过程的确是风险与机遇并存,改革也并不意味着总是沿着正确的道路前行,从这个意义而言,试错也是改革的一部分内容。但试错,往往意味着国家与人民必须付出更高昂的改革成本,所以,我们有必要将试错减少到最低的程度,这才是对改革发展最好的支持。那么,如何才能真正保护改革者,降低失误、失败的风险呢?我们认为,法治框架内的改革是唯一的出路。

　　法治框架内的改革,要求完善决策程序,减少改革创新的失误。20世纪80年代的改革,是自上而下政策主导的改革,经过二十多年的发展,政府治理逐步实现了法治化;改革的决策和执行也应当法治化,实现自下而上法律主导改革,通过立法的形式促进改革,将改革机制法治化,保障科学化、民主化的决策程序,减少改革创新的失误。改革创新涉及较为广泛的领域,影响到数量较大的民众,牵涉多个政府部门,决策程序越科学、越民主,成功的概率就越高,改革的成本就越低，对改革者保护的力度就越大。科学决策要求改革创新要以正确的理论为指导，从国情、社情和民意出发，进行充分地调查、研究和论证，切忌脱离实际、好大喜功、忽视细节。民主决策要求各级政府建立改革创新的信息平台、利益群体的博弈平台、公众参与的监督和评估平台，为公众参与改革创新提供便利，最终形成"分析舆论、调查研究、形成思路、公布方案、组织听证、修改方案、人大审议、通过法规"这一完整的民主程序。科学决策、民主决策，将保护改革者的关口前移，不再是对改革失误者、失败者事后被动式的补救，而是事前主动地集中民智，达成共识，确保改革决策的正确性和合法性，避免盲目试错，降低改革的成本。

法治框架内的改革，不再是一种个人行为、地方行为或是行政措施，而是通过立法形成的合法行为、集体行为、法律行为，有利于祛除改革的个人色彩、地方色彩、行政色彩，保障改革的合法性、公正性、公平性，因而是真正的改革。

补记：

2013 年 2 月 23 日，习近平总书记在十八届中央政治局第四次集体学习时指出：要"使法律准确反映经济社会发展要求，更好地协调利益关系，发挥立法的引领和推动作用"。

2014 年 10 月 23 日，中国共产党十八届四中全会决定提出："实现立法和改革决策相衔接，做到重大改革于法有据、立法主动适应改革和经济社会发展需要。"

"多一点赘肉不要紧,杨贵妃照样迷死唐明皇"*

每天上班的路上会经过一块广告牌,上面不是骨感的美女,而是一位胖乎乎的姑娘,笑容可掬,春风满面;旁白是"多一点赘肉不要紧,杨贵妃照样迷死唐明皇",每次我都忍不住会心一笑。但现实生活中,并非每一位女性都有如此豁达乐观的心态,或许这也正是形形色色的减肥药、各式各样的瘦身衣层出不穷、前赴后继的缘由。

环肥燕瘦,各具风韵;历朝历代,各有偏好。时至今日,不知从何时起,骨感变成了性感的象征,消瘦变成了流行的美感。胖瘦作为人类的体态,本无明确的标准和优劣的区分,但在"楚王好细腰,宫中多饿死"的"偏好"之下,很多人不仅把"瘦"作为了追逐的目标,更把"胖"看成了幸福的绊脚石。

《南方周末》曾报道过《350斤的人生》:对"千金组合"中的肖杨

---

* 本文发表于《晶报》2007 年 6 月 7 日"法眼旁观"专栏。

来说，与生俱来的肥胖虽已成为赖以谋生的资本，却仍是生活中最大的苦恼：身后的指指点点，减肥的艰辛历程，求学就业的种种不顺，让人唏嘘不已。或许真的是验证了一项国外的研究成果，"越来越多的人把肥胖看成是一种耻辱"。

其实肥胖是多种原因引起的，生活习惯、饮食习惯、基因和药物治疗等多种因素都会造成肥胖；如若把肥胖完全归咎于个人的惰性不仅强人所难，更是颇不公正的。除去生理的因素，胖，也是个人的自由的生活的方式，我们可以不愿意胖也不喜欢胖，但不能排斥和鼓励胖，剥夺他们生活的空间。

其实遭受不公待遇的，不仅是肥胖，还有性别、相貌、身高、户籍、籍贯、年龄、疾病、残疾，等等。这些作为个体可能无法回避的先天因素，尽管与就读的学校、从事的工作没有必然联系，却往往如影随形，成为很多人终生挥之不去的梦魇。"叶子"因为长相被用人单位解聘，四川的小伙蒋某因为身高被银行拒之门外，乙型肝炎带菌者常常因为在体检中被验出而失去工作，连"河南人"竟然也被贴上了标签，不断地被脸谱化。

无论我们是否承认，我们确实生活在一个存在歧视的社会中，如果说胖瘦、性别、身高等先天因素在求学就业中有着不同的待遇，是一种潜规则，还可以奋力抗争的话，那么在政策制定和制度设计中或多或少的"歧视条款"就更加让人无奈，对特定人群的伤害也更大。歧视无所不在，如同一张玻璃天花板，看得见，却越不过。

为什么会存在歧视呢？源自人性的丑恶、差别的存在、情感的宣泄，还是制度的设计？或许兼而有之，但有一点是肯定的，在一个文明的法治的社会中，每个公民都有权利选择自己的生活方式，决不能因为先天的不足或者后天的缺陷而遭到疏远、排斥和歧视。

我们如何规制形形色色、或明或暗的歧视呢？立法首先应当有所为。是的，法律不能逾越，不能干涉人们的内心，我们无法把歧视的心理纳入规制的范围，但法律可以规范和调整人们的行为，把宪法中的权利平等条款在教育法、劳动法中更加清晰明确地表述出来，并设置相应的救济渠道和法律责任；立法的强势介入，有助于大力规制歧视行为。反歧视的文化应当紧紧跟上。正如闾丘露薇所说，消除歧视，需要每个人从自己做起，让歧视文化在这个社会中不会被纵容和蔓延。法律当然起到一定的作用，但是如果公民无意识，社会没有不包容歧视的文化的话，这样的法律法规事实上很难发挥效果，因为谁也不会当真。赵本山的表演在美国被批评，就是因为在当地很多华人观众看来，他的团队的表演有歧视精神病人、肥胖者和残疾人的内容，也就是把快乐建立在别人的痛苦之上。但在中国，他的表演却是如此的受欢迎。如果有一天，当大部分的人觉得笑不出来的时候，证明我们的平等观念在增强，歧视行为在减少。

"杀人游戏"的非典型反思[*]

前些日子参加一个培训,课余闲暇之余,一帮意气相投的朋友常聚在一起玩"杀人游戏",月黑风高"杀"得兴起,时常玩到夜深人静,甚至旭日东升。或许是 high 过了头,似乎没有人真正想想这个游戏究竟映射了我们怎样的心灵和社会现实。

杀人游戏是一项需要 8 个以上参与者的集体娱乐活动,玩法并不复杂。以 8 人为例,游戏中人的身份分为 3 种,4 人为平民,2 人为杀手,2 人为警察。每局开始前,参与者摸取身份牌,游戏开始后,杀手每轮杀掉一个人,警察和平民则需指认出谁是杀手,通过投票将其推出,游戏以杀手或警察淘汰掉全部对手为胜。据说"杀人游戏"(又称"警匪游戏")是在 1999 年由硅谷归国的留学生第一次传到上海的,而后于该年年底在一次 IT 界的媒体见面会上传到了北京,从

---

* 本文发表于《晶报》2007 年 9 月 13 日"法眼旁观"专栏。

098　｜　法治的底色

此开始了它在全国大中城市年轻人中的传播之旅。从 2000 年开始，在上海、北京、广州等大都市的一些公关公司、记者圈、IT 行业及演艺圈等逐渐成了活跃气氛、交朋识友的一种新的方式，并通过网络论坛迅速掀起了一股不小的热潮。

职场培训师说："杀人游戏能锻炼人的观察能力、逻辑推理能力、想象力、判断力、口才、表述能力、心理素质及表演能力，能培养团队精神、活跃团队气氛、增进团队成员的感情交流、提高凝聚力，同时通过游戏了解对方的性格特点并借助游戏中的交流加深彼此间的了解；将休闲与益智完美地结合到了一起。"广告一般的语言，不过没有过分夸张。

文化观察者说："杀人游戏是一个集体进行的语言思维游戏，人们应用包括语言、表情、动作在内的各种手段进行自我表达、理解和判断的交流过程是游戏的核心内容，游戏者既是表演者，又是观众。"有点绕口的评论，不过游戏如人生，每个人既是演员，也是观众。

社会研究者说："杀人游戏的流行是因为其内核与现代社会倡导的民主潮流有深层次的契合。与民主的潜台词一样，'杀人'游戏暗含着民权的许诺，承认人民的智慧，为游戏者提供了平等的机会。按照规则的本义要求，应该是个体想法平等表达后集中而成的集体意志而非独夫专制决定游戏的走向。这种思路的前提是认定每个人都是理性而有判断力的，人人都会关注公众事物，思考并得出最佳的判断。"这就有点拔得太高了，一个游戏承受不了这么多附加值，不过细细想来，也不无道理。

仁者见仁，智者见智，一滴水可以看见整个海洋，一个游戏可以折射世态万象。在这次游戏中，我时常也会背离自己理性的法律思维和逻辑分析，"错杀""冤杀"一位好朋友，弄得这位朋友郁闷不已，我自己也甚感委屈。所以，不由得也要非典型性地反思一下，杀人游戏里隐藏的制度设计和运作规则。

首先是以民主为名的多数人暴政。民主确实是个好东西，可以充分地集中民智和反映民意，确保决策科学和权利保障，这是被历史经验所证明的。但民主所衍生出来的近乎于绝对化的"少数服从多数"，就会出现不少的弊端。以"杀人"游戏为例，平民在讨论杀手时，完全处于无理性的状态，一个眼神、一个动作、一句言语，都可能成为自己怀疑的证据。有时候一句"就先杀了他（她）吧"，就左右了投票结果，决定了一个平民的"生死"。这就说明，有时候多数人的意见不一定是对的，真理并不完全掌握在大多数人的手中。如果民主机制被简单地解释成"少数服从多数"，不仅"杀人"游戏中要多几个"冤魂"，恐怕对整个社会也是有害的。远的是苏格拉底之死，古希腊城邦的高度"民主"，成就了一个伟大文明的同时，也牺牲了一个伟大的思想家。近的是"文革"中的不正常现象，揭发、批斗、游街，大规模的群众运动似乎是一种革命式的民主，最终带来的却是权利和尊严的丧失殆尽。司法审判中的"民愤极大"，北京酒仙桥拆迁程序中的"投票公决"，都在一定程度上体现了多数人暴政的非理性运作和对正当权利的侵害。司法，即使是人民司法，之所以要坚持精英式的法官审判，而非把审判的权利交给民众，正是为了防止这种多数人暴政对正当权利的侵害；而人民陪审员制度，只是为了扭转和纠正精英审判中的法律思维定势引入的民意表达机制，不应该也不可能完全左右司法判决。

其次是跟风追随式的表决机制。表决机制是民主程序中的核心环节，表决机制是否科学、是否民主，直接决定了决策的科学性、民意的集中度。这也正是为什么美国的国父们在未定新宪之前，要先定如何表决。"杀人"游戏更是让我感受到了表决机制的重要性。一个本来只被少数人指控为"杀手"的平民，在经过第一、第二个人表态之后，往往就成为众矢之的，全票通过被"冤杀"。这种跟风追随式的表决机制，往往伴随的是多数人的集体无理性，再加上少数人的煽风点火，往往成为牺牲少数人权益的最大凶手。大到一国议会表决法案，小到一村村民选举村官，如果没有秘密投票、没有决前辩论，没有议事规则，那么跟风追随式的表决机制一样会使得最终的表决结果出现集体的无理性。

最后是草木皆兵式的证明方式。从天罚神判，到暴力威胁，到"五听"断案，到自由心证，再到测谎仪器，人类一直在用自己的智慧来寻找各种方法来还原发生的场景，寻找事实的真相。但事实是已经发生的，永远不可能百分百地复原和重演，因此，证明的方式显得尤为重要。在各种诉讼活动中，质证也是最为核心的环节之一。尽管"杀人"游戏只是一个游戏，不能完全用法律的思维来套用，但也能从侧面反映出我们对待事实、嫌疑和怀疑的态度，这种证明的观念一定程度上也反射出我们头脑中对正当程序的理解。在"杀人"游戏中，人人都是演员，都有被他杀和被冤杀的可能，话说多了可能被指为故意开脱，话说少了可能是沉默不语、故意掩饰，因此，一个偶然的眼神，一个无意的动作，似乎草木皆兵一般，都会成为被怀疑的理由。也许是游戏，我们没有严肃地对待，只是哈哈一乐而了之，但是在现实生活中，我们是否也在套用这种思维模式去看待他人、评论事件、对待社会？

媒体报道真实性的限度在哪里?[*]

　　作为网络或者媒体的受众,对社会热点事件保持关注,对公权力的行使保持警惕,本来是无可厚非的,这也是媒体作为"第三部门"的使命和职责所在。但如果受众发表评论的基础——报道本身就存在不实,那么这种批判或者批评的正当性也同样要受到质疑。更为遗憾的是,受众的评论往往是直抒胸臆的,看的本来就是热闹,评的本来就是乱象。因此,事后澄清基本上对受众没有太大的影响力,而整个事件的最终受害者,往往是已经被万夫所指过的当事单位或者当事人。

　　我没有做过记者,但是能够体谅记者的苦衷:一篇稿子,如果没有一点儿"看点",是很难吸引读者的。这种"看点"来自何处?揭露或者批判式的报道往往会抓住读者的心,引发阅读的兴趣,甚至引

---

* 本文发表于《晶报》2007 年 9 月 20 日头版。

起共鸣。毕竟,不公正的现象每个人都会或多或少地经历或者体验。但这种报道又恰恰是最难拿捏分寸的:写得平白无奇,等于白写;写得生动求实,没有时效。所以权衡之后出炉的报道往往是三分亲眼所见,三分亲耳所听,四分想象力补充,最终求得曝光率、转载率和轰动效应。

新闻报道其实和法庭审判有一点类似,面对的都是已经发生的事实:法庭要做的,是引导双方提交证据并进行质证,最终用证据来还原事实的真相,因此诉讼法以及未来的证据法对此都作出严格的限定,确保证据的合法性和事实的准确性。但媒体又不同于法庭,时效是新闻的生命,不可能等到证据确凿再出报道,否则新闻就成了旧闻。因此,媒体对报道真实性的把握,往往是靠所谓的自律和"良心"来约束,并不像法庭对事实真相有严格证据要求,往往有法律的实体和程序制度设计的限制、监督。这里我觉得有个两难的选择,这么多年来千百万报人都在寻觅答案:对报道的真实性判断如果要求过高,势必影响监督的力度和言论的自由;对报道的真实性判断如果要求偏低,大量捕风捉影的虚假报道势必层出不穷。现在的难题就是对报道真实性或者说报道的证据,究竟应当作出怎样的要求? 如何既能保持新闻采编的活力,又能保证信息的不失真,同时还能兼顾大众的感受和社会的公益?

作为外行,没有资格对媒体的运作规律指手画脚,但还是很期待着媒体的朋友们,早日解决这个两难的问题。如果说行业自律比较有效的话,至少可以提出一些具有操作性的、赢得编辑记者共识的新闻采编流程,用制度来确保虚假新闻没有生存的空间。

法治社会离不开道德建设[*]

　　这些年,在政府的推动、学者的呼吁、民众的参与下,建设法治社会的理念逐渐深入人心。在日常生活中,我们已经习惯于自觉地遵守法律、运用法律,在接受法律"约束"的同时,也享受着法律带给我们的各种"福利":良好的社会治理生态、便利的纠纷解决方式、诚信的市场交易秩序以及稳定、可预期的生活方式。

　　然而,对于法治,我们在尊重并且赞美的同时,也应该认识到这样一个事实:法治,仅仅是社会治理的方式之一,虽然公正、平等、高效、便捷、稳定的特性已经为历史和现实所证明,但仍会有美中不足。比如,尽管罚款如同达摩克利斯之剑在头顶上高悬,但随地吐痰、闯红灯、酒后驾车、"牛皮癣"小广告、踩踏草坪等现象仍是屡禁

　　* 本文系《法制日报》2007 年 9 月 21 日特约评论员文章,发表时题为《法律是最底线的道德　道德是高标准的法律》。上海市政府法制办《政府法制参阅(专报)》2007 年第 114 期全文转载。

不止。就如同经济运行领域有市场失灵一样，社会治理领域同样也有"法律失灵"。而解决"法律失灵"的灵丹妙药之一，就是加强公民道德建设。法治社会，离不开道德建设。

法律是最底线的道德，道德是高标准的法律。法律治理视野中的"人"，既不是雷锋同志一样的"好人"，也不是十恶不赦的"坏人"，而是"中人"：这个人可以不做好事，但不能做坏事；可以在法律范围内为所欲为，但不能超出法律的边界；这个人不需要有高尚的道德品质，只要行为符合法律的规范。一个全部由"中人"组成的社会，可能会是一个超级稳定状态的社会，但注定成不了具有可持续发展前途的社会。一个社会不可能全部都是好人，"乌托邦"注定是我们长远的理想，因此这个社会需要法律作为治理的手段调整社会关系；但一个社会也不能没有好人，极端化的"恶人谷"只会在小说中出现。因此，这个社会同样需要道德建设来教化人心，引导善行，让民众在不为非的基础上还能行善。正是从这个角度说，法律追求的是最底线的公平正义和社会稳定，而道德倡导的则是终极的天下大同和社会和谐。

法律是硬性的，道德是柔性的。正因为法律是硬性的，它才会有权威性、公正性，才会让民众感知、认同并服膺，正所谓法无信不立。但反过来说，法律的硬性特征使得法律的引导和教育功能不如道德这种柔性的手段那么明显。"法网恢恢，疏而不漏""法不容情""王子犯法与庶民同罪"，法律在以公正无情的面目示人的时候，一定程度上已经注定法律可以规范行为，但不能深入内心；法律可以治标，但不一定能治本。而道德的柔性特征正是硬性法律所不及之处，在"法不责众"式的轻微违法行为的治理中，直指人心的教化可能比只管行为的处罚有效得多。

一定层面上说,法律是一种"奢侈品",道德却是"物美价廉"。法律的运行,即法治的实现,是有成本的,从立法到执法到司法再到守法,每个环节的成本都不可小视。看似简单的一个制度设计,无形之中会增加多少行为的负担、交易的约束和执法司法的配套,这笔账很难精确算出来,但肯定不是一个小数字。因此,法律是一种"奢侈品",有限的资源只有花在刀刃上,才能实现预期的治理目标。但道德治理可以"物美价廉",感化人心的成本肯定要比约束行为的代价小得多。如果可以用廉价的方式实现部分治理的目标,我们又何乐而不为,把有限的法律运行资源配置在更加需要的地方?

在公民道德建设日,重提法律与道德关系这个老话题,并不是要再次挑起"法治"与"德治"的理论之争,更不是要从一个极端走向另一个极端,摒弃法治这种社会治理方式。比较法律与道德在社会治理领域的长处短处,只是想说明,任何社会的治理模式都是多元的,单一的治理模式不仅弊端丛生,而且达不到最佳的治理效果。法治社会已经成为发展的主流,但同时我们也要关注道德建设,推动道德建设。毕竟,道德楷模只是少数,只有这个社会上的好人多了,社会运行的成本才会降低,法治的实施才会畅通无阻。

补记:

2014 年 12 月 23 日,中国共产党十八届四中全会决定提出:"发挥法治在解决道德领域突出问题中的作用,引导人们自觉履行法定义务、社会责任、家庭责任。"

年终总结与契约意识[*]

年根岁底,各行各业都在搞年终总结,热火朝天,不亦乐乎。有人认认真真,耐心梳理日志,细心撰写总结。也有人视之鸡肋:不写吧,交不了差;写了呢,既没有工夫又觉索然无味。由此也催生了一个新的行当,在就业普遍不景气的光景下创造了新的就业岗位:代写年终总结。在百度贴吧和淘宝网上,就充斥着各种寻找和代写年终总结的帖子,囊括了从保安到高级白领的各行各业,甚至还有寻求消防工作、煤炭行业年终总结的帖子,开价甚至高达千字千元。

一位时评家概括了年终总结的两大功能,即一是从实践到认识,再用新的认识指导新一年的实践;二是客观描述自己一年来所做的工作,以作为上级对自己业绩考评的依据之一。概括得有点枯燥但很准确,说白了做年终总结,一是为自己,二是为他人。前者不

———————————

  * 本文发表于《晶报》2007 年 12 月 31 日"法眼旁观"专栏。

用多说，每个人在低头赶路的时候，每隔一段时间回望一下走过的路，不仅重要而且必要，因为"一个民族只关心脚下的事，是没有未来的"。对个人来说，何尝不是如此。但在我看来，后者才是做年终总结的最核心价值。

什么人需要写年终总结呢？从职业层次上划分，或许大多数是高层以下的员工；但从法理上划分可能更加确切，那些接受了委托的人最需要写年终总结，向自己的委托人汇报一下一年来的履职情况。从这个层面看，人人都有写年终总结的必要。对于公司高管，是接受股东的委托来负责经营公司业务，有尽职的义务，有营利的压力；对于公司白领，是签订了劳动合同，接受公司的委派从事具体的业务，有忠诚的义务，有业绩的压力。因为无论是高管还是白领，说白了都是被委托的人，年终总结只是履职的一个方面而已。

小说中的黑道人物尚且有"拿人钱财，替人消灾"这样很强的"契约意识"，怎么社会进步了，这种"契约意识"却弱化了呢？年终总结是一面镜子，有人看到的是中国员工素质有待提升，有人看到的是企业考评模式有待转型，有人看到的是我们这个社会喜做表面文章之风、浮躁的心态和投机取巧的心理，而笔者看到的则是中国社会"契约意识"的欠缺。

中国现代社会发育的模式与西方有着截然不同。东方起源于农耕文明，西方起源于商业文明，因此前者看重的是自给自足式的小康生活，而后者则更重视诚信、契约的价值，尤其是对被委托商业事务的忠诚和尽责。虽说今天的中国已经完全接受了西方商业文明的法则，但传统理念对我们的影响依然是若隐若现。比如上市公司的年报，中国造假的比例往往高于西方国家，这背后是不是对股东权利的不尊重，是不是忘记了自己接受的是股东的授权必须要对股东利益负责？比如不少高管白领的年终总结，自己动笔的少，他人代笔的多，是不是也是欠缺了一点最基本的"契约意识"？

企业尤其是上市公司接受的是出资人的委托和授权，写好各类"总结"是对股东利益的尊重；而政府部门更应该写好"年终总结"，因为主权在民，他们的背后是人民的授权，更应该模范地彰显"契约意识"。总理在一年一度的"两会"上作工作报告，报告的内容是总结一年工作成果和不足，提出来年工作目标，这正体现了权力来自人民的政治契约意识。那么政府所属的各个部门，是不是也应该在新的一年到来之际，就各自分管领域的工作，向人民做个汇报呢？"年终总结"的形式倒大可不必拘泥，网络已经如此发达，访谈、座谈、书面、口头，各种形式都可以用上，让授予自己权力的民众了解自己一年工作的情况。比如发改委，是不是可以向民众汇报一下今年为什么物价上涨如此之快，导致刘翔也跑不过 CPI；比如林业局，是不是可以向民众说明一下为什么一张老虎照片的鉴定难度如此之大？比如铁道部，是不是可以向民众解释一下什么时候买一张春节回家的票不再是难于上青天？

赌博受罚与私域保护[*]

有一些乡党亲友,逢年过节总爱打打牌、搓搓麻,以为消遣,还美其名曰"大赌伤身,小赌怡情"。不过赌博终归不是什么好事,因此偶尔也会被派出所民警查问一番,好在都是亲友聚会,桌面上也没有多少钱,只是"虚惊一场"。不过曾在 K458 次列车上"斗地主"的 4 位乘客就没有那么幸运了,"1 元起步,5 元封顶"被乘警指为"朗朗乾坤,公众场合,聚众赌博",不仅被没收了现金、车票和身份证,还在争执中受了伤。

姑且不论乘警执法的方式是否恰当,单是这认定赌博的标准就值得我们好好考究。治安管理处罚法出台后,赌博的认定标准一度引发了媒体的热烈讨论,问题的关键点之一就是"赌资较大"如何界

* 本文发表于《晶报》2008 年 4 月 4 日"法眼旁观"专栏,发表时题为《究竟以什么依据处罚赌博》。

定？2005 年打击赌博违法犯罪专项行动中,时任公安部副部长的白景富曾表示,对群众带有少量彩头的打麻将、玩扑克等娱乐活动,不以赌博行为查处。2005 年两高的司法解释也认为,进行带有少量财物输赢的娱乐活动,不以赌博论处。这还是没把话说清楚,多少才能算是"少量"呢?

各地的情况也不一样。比如"陕西省集中打击赌博违法犯罪专项行动协调小组"就制定出了细则标准,当地"挖坑"玩法 5、10、15 元的赌注就构成赌博,而且公共场所无论彩头大小,一律按照赌博行为查处。这个赌注或许在沿海地区并不算大,且在公共场所不论彩头大小一律认定为赌博,似乎也违背了有关规定的精神。各地认定标准不一致甚至可能导致这样荒唐的结果:从东部地区乘坐火车前往西部地区,前半段旅途乘警可以不管不问,认为是"娱乐活动";后半段旅途乘警就要果断出手,认定是"聚众赌博"。因为标准的弹性而造成行政权力的恣意,这不得不说是法治自设牢笼的悲哀。

其实细读一下刑法、治安管理处罚法、两高的司法解释和公安部的执法通知,不难发现一以贯之地是把"营利为目的"作为处罚赌博行为的重要考量,赌资的大小只是一个附加因素。只是在具体执法中,是否以营利为目的似乎不太好证明,就把赌资的大小作为单纯的处罚依据,这不仅是对相关规定精神的误解,更是一种执法上的懒惰,对公民权利来说无疑是一种伤害。

权力的本性总是要不断扩张的,只要没有立法的规制,总是要想方设法地深入到社会的各个角落甚至公民的私人领地。前几年夫妻家中看黄碟被警察处罚,这几年赌博的界定多次受到争议,足以看出不受约束的权力,对公民生活可能会造成的干涉和限制。任何一个社会都需要安定祥和的秩序,这是毋庸置疑的,但是如果秩序的取得建立在公民权利受限的基础之上,则是我们都不愿意看到的。问题的关键恐怕不仅仅是端正执法者对待权力的态度,更要在立法层面予以必要的细化,在公域和私域之间划上一条明确的界限,使得公权力的行使者不越界执法,私权利的享有者不影响社会。1997 年刑法取消 1979 年刑法的流氓罪,使得这个被诟病多年的"口袋罪"不再成为公权危害私权的得力工具;2008 年 1 月,《投机倒把行政处罚暂行条例》被宣布失效,这也意味着市场行为中很多无序或者违规的行为不能再被罚得"不明不白",干涉市场的行为必须要受到明确的约束。只有在立法层面对公权的约束、对私域的保护更加深入,才能尽早在公域和私域之间划上一条明确的界限,做到公私分明、各得其所。

补记:

据《信息时报》2015 年 7 月 28 日报道,2015 年 1 月 8 日晚,广州的方先生因和几名同事打 10 元一局的麻将,被广州市增城区警方以参赌为名行政拘留 3 日。事后他认为打麻将只是娱乐活动,并非赌博,警方作出的行政处罚决定缺乏事实依据,于是将增城区公安局诉至法院,请求确认警方作出的行政处罚决定违法。庭审时,增城区警方辩称,方先生等人是"以打麻将的方式进行赌博",公安机关对其作出的行政处罚事实清楚、证据充分。且方先生打牌的地方曾因"扰民"被人举报过。法院认为,由于目前的法律并没有规定赌博行为中"赌资较大"的起算点,根据"合理性"原则并结合当地的经济情况综合分析,方先生一桌当日采取"10元爆炸胡自摸奖五条码"的赌注方式,赢方每盘最大能赢300元,且在赌博现场已查获赌资累计800多元,符合赌博"赌资较大"的情形。据此,方先生等人的行为已构成赌博的违法行为,公安对其行政拘留3日并无不当。这一判决再次引发社会热议和广泛争论。

警惕法律信仰危机[*]

有一年，为了争取复习时间，缓解学习压力，一考生扬言要引爆高教自考考场。就在高教自考开考的当天凌晨，该名考生被北京海淀警方抓获。如果没有如下的两个情节，这可能就是一起并不复杂的刑事案件，走完诉讼程序，慢慢从媒体的视野中消失，被人们的记忆所淡忘——这位考生所报考的是法律专业；且当记者采访时问道这一行为涉嫌违反哪条法律时，这位考生脱口而出"涉嫌散布恐怖信息，危害公共安全罪"。

"知法犯法"尽管并不是非常确切的法律用语，但在古今中外的判决书中却是屡见不鲜。从民众普遍的道德观念来看，"知道法的人"犯法比"不知道法的人"犯法更为严重和可耻。因为在民众看

---

　　* 本文发表于《东方早报》2005 年 4 月 13 日评论版，发表时题为《泛立法主义者的悲哀》，有删节。

来，"知道法的人"应当是明善恶、辨是非的人，比普通人具有更强的规则意识和法律信仰。那么对"边学法边犯法"的现象，我们又该怎样去解释呢？悲哀还是无奈？这位考生对法律条文可能烂熟于胸，但是内心却没有真正树立起对法律的信仰，甚至连对一般人的道德要求都没有达到。

当今中国，"法治"早已成为了热门的词汇和时髦的话语，什么社会现实都可以和"法治"挂上钩来评论一番；但是"法治"昌盛的背后却面临着法律信仰危机的困扰，尤其是法律职业群体的信仰危机。

作为法律人，不管是"法曹三者"，还是初涉法律的学子，对待法律的态度和社会一般公众有很大的区别。社会一般公众对法律的信仰，通常是一种模糊朦胧的信仰，是浅层次的信仰，因而这种信仰对社会一般公众的约束力量并不强大。而法律人则不同，他们往往把法律当做自己毕生研究的对象，他们更因基于对法律深刻的知悟而信仰法律。这种信仰并不是外在的，而是根植于法律人的内心当中。但是，法律信仰却不得不一次次对社会现实低下了骄傲的头。强世功先生在对北大法学院的本科毕业生发表的一次演讲中就直截了当地指出："法律吸引你们的不是真理，而是职业，与金钱、身份和地位联系在一起的职业。"诚哉斯言！法学成为热门学科、法律职业吃香并不必然标志着法治的进步。如果不对法律人的功利化、市侩化和信仰缺失的趋向加以警惕，法律人就会成为法治进程的敌人。当一个人学习法律的目的被庸俗化，不向真理低头而只向金钱屈膝，那么"边学法边犯法"将不可避免，"知法犯法"只是迟早的事。

推荐一个"小人物"*

　　一位媒体朋友来电话,请我推荐年度法治人物。我的脑海中一下子闪过了许多人和事:邓玉娇、周久耕、王志军、文强、赵长青、李庄、"躲猫猫""楼倒倒""钓鱼执法""拆迁条例"……

　　每个名字背后,都有一段不得不记住的故事;每个事件背后,都有无数力量博弈的痕迹。这些名字和事件,汇聚到一起,清晰地铺陈出制度进步的轨迹:民众越来越强烈的权利诉求,通过媒体、网络曝光、发酵、放大,直至成为社会热点、焦点,通过绝不罢休的努力、不可逆转的姿态,以善良倒逼邪恶,以阳光直面黑暗,以公平反抗特权。每每想到点滴的进步,总是感慨:为什么制度的完善,要付出这么大的代价?

　　踌躇许久,最终决定推荐一个"小人物",他的名字叫刘天晓。

---

　　* 本文发表于《法学家茶座》2009 年 6 月第 30 辑。

这是一个很普通的小老头,长着一张圆脸、喜欢穿 Puma T 恤衫,退休前有个不错的工作——旅游学校的老师,业余从事一份十分时尚的职业——教人调鸡尾酒。要不是在 2009 年 12 月 8 日哈尔滨水价听证会上,他作为唯一一个反对涨价的消费者代表,向主持人——哈尔滨物价局副局长扔去一瓶矿泉水,被网民赞为"2009 年中国百姓维权第一扔",或许他现在依然是一个默默无闻的东北小老头,喜欢管点闲事、结交朋友,偶尔喝上两盅。只是,他的"惊天一扔"不仅让自己在哈尔滨,还在全国出了名;更关键的是,触动了许多消费者在特殊的经济形势和市场环境下,对"涨价"二字最为敏感的神经。

推荐他的原因有两个,一是因为他的"普通"。老刘并非专业人士,他不像"王海",把消费者公益当做谋生的行当甚至谋利的工具;他也不像"郝劲松",以法律人的敏锐嗅觉,伺机出动,以公益诉讼推动法治进步;他参加听证会,是社会责任感使然、受公民参与精神驱动。二是因为他的"不普通"。在此之前,他参加过 4 场听证会,说得最多的一句就是"我反对!"。这几年,他像可爱善良的唐·吉诃德,把邮政储蓄、农业银行、铁路等垄断部门告上了法庭,甚至连"父母官"也没放过。很多时候,他要的只是一个"说法"——一个道歉,或者 1 元钱的赔偿。也正因为他的执著和坚持,国家发改委正在调查哈尔滨水价听证人员的身份,以期完善对水、电、气等公共产品成本的监督机制,加大公众参与的力度,使成本核算更加科学、公正、合理。

以一人之力,固然还无力扭转"凡听必涨"的"宿命",还无法对抗听证会中强势的利益集团,但只要有"路见不平一声吼"的勇气,有大声疾呼"我反对"的担当,失衡的天平就有矫正的希望,扭曲的程序就有恢复的动力。如果要想让社会进步的代价小一些，法治前进的步伐快一些，目前最紧缺的就是与国家权力遥相呼应的市民社会，与特权观念针锋相对的公民意识。而市民社会的形成、公民意识的成长，最需要的，就是老刘这样的勇气和担当。这也是我推荐他作为年度法治人物最重要的理由，虽然他和我们大多数人一样，只是一个"小人物"。

第三辑

良善之法

"立善法于天下,则天下治;立善法于一国, 则一国治。"良法善治是民众的期盼,也是每个 法律人孜孜以求的目标。立法是政治的决断、 是权力的分配、是利益的平衡,是法治的源头。 因此,立法作为为国家定规矩、为社会定方圆的 基础性工作,不仅是一门技术,更应该是一门艺 术。立法的过程,实质上是利益的整合、协调、 平衡的过程。立出良善之法,不能靠理想主义 的情结和民粹主义的盲动,须从表象中找出规 律,从嘈杂中辨晰民意,从程序上守护民主、从 实体上凝聚共识。

该让什么民意"左右"立法？[*]

曾在网上公示的《北京市房屋租赁管理办法（草案）》，由于在征求意见和建议过程中，"质疑的声音远盖过赞成的声音"，"246 条市民意见改变了一部政府规章的命运"，这一立法计划被暂时搁置，有待进一步调查研究。

随着中国法治进程的不断推进，民意参与立法已经不是什么新鲜事了，立法调研、立法听证、立法座谈、专家论证不仅在《立法法》中予以明确规定，而且在实践中也不断进行程序创新。但是，246 条网络征集的市民意见就"左右"了立法进程，甚至搁置立法计划，可能不仅是北京立法史上的第一次，也是中国立法史上的第一次。

民意"左右"立法，这是一件好事，说明立法者已经清晰地认识

---

* 本文发表于《公民导刊》2005 年第 6 期卷首语"巴山新语"，发表时题为《该让什么样的民意左右立法？》。

到自身的使命和职能就是"为民立法,立法为民",违背民意滥用立法职权,不仅是工作上的失职,更是法律上的渎职。但是,需要我们深思的是,为什么立法计划会遭到民意的反弹?什么样的民意可以"左右"立法?

246条网络民意中,炮火较为集中地针对了这三条规定:一是"房屋租金"属于当事人意思自治的范畴,受《民法通则》和《合同法》的调整,房管部门无权要求当事人参照其指导租金、进行房屋租赁;二是治安管理责任的划分,维护社会治安是公安机关的法定职责,草案无权要求出租人、被委托人承担治安责任并签订治安保证书;三是草案规定出租房屋需要进行登记,没有上位法作为依据,而且对物权的处置属于公民基本权利,地方规章无权立法。受到广泛质疑的这三条规定,有一个共性就是"越权立法":以"加强管理,维护秩序"为名,在公民权利与公共利益的衡量和取舍上,明显地偏向了后者。"越权立法"是地方立法的大忌,尤其是涉及《立法法》所规定的公民基本权利,地方无权立法更是不可动摇的原则。但是,就是这样一部"太岁头上动了土"的地方规章草案,竟然对此没有足够的重视而轻易出笼,结果遭遇民意反弹就不是偶然的了。

立法为民意所"左右",首先要质问的尚不是民意表达的方式、途径和程序,而是草案的质量。立法是集体行使职权,事实上参与立法的个人已经自觉不自觉地为这个"集体"所吸纳,并没有任何人来承担失职的责任,也无法追究其责任,从而给立法的质量和合法性埋下了"定时炸弹"。立法要真正为民意所"左右",草案没有"硬伤"是前提。如果民意所针对的还都是立法中的常识性问题和法理性错误,那么真正的民意是很难得到伸张的,利益更难以得到表达;

而所谓的"民意左右立法",只会异化为"百姓为立法者纠错"。

利益分化和阶层的分立是社会的常态,尤其是在社会转型期的中国,不同的群体具有不同的利益需求和表达方式;而立法正是利益平衡和群意调和的过程。从这个层面说,建设和谐社会,立法和谐是源头。既然不同的群体有不同的利益需求和表达方式,那么如何才能让民意真正在立法中得以表达,进而"左右"立法呢?北京市246条网络民意"左右"立法是不是一种值得期许的模式?

笔者认为这种模式并不妥切。首先,网络征集民意的方式不妥。网络已经成为当今社会主流的信息传递方式,自有其便捷的优势,但是也有不可避免的劣势。一是网民不代表公民,影响立法的"民意"应当是"公民"的意思表达而不能仅是"网民"的呼吁呐喊;如果只有一个社会群体如网民来"左右"立法,那么最终将是为某个群体立法而不是真正为全民立法。二是立法中的利益表达应当是公开的和透明的,显著表明自身的利益诉求和代表阶层,这样才能真正在立法中进行利益的博弈和平衡;但是网络征集并不能达到这样的效果,因为"匿名"在这种征集民意的方式中不可避免,仅仅凭"于女士""yuyang""admin"等网民的留言,不仅无法核对民意表达者的身份,而且无法进行后续的沟通和查证,左右立法的效果更会大打折扣。

其次,单一的民意征集方式不能全面地展示民意。尽管从初步分析来看246条市民意见可以代表大部分市民的意见,但是也要看到这些建议所针对的都是立法的"软肋",尚不是真正的利益表达。更进一步看,这些建议考虑了立法"合法性"的因素和房屋租赁方的利益,但是广大无房可租的市民对社会治安的利益需求得到充分表达了吗？尽管市民对没有涉及切身利益的事很难有表达的冲动，但是鼓励他们表达出来并且提供表达的机会，则是立法者不可推卸的责任。因此，民意"左右"立法的另一个前提就是民意必须充分、全面：只有某一个利益群体所表达的民意，可能是正确的，但却不是最合理的；而被单一的利益群体所左右的立法，则是悲哀的，也是值得警惕的。

"民意左右立法"是件好事，但做好事的方式不恰当也可能把好事变成坏事。期待立法中的"硬伤"能少一些，利益表达更充分些，让真正的"民意"来"左右"立法，提高立法的质量，促进立法的科学性和民主性，真正做到为民立法，立法为民。

警惕"立法万能主义情结"[*]

为了构建和谐的邻里关系,某地人大代表提出立法建议,制定
《居民邻里关系条例》;为了遏制男女性别失衡,有关部门积极运作,
建议将性别鉴定的行为纳入刑法规制的范围;为了延续尊老这一中
华民族的优良传统,有的学者四处奔走呼吁,尽快制定《孝法》,惩罚
不孝行为。留心浏览一下媒体,我们不难发现这样一个现象,不管
什么领域,不论什么行业,一旦出现问题,首先指责的对象就是立法
机关不作为,提出的第一建议就是制定有关法律。这在一定程度上
反映了社会和学界部分学者的"立法万能主义情结"。

如果说法律是万能的,一切问题都可以通过立法来解决,那么
只要把所有的社会规范都上升为法律,构筑起密不透风的"法条之
网"就可以了,又何必兴师动众构建"法治社会"呢? 如果法律是万

---

    * 本文发表于《晶报》2007 年 6 月 14 日"法眼旁观"专栏。

能的,那么又怎么会出现"边学法边犯法"的笑谈和悖论呢? 在依法治国的今天,"泛立法主义"似乎"名正言顺""大势所趋",有着广泛的市场:社会公民、公共媒体事事呼吁立法,处处求助于立法;学术界不时表现出惟法律主义的情怀和泛立法主义的倾向;行政管理部门纷纷争抢立法项目,将所立之法视为众多管理手段之外更为有效的"尚方宝剑";一些有权立法机构甚至将立法数量作为衡量工作业绩、体现长官意志的指标。"泛立法主义"反映了人们试图以法治优势取代人治缺陷的善良愿望,折射出人们在社会转型期对原有规范体系的认识以及重构社会控制模式的迫切要求。但是,如果将"立法万能主义"视为甚至作为我国立法的时代精神和法治进程的必然规律,无疑是害多而益少。

相对于"人治"和"无为之治",法治无疑具有相当的进步性和科学性,堪称迄今人类社会所能建构的相对而言更符合人之本性的相对理想的一种权威性制度安排。但法治永远是有缺憾的和有局限性的,法律并不具有绝对的普遍适用性,也不是一切社会问题都能转化为法律问题。我们在享受法治带来的福祉的同时,也应注意警惕法治的"话语霸权"潜在的破坏性和灾难性,警惕膨胀的法治观念对私人自治领域的吞噬。

"立法万能主义"的倾向积极中包含着盲目,选择中蕴涵着冲动,企盼中隐含着功利,不仅对法治提出了不切实际的超值期望,而且混淆了法律与道德不同的规制和教化功能,最终将给法治带来致命的伤害。这个世界上永远不会有密不透风的"法网",如果有过也只是历朝君王编制的"疏而不漏"的专制之网;法治是社会治理极其重要的环节,但绝不是唯一的环节,把所有的期望不作区分地加在法治身上,而忽视文化传统的传承和道德观念的重塑,无疑就会陷入"法律万能"的误区。同时,法治的过程也包括了法治思想的生长、法治制度的确立、立法的民主、执法的规范、司法的平等和守法的普遍,如果只让立法来承受这"不可承受之重",法治的宏伟目标只能是"此恨绵绵无绝期"了!

道德莫要绑架法律[*]

　　近年来,市场经济的发展导致社会价值观的多元化,社会道德存在滑坡的危险,于是类似"为道德立法"的新闻也层出不穷。比如不少人大代表主张为孝道立法,惩罚不孝子女;再比如郑州市人大常委会审议一项地方立法,其中规定不给老人让座可能会被"拒绝乘坐"并处 50 元的罚款;还有不少人为了减少"范跑跑"现象,纷纷要求立法将这种行为定为犯罪。这些"为道德立法"的初衷是好的,但如果真正实施起来,其效果却可能不尽如人意,因为民众的道德水平不会因立法而自动提升,制度设计再严密也无法涵盖所有的社会领域,反而会给某些人张扬不道德的"合法性"提供了机会。

　　道德与法律作为两种社会规范,如何区分并调和,一直是法律

　　* 本文载《中国改革报》2008 年 7 月 31 日法制与法治版,发表时题为《为道德立法:初衷良好难掩错位尴尬》。

学人长久以来致力于解决的问题。将道德和法律合理分野,也是现代法治文明的重要标志之一。警惕将道德问题法律化,在我国还有特殊的历史传统。中国古代的法制,强调德主刑辅、礼法并重、"出于礼而入于刑",将道德优先于法律适用,甚至出现过"春秋决狱"等根据儒家经典中的礼教原则进行司法审判的情况。"道德法律化"传统的背后,既有对礼教的尊崇,更有维护专制的需要。因为法律本身,也是维护统治的工具,是对道德原则的具体细化,那么在适用过程中出现道德优先于法律的情况,也就不足为奇了。

从规范意义上看,尽管道德与法律的目的都在于引导人的行为向善,但它们各自发挥作用的机理是不同的。道德对人的约束是自发的,通过引导人的思想从而作用于人的行为;法律对人的约束是强制的,不规范人的思想只规制人的行为。将高标准的道德要求,用底线的法律手段来强制实行,其结果无非两个:一是法不责众,执法乏力,法律权威受到削弱;二是道德虚无,人的生活空间愈发压缩,没有任何思想和行为的引导,只有无处不在的法网。就如同有论者所指出的,法律不是万能的,面对滑坡的社会道德,犹如对待不会走路的孩子,立法急功近利式的扶持并不能让道德学会自己走路。

道德问题立法化的危害在一定程度上看还是可控的,因为制度本身还有实施尺度和时间的问题;但道德问题司法化的危害确实显而易见,对个体的伤害可能更大。比如重庆市渝中区的一位小学老师因为曾经有过"一夜情",尽管公务员考试成绩名列第一,还是被人事部门拒绝录用。这位考生将人事局告上法庭,却被法院一审驳回,判决的理由清晰明了:公务员作为公共权力的行使者需要良好的公众形象,应当具备公众信赖的基础;原告的考试成绩并不能反映其思想素质、道德品质。因此人事部门不予录取是正当的。《公务员法》对录取公务员的限制性条件作了明确的规定,即"曾因犯罪受过刑事处罚的;曾被开除公职的;有法律规定不得录用为公务员的其他情形"。很明显,这位考生的过往经历,并不符合这三种情形中的任何一种,当地人事局拒绝录用的法律依据并不充足。判决最大的问题,就是让泛道德化的因素过分侵入了司法的领地,在规范适用上更多是以道德审判,而非以法律服人,有充当道德规范"打手"、进行道德审判的嫌疑,却忘记了自身的职责是公平公正地适用法律。

无论道德问题立法化还是道德问题司法化,都是有害而无益的。但愿这种道德绑架法律的现象,不是越来越多,而是越来越少。

立法咨询专家：期待之中的担忧[*]

近年来，为了提高立法质量，越来越多的立法机关开始建立立法咨询专家库，请专家对地方性法规草案的立项、起草、审议中的重点、难点问题及五年立法规划、年度立法计划编制中的重点、难点等问题提出咨询意见。建立立法咨询专家库是立法机关完善重大决策规则和程序的新措施，充分发挥专家在各自领域中的优势，有助于克服部门利益倾向，促进立法决策的科学化、民主化，切实保障立法质量的提高。

"立法"古已有之，但是长久以来立法所追求的往往是政治目标，而非法治目标，使得立法的"应时性"和"应急性"功能凸现，大大降低了立法的质量和权威。从上海市人大常委会"第一个吃螃蟹"，

---

* 本文发表于《中国青年报》2005 年 4 月 13 日，发表时题为《对立法咨询专家的担忧与期待》。

聘请法学教授担任专职常委负责立法事务,提高立法质量;到全国人大常委会"来了年轻人",一批专家学者走上了立法的岗位;再到重庆市人大常委会为立法者配备"立法助理"、北京市人大常委会设立"立法咨询专家库",中国的立法史上正悄然发生着从"官员立法"到"专家立法"的历史性转变——这一转变,必将遏制行政机关主导立法的趋势蔓延,对于规制政府扩权的冲动、反映真实的社情民意、提高地方立法的质量,具有不可估量的重要意义。欣喜之余,不免也有一丝担忧,希望是"杞人忧天",但也希望是"闻者足戒"。

首先,立法咨询专家的产生范围应当合理和充分。立法咨询专家打哪儿来,以前是干吗的,对于立法咨询的科学性和公正性具有极其重要的影响。立法咨询专家的产生范围不能太窄,太窄了不易保障咨询的效果和效率,尤其是学科上不能以法学为主,职业上不能以律师为主。不可否认,法学是与立法工作关系最为紧密的学科,律师是对立法漏洞具有天然"先见之明"的职业,但是立法不是为了法律而立法,而是为了社会而立法,咨询专家的专业和职业有局限性势必不利于立法质量的提高。因此,期待立法机关在选拔立法咨询专家时能具有"海纳百川,有容乃大"的气度,让立法咨询专家库学科多样化、职业多元化,真正成为立法的"智囊团"。

其次,选拔立法咨询专家的程序应当公开和透明。没有公开和透明的程序,就选拔不出最出色的立法咨询专家,尤其是当"立法咨询专家"成为抢手的"帽子"和"荣誉"的时候,由谁来推荐是个关键,因为被推荐者一般都会没有悬念地最终当选。让市法学会和律师协会来推荐"立法咨询专家",的确有其合理性,但是推荐的标准是什么呢？法学家的科研成果、学术地位还是社会兼职？律师的业务水平，参政能力还是创收业绩？如果没有确切的选拔标准，即使最终被立法机关所通过，也很难保障"专家库"的专业性和代表性。因此，期待立法机关新一轮的立法咨询专家选拔能够将"组织推荐"和"民间自荐"结合起来，最大限度地挖掘立法的智力资源，发挥民众参与立法的热情。

再次，立法咨询专家作用的发挥要有制度来保障。立法咨询专家是立法的参与者而非决断者，这样的角色定位就决定了专家作用的发挥必须通过制度来保障。保障参与者足以影响决策而非敲敲边鼓、打打擦边球：无论社会地位高低，参与地位必须平等；无论能力大小，参与机会必须充分而均等；无论事项复杂与否，参与程序必须系统和完整；参与权利无论在哪个环节受到侵犯，都必须具有相应的救济制度。

最后，立法咨询专家也要避免利益冲突和角色错位。郎咸平风波之后，经济学家遭受"经济学良心的诘问"，担任上市公司的独董参与公司分红甚至为这些公司代言的经济学人慢慢被揭开了面纱，学者的独立性和中立性受到了质疑。这样的惊人"蜕变"和民众"质疑"会不会也在立法咨询专家身上重演呢？毕竟，专家的咨询功能对立法进程具有不可低估的影响力。因此，立法咨询专家要避免利益冲突和角色错位，在上任之初就应当公示社会兼职，并进行及时的清理和调整。担任烟草公司法律顾问的专家参与有关公共场所禁烟或限烟的讨论时，担任房产公司法律顾问的专家参与有关城市建设的调研时，难免会产生利益的冲突和角色的错位，即使能够"独善其身"，也很难"取信于民"，这种尴尬应当在立法咨询专家上任之初就消灭在萌芽中。

补记：

2014年11月，十八届四中全会决定提出："依法建立健全专门委员会、工作委员会立法专家顾问制度。"

让立法更加民主和透明[*]

2005 年 7 月 10 日,最高权力机关正式决定向全社会全文公布《物权法(草案)》,广泛征求意见。当这部被称为"公民财产权利保障书"的法律草案被褪去了神秘的外衣和笼罩的光环,真真切切地呈现在面前的时候,我们内心中充满了久违的期待和希望:对于这样一部关系所有人切身利益的法律,我们有太多的话语需要倾听,有太多的诉求需要表达;书信也好,电邮也罢,我们需要把握宝贵的机会,发出我们自己的声音。

其实这并非是我国第一次公布法律草案。新中国成立以来,最高立法机关曾向社会公布《宪法(草案)》(1954 年和 1982 年两部)、《民法通则(草案)》《行政诉讼法(草案)》《香港特别行政区基本法

---

* 本文发表于《法制日报》2005 年 7 月 11 日头版,发表时题为《民主和透明:立法的第一要务》。

（草案）》《全民所有制工业企业法（草案）》《土地管理法（草案）》
《村民委员会组织法（草案）》《合同法（草案）》和《婚姻法（草案）》
等十余部重要法律草案。上海、北京等地方也公布过几十件地方性
法规草案，公开征求意见，取得了很好的效果。

公布法律草案作为一项程序性制度，在2000年颁布的《立法
法》被予以确认。从"闭门造车"到"开门立法"，不仅有利于充分吸
纳民意和表达民意，更有利于遏制行政机关扩权的冲动，防止"部门
利益化，利益法律化"。法律作为一种"公共产品"，具有广泛的民主
性和公意代表性，否则就可能蜕变为服务于少数利益集团的"私人
产品"。立法的民主和透明，无疑是公众参与立法、提高立法质量的
必由之路；但"公布法律草案"，只是万里长征迈出的一小步，欢欣鼓
舞的同时，还应保持必要的清醒：

首先，法律草案不能"挑"着公布。截至公布《物权法（草案）》，
目前立法过程中公布法律草案的比例只有1%左右，无疑是偏低的。
公布什么法律草案，何时公布法律草案，并没有严格的限定标准。
比如有的法律在二审时公布草案，有的法律在三审时才公布草案；
《行政诉讼法》可以公布法律草案，同样重要的《刑事诉讼法》《民事
诉讼法》为什么没有公布呢？因此，有必要防止"挑"着公布法律草
案的随意性和任意性，通过制度的约束建立长效的机制，除了涉及
国家秘密的法律，尤其是涉及部门利益的法律，最晚在二审前都应
当向社会公布，广泛征求意见。这既是充分保障公民知情权的必然
要求，也是代议制民主的本质要求。

其次，公布法律草案要有实效。公布法律草案只是一个形式或
者一个步骤，更为重要的是如何最大限度地吸纳民意，全面展示公

民的制度诉求。从历史上看,部分法律草案在公布之后,立法机关通过媒体及时通报了征集意见的情况,但仅仅是简单地归类和列举,并没有详尽地展示民意;至于一些意见为什么采纳、为什么不采纳,更是缺乏有说服力的解释和说明,这些都让公布法律草案的效果打了折扣。期待本次立法机关公布《物权法(草案)》,不仅是简单地公布条文,更要认真对待每一条意见,分门别类或逐条逐款地列明不同的意见及其民意比例,在征求意见结束后尽快提出详尽的报告,对意见的采纳与否进行具有说服力的解释和说明。

再次,公布法律草案并不是开门立法的唯一途径和必然选择。立法的民主和透明应当体现在立法活动的各个方面和环节:在立法规划的制定上,应当公布规划草案,听取广大人民群众的意见和建议;在立法起草阶段,应当允许公民、利害关系人和团体等以适当的方式发表意见,阐述社会各界对法律草案的看法,以便更加广泛地汇集民意;在立法提案阶段,应当适当扩大提出法律案的主体;在立法审议阶段,不仅应当采取电视台和电台直接转播的形式让公民了解立法的情况,还应当尽可能多地在报刊上公布法律草案以征求各方面的意见,而且应当经常举行立法的公开听证会,允许公民自由旁听立法讨论;在法案表决阶段,应当允许公民旁观并以电视和电台转播全过程;在法律公布阶段,不仅要公布法律文本本身,而且应当公开立法会议的议事记录,包括每个代表的全部发言记录。"只有普遍地、真实地和全面地公开立法过程,才能更加有效地保障公民参与立法活动,切实保障人民在立法时当家作主。"

立法的过程,实质上是利益的整合、协调、平衡过程。平衡各方不同利益的最好方法,就是让他们都能充分地参与到立法的过程中来,把各自的利益要求都充分地表达出来,然后加以整合、协调、平衡,这样才能使得制定出来的法律正确反映和兼顾各个利益群体的不同要求,才能使得法律的实施更加有效,形成"良法之治"。我们期待着《物权法(草案)》的公布成为一个契机,也能成为一个分水岭,立法的程序更加民主和透明,立法的公众参与更加便利和现实,利益的表达越是充分,我们的社会才会越和谐。

补记:

2008 年 4 月,全国人大常委会委员长会议决定,今后全国人大常委会审议的法律草案,一般都予以公开,向社会公开征求意见。

2014 年 11 月,十八届四中全会决定:"拓宽公民有序参与立法途径,健全法律法规规章草案公开征求意见和公众意见采纳情况反馈机制,广泛凝聚社会共识。"

2015 年 3 月,十二届全国人大三次会议修改立法法,第 37 条明确规定:"列入常务委员会会议议程的法律案,应当在常务委员会会议后将法律草案及其起草、修改的说明等向社会公布,征求意见,但是经委员长会议决定不公布的除外。向社会公布征求意见的时间一般不少于三十日。征求意见的情况应当向社会通报。"

正视立法中的利益博弈[*]

2006 年,围绕《反垄断法(草案)》在最高立法机关的初审,上演了微妙而富有戏剧性的一幕。6 月 20 日,三大门户网站几乎同时在头条位置转引上海一家财经媒体的报道"人大推迟审议反垄断法,利益集团展开法律博弈";短短几个小时后,《人民日报》发布全国人大常委会办公厅新闻发言人的辟谣声明:"于 6 月 24 日召开的十届全国人大常委会第二十二次会议将如期对国务院提请审议的反垄断法草案进行初次审议。"然而,耐人寻味的是新华社 6 月 16 日对本次常委会议程的报道:"十届全国人大常委会第四十七次委员长会议建议第二十二次常委会会议的主要议程为⋯⋯初次审议农民专业合作经济组织法草案、突发事件应对法草案等法律案。"一个"等"

---

　　* 本文发表于《人民法院报》2006 年 9 月 26 日,发表时题为《正视立法中的利益博弈》。

字,调动了媒体的神经,引发了公众的联想。有关评论指出,针对《反垄断法(草案)》的种种传言、猜测和反复,说明了公众、立法者和相关利益群体对此的高度关注和重视,也说明了这一问题的复杂性。因为长期以来,垄断企业的高收入、高福利,损害着社会分配的公平;一些领域层出不穷的"霸王条款"以及"唯我独尊"的劣质服务,直接侵害着消费者的利益,让消费者吃了不少苦头;说收费就收费,说涨价就涨价,甚至动辄把听证会开成"涨价会",还总拿"国际惯例"和"国际接轨"说事——反垄断法所针对的问题与广大公众的切身利益乃至日常生活密切相关。因而更有学者断言:围绕《反垄断法(草案)》的争论,预示着我国立法博弈的时代已经来临。

近年来,"利益博弈"已经成为讨论立法问题时避不开的一个热门词汇,相关利益群体围绕立法所展开的各种形式的"利益博弈"更是屡见不鲜:立法机关修订《公司法》、审议《企业破产法(草案)》时,工会硬起了腰板,理直气壮地为广大工人代言,最终推动修订后的《公司法》明确要求公司必须承担社会责任,应当实行民主管理,在职代会制度、职工董事和职工监事制度方面作出了具体规定,促使全国人大常委会在审议《企业破产法(草案)》时对破产企业应优先清偿所拖欠职工工资和社保费还是银行的担保债权的问题给予了高度关注;"两税合一"刚刚提上议事日程,部分地方政府和外资企业就积极推动了一份名为《在华投资的跨国公司对新企业所得税的若干看法》的报告的出台,希望影响立法机关的决策,就优惠政策给予外资企业5～10年的过渡期;《物权法(草案)》向社会公布征求意见,各利益团体更是八仙过海,各显神通:公证行业口径一致,建议草案引入"不动产登记的强制公证"制度;业主委员会联合起来,希望草案加大对业主的保护力度。《劳动合同法(草案)》向社会公布征求意见,191 849件意见的背后,其实是一场利益集团的博弈过程,劳资双方及其代言人、相关部门及其代言人并未偃旗息鼓,各自继续在为本集团利益的最大化而持续交锋。如此等等,不一而足。

利益博弈是历史进程的必然。在法律被视为"专政工具"的时代,"利益博弈"是不可想象的,因为利益是一元的而非多元的,无须进行博弈;话语权是属于特定群体而非泛大众化的,不可能展开博弈。在那样一个时代,虽然不同的群体和个人也有不同的利益,但社会的利益格局不是通过利益博弈所形成的,而是通过条条块块的行政框架所建立的。然而改革开放建立的市场经济机制,使得市场成为配置资源的主要手段,国家不再包揽利益的分配,整个社会不再是铁板一块,出现了利益的分化。随着改革的深入,利益的分化也在不断加深,不同的利益群体开始形成,市场成为利益博弈的基本框架。一个利益分化和利益博弈的时代,也是一个法治逐步成形的时代,因为对利益维护最重要的手段,就是通过立法把利益长久固化下来。

利益博弈也是公民意识觉醒和法治社会建构的产物。在计划经济体制下,没有利益表达的必要,人们生活中的一切都被事先安排好了,包括职业、待遇、前途,没有风险,没有竞争,缺乏多元化选择的机会,凭个人的努力很难改变自己的命运。人们感觉不到自己的介入会产生什么实际效果,最终就失去了利益表达的动力。但在市场经济体制下,国家本位逐步让步于社会本位,建构法治社会,维护公民权益,约束政府权力成为历史的必然。公民作为纳税人,出资支撑政府的运转和政府工作人员的活动,积极表达利益甚至参与利益的博弈是维护自身权益的必然要求。同时,市场经济的规则客观上也要求政府转变自身的职能,政府不再是"万能"的政府,而应该"有所为有所不为"，这为各种民间社团、协会、非政府组织提供了成长的空间。这些利益群体广泛吸收公民意愿，积极向政府建言献策，参与重大社会决策的制定过程，在立法中体现出来的，就是各种形式的"利益博弈"。

正因为利益博弈是历史的必然，是公民意识觉醒和法治社会建构的产物，我们在社会生活日益丰富多彩的今天，就必须承认多元主义的利益格局，向各个利益主体提供表达利益诉求的制度平台。然而，我们也发现，社会的分化过程中出现的既得利益集团和强势集团，无疑有更多的社会资源、更高的组织程度，在博弈过程中天然占有优势。因此利益博弈的各方，实力并不均衡，话语权有轻有重，影响力有大有小。我们看到了来自强大利益集团的力量，听到了他们的声音，而应当参与博弈和平衡的另一方却如此弱小和无力。从某种角度上讲，博弈并没有展开，只是一个闭门造车的利益再分配。表现在立法过程中，最为突出的就是所谓的"行政权力部门化，部门权力利益化，部门利益法制化"。在一些法律、法规和规章的起草制定过程中，部门"小利益"悄然扩张，一点点"分割、吃掉"国家和公众的利益，导致行政主导的立法带有强烈的工具主义、功利主义、管理主义色彩。而这一过程的背后，其实是利益表达的孱弱和利益博弈的缺位——利益表达的空间有限，利益博弈的平台缺失。如何才能在立法进程中增强弱势群体的利益表达能力，推动利益博弈的进一步深入呢？

首先，应当培育利益博弈的适格主体。一是充分发挥人大代表和政协委员的民意表达功能。人大代表和政协委员在中国承担民意代表的重要职责，这是宪法赋予的身份，更是人民寄托的重任。尤其对于中国这样一个处于转型期的国家，经济利益多元化，利益诉求多样化,但市民社会与政治国家之间却缺乏有效的沟通和良性的互动。这就决定了人大代表和政协委员作为民意代表,不仅要及时地联系选民、准确地反映、采纳、取舍和提炼民意,通过代表建议和委员提案参与利益博弈,防止强势利益群体"过度表达",弱势群体"无力表达"。二是积极推动利益表达主体的组织化。具有共同利益诉求的公民、法人、非政府组织联合起来表达群体性的意见,是社会发展的必然趋势。一方面可以提高民意表达的效率,降低立法机关征集民意的成本;另一方面由于群体性意见已经由利益主体认真讨论、研究,反映的问题更有代表性,意见的质量更高,更符合规范化要求。尤为重要的是,社会上的一些弱势群体如农民工、残疾人、农村妇女、下岗职工等,表达个人意见的水平、能力和渠道都很有限,因此通过一些公益性组织或者中介机构调查、访谈,组织整理资料,向立法机关反映情况,提出诉求,无疑可以使民意表达得更加全面、充分,扭转利益主体表达和博弈能力不均衡的现状。

其次,应当逐步建立和规范利益博弈的制度平台。最高立法机关 2005 年全文公布《物权法(草案)》,2006 年全文公布《劳动合同法(草案)》,向社会广泛征求意见,2005 年就《个人所得税法》修订召开立法听证会,为利益博弈提供了一个很好的平台,各个利益群体积极参与,必将推动立法过程中对各方利益的平衡,既防止"偏听偏信",又防止"矫枉过正"。同时,通过立法博弈的制度平台,公民可以学会对政治的有序参与;学会在争取、维护自己的权益时,进行合法的利益诉求;学会在更广阔的社会生活领域里,具体、有效、充分地行使自己的民主权利、参与利益的博弈。我们期待,最高立法机关能够进一步推动利益博弈的规范化和法制化,拓展立法民主成分。

好心是否要有立法支撑？[*]

　　已经两年多过去了，不知道大家还是否记得当时被热炒得满城风雨的"彭宇案"。背后的隐情，至今仍然无从了解，因为2008年"两会"期间江苏省高院公丕祥院长仅仅透露了"和解撤诉"的信息，这就意味着事情的真相无法在判决书中得到司法的认定和公开，并将随着当事人的三缄其口和司法机构的一致沉默，而被尘封直至被遗忘。虽然真相不得而知，但现在民间流传最广的一个版本则是：一位年轻人出于善心扶起了摔倒的老太，结果却被告上法庭。

　　真的会被遗忘吗？未必。"彭宇案"后，类似的案例在上海、重庆、郑州等地轮番上演，甚至在南京重演！

　　半年多前，一位老太太瘫倒在南京市解放南路的人行道上，口

---

　　* 本文系《法制日报》凌锋编辑约稿，发表于《法制日报》2010年3月10日评论版，发表时题为《促进好心善报要仰仗司法而非立法》。

吐白沫。来来往往的行人都小心地"绕弯儿"走过,没有一个人敢上前搀扶。路过的市民魏女士犹豫再三,喊来七八名路人作证,才敢打电话报警,最后是赶来的民警联系了120急救车将老人送往医院。

一个月前,一名75岁的老汉在南京市下关区三汊河公交站台下车时,一头从公交车后门跌倒在地,当场爬不起来,跟在身后的乘客都不敢上前救他。老汉大喊一声:"是我自己跌的,你们不用担心,跟你们没有关系。"

十几天前,北京警方接到线索称一位65岁的老者孙某,从2001年起在东城区北新桥路口的西北角斑马线上"职业碰瓷";9年来仅122电话记录的就有341起(目前检察机关已核实39起),敲诈司机钱财,每次私了的款项最少是二三百元,最多四五千元。

从这些触目惊心的实例,我们可以明显地感到,"彭宇案"发生后,由于真相的缺失和官方的失语,全社会已经出现了一系列的"后遗症":我们不敢再做活雷锋,因为被帮助的人有可能是故意"碰瓷"敲诈勒索,也有可能会对你提起侵权的诉讼;即使要做活雷锋,也要先找到身边的路人作证,否则断不敢贸然出手。"该出手时不出手",似乎"彭宇案"后的一夜之间,人与人之间突然变得冷漠起来,互不信任甚至互存戒心。一个"苦不苦,想想红军长征两万五;扶不扶,想想彭宇四万五"的顺口溜在网上流传甚广;一位年轻妈妈更是在网上写下了自己的困惑,以后该怎么教育孩子,究竟还该不该助人为乐?一起简单的民事案件,引发了公众对社会道德和信任危机的深深忧思,必然也会引起民意代表们的关注和热议。

全国政协委员、团上海市委副书记陈凯和全国政协委员、深圳市政协副主席钟晓渝都在修改各自的提案,呼吁尽快制定符合我国国情的《无偿施救者保护法》或《好心施救者保护法》,在立法上向帮助者倾斜,把无偿、自愿、合理、善良的施救行为纳入法律保护的范围,规定对好心施救者造成伤害的免责条款,尤其是规定如果没有足够的证据证明助人者有责任,不能判助人者承担责任。钟晓渝特别强调:"好心助人、无偿施救本是社会应大力弘扬的一种美德,但如果法律不能保护好心施救者,反被判决赔偿,人心就会变得冷漠,社会就会进入病态。"从社会争议上升为议政考量,从司法层面进入到立法层面,这个提案可以说是"两会"上的新气象,也是"彭宇们"的好消息。

姑且先不说该提案与我国现行法律制度是否兼容,但在国外确实是有立法例可循的。比如美国法律体系中普遍认可"仁慈的撒玛利亚人"原则,几乎每个州都根据这一原则制定了《无偿施救者保护法》。所谓"仁慈的撒玛利亚人",是基督教文化中一个著名成语和口头语,意为好心人、见义勇为者。"仁慈的撒玛利亚人"原则,就是指在紧急状态下,做好事的人在无偿救助他人时,救助者行为对被救助者造成的民事伤害具有免除法律责任的权利。其核心就是鼓励或者保护人们在紧急时刻救助他人,而免除无偿救助者施救时的后顾之忧。虽然《无偿施救者保护法》重点是保护医疗人员、警方、消防人员在紧急事件中,救助受伤人员时不必因抢救中出现的问题而承担民事责任,除非上述人员疏忽救助或是救助方式错误或是有意延误;而且在具体条款上都有详细规定,例如强调"无偿"和"善良的主观愿望",但在民事诉讼中,法官往往在基于事实的前提下,倾向于无偿施救者,例如坚持"原告证据不足,被告即无民事责任"原则。

这一点，其实我们国家即使没有出台《无偿施救者保护法》或《好心施救者保护法》，现行的法律规定也会在责任分担上对无偿施救者进行倾斜。问题的关键是，被告究竟是无偿施救者还是加害者？核心是，法官如何来发现"真相"？司法的过程不是像放电影一样重现案件的事实，而是通过举证、质证乃至法官自由心证的环节，像拼凑碎片一样尽可能还原当时的场景。这就意味着，对于已经发生的事实，司法只能最大限度地还原，但无法原原本本地再现。就好像真相至今扑朔迷离的"彭宇案"，这究竟是一出现代版的"东郭先生与狼"，还是一幕"贼喊捉贼"的伪见义勇为闹剧，恐怕除了当事人本人，谁也无从知晓。法官所能做和应该做的，其实就是对原告和被告供词的真实性进行耐心比较和仔细对照，对双方证据有无证明力和证明力的大小作出独立的判断，并公布判断的理由和结果。

因此，在民事诉讼中，如果能通过现代司法鉴定技术和各种证明手段全面还原案件的事实，固然是皆大欢喜；但在各种证据要素比如证人、视听资料等都欠缺的情况下，法官也应该对原被告的证言进行"权衡"（Balance），确定哪一方更可信一些，从而作出对该方更有利的判决。这个过程说起来好像不难，但做起来很难。因为这种判决方式，要求司法机构具有极高的权威和公信力，法官必须处于中立超然的地位；否则，谁会认可法官自由心证的过程？谁能保证法官不会滥用心证、擅断案情呢？如此说来，"彭宇案"的症结并不完全是立法的不完善。如何让当事人和社会公众去信赖司法、仰仗司法、服膺司法，让司法真正成为社会正义的最后一道防线，才是亟待解决的问题。

补记：

2015年7月24日，《北京市院前医疗急救服务条例（草案）》首次提交北京市人大常委会进行审议。草案第38条规定，个人在医疗急救人员到达前对急、危、重患者实施紧急现场救护的行为受法律保护。患者及其家属不得捏造事实向提供帮助的人恶意索赔，因恶意索赔侵害帮助人合法权益的，应当承担相应的法律责任。据媒体分析，这是我国针对"好心救助反遭诬陷"现象第一次作出立法回应。

立法没有最优只有次优[*]

立法者总是有一种理想主义的情结：试图通过纸面的文字全面反映和规范鲜活的实践，总是义无反顾地寻找最优的方案，但最后的结果却往往事与愿违。

经济学上有帕累托最优，因为效率是经济学追求的最重要的结果或者说是唯一的标准。但立法作为权利义务配置的一种方式，不仅要考虑效率，更要兼顾公平。这种标准的两重性就决定了立法实际上是很难甚至是不可能"鱼和熊掌兼得"的：有时需要牺牲经济效率维护社会公平，有时不得不为了提高社会整体福利牺牲部分阶层的利益。因此，对于立法而言，永远没有最优，只能最大限度地追求

* 本文系作者于 2006 年 12 月 22 日在上海市人大常委会法工委、上海市立法研究所联合召开的"地方立法理论与实务研讨会"上的发言提纲，也是对沈国明老师主旨发言的回应。

次优。这几年参与一些立法研究工作,对此体会很深。比较明显地体现在立法对劳动者权益的保护上。比如《企业破产法》,差一点被搁置成为废案,最大的争议就是破产财产的清偿程序,究竟是银行的担保债权优先还是破产企业职工的劳动债权优先?社会主义国家的性质和以人为本的执政理念,要求立法者对劳动者的合法权益倾向性地保护;从法理上看,立法之上人人平等是做不到的,对某一个群体尤其是弱势群体进行特殊保护,并没有什么不妥。但问题是,优先保护就能解决问题了吗?如果劳动债权优先,直接的结果就是银行形成大量的呆账坏账,间接的结果就是银行将对大量处于上升期或者暂时处于困境的中小企业惜贷,中小企业生存发展的经济环境将进一步恶化;而不可忽视的是,中小企业恰恰是未来中国解决劳动力就业的主渠道。一旦中小企业发展不好,劳动者就业渠道狭窄甚至不畅,最终损害的还是劳动者的合法权益。因此,在这种左右为难的困境之下,立法者最妥当的做法应当是寻求一种平衡,一个次优的方案,如果极端地去奢求最优的方案,最终的结果可能就是两败俱伤。《劳动合同法》的立法过程也是一样,在劳务派遣、集体合同等问题上究竟应该向资方倾斜还是向劳方倾斜,同样遭遇两难的选择。作为立法者,在方向把握上可以向劳方倾斜,貌似"最优",以求"政治正确",但是在制度设计时,就不能单纯从"政治"出发了,更多应该寻求次优的方案,实现一种平衡基础上的和谐。

现在仍有把立法视同党内政策的倾向。执政党作为先进阶级的代表,固然有自身的历史使命和利益追求,制定政策当然可以是"最优"的,倾向性明显的(当然,是否能得到有效执行另当别论);但立法机关作为社会规则的设计者,既要考虑当前的利益,更要关注长远的利益,既要"政治正确",也要"制度合理",因此只能追求"次优"而非"最优"。看来,我们应该尽快放弃"立法必须最优"的一厢情愿,在立法决策时有意识地"寻找次优方案,寻求利益平衡"。

区域立法协调的法治示范意义[*]

2006 年,我国东北地区的辽宁、吉林、黑龙江三省政府立法协作出现创新和突破:《东北三省政府立法协作框架协议》正式出台,明确立法协作的三种方式以及开展立法协作的五大领域。这是东北地区建立立法协调机制的一次重要尝试和创新,有利于预防并解决各行政区域间的立法冲突,不仅为东北地区立法协调机制的建立提供经验和参照,还可以为东北老工业基地振兴营造良好的法治软环境。

从珠江三角洲、长江三角洲经济区域的形成到环渤海经济区域的发展,从推进西部大开发、振兴东北老工业基地到促进中部地区崛起,我国经济区域的发展已经取得令人注目的成就,在国民经济

---

　　* 本文系《法制日报》阮占江编辑约稿,发表于《法制日报》2006 年 7 月 20 日观点版,特约评论员文章。

和社会发展中的重要作用日益凸显。区域协调发展对于完善社会主义市场经济的资源合理配置、提高资源利用效率、平衡地区差别和保障国民经济持续稳定健康发展具有积极的推动作用。在最近通过的"十一五"规划建议中,中央明确提出了促进区域协调发展的总体战略,将区域经济发展提升到一个全新的高度。

市场经济的本质是法治经济,法治经济的形成需要规则的统一和透明,因此区域经济的发展离不开法治软环境的建设和完善的制度保障;而区域内部经济的互动态势和市场要素的流通必然引起法律关系的复杂性和法律主体的多样性,因此尤其离不开地方立法的创新、发展和协调。我国是一个统一的单一制国家,必须维护国家法制的统一和尊严。一切法律、行政法规和地方性法规都不得同宪法相抵触,所有的下位法都不得同上位法相抵触,同位阶的法律规范应当保持和谐统一。社会主义法制的统一,是维护国家统一、社会稳定,促进经济协调发展和社会全面进步的基础,是完善社会主义市场经济体制的重要保障。

同时,在法制统一的前提之下,立法也要充分发挥地方的积极性,体现地方特色,满足现实需要。《宪法》第4条明确规定,中央和地方的国家机构的职权的划分,遵循在中央的统一领导下,充分发挥地方的主动性、积极性的原则。因此《立法法》确定的我国立法体制总体上是两级立法(中央和省级),另有两个特殊性,即民族自治地方立法和经济特区立法。从立法主体来看,以东北地区为例,除了辽宁、吉林、黑龙江3个省级地方立法主体,还有沈阳、大连、长春、哈尔滨等9个较大的市级地方立法主体,以及一批自治州、自治县级的民族自治地方立法主体;以长三角地区为例,现有3个省级地方立法主体(上海市、江苏省、浙江省),5个较大的市地方立法主体(南京、苏州、无锡、杭州、宁波)。这些地方立法主体,在不同宪法和法律、行政法规等上位法相抵触的前提下,可以根据本行政区域的具体情况和实际需要制定地方性法规。二十多年来,这些立法主体根据本地区改革、发展、稳定的需要制定了不少具有地方特色的法规,为本地区的经济、社会发展和城市管理提供了法治保障。地方特色得到了体现,现实需要得到了满足,但由于行政区划的分割和地方利益的驱动,经济区域内部立法缺乏协调的问题也逐渐凸现出来。

在招商引资、外贸出口、土地批租、减免税收、人才流动等方面,各地竞相制定优惠政策,竞相压价、抢项目、搞地方保护,造成资金、人才、技术、知识、信息等可流动要素流转不畅,难以形成整体优势,造成区域间低水平的重复建设,产业、产品结构类同和无序竞争,带来资源、财力、人才的严重浪费。在资源配置、市场流通、贸易往来方面,各地设置了一些贸易和投资壁垒,在产品的市场准入、外来企业人员的收费、银行信贷、市场管理等方面采取歧视性政策,人为造成市场分割,制约了大流通和统一市场的形成,导致了恶性竞争,影响了区域经济的协调发展。这些问题迫切需要建立区域立法协调机制逐步予以解决,建立无壁垒、无障碍、各地利益最大化的共同市场和共同规则,形成良好的法治软环境,促进区域经济的协调发展。

如何才能又快又好地建立区域立法协调机制呢?作为先行者的长三角地区和东北地区,其制度设计和立法实践为我们提供了可供借鉴的经验。笔者认为:

一要选好协作方式。经济区域内各省市都是独立的具有地方立法权的立法主体,协作方式选得好不好,关系到各地方的利益和诉求能不能得到充分的实现,关系到各地方的积极性能不能得到充分的发挥,关系到立法协调机制能不能达到预期的效果。如"两会"期间,全国政协委员张圣坤和谢遐龄对建立长三角立法协调机制提出了具体建议,首先是建立长三角立法协调联席会议制度和立法协调委员会,定期就有关立法事宜进行交流协调。条件成熟时可以设立一个非常设的机构,如"长三角立法协调委员会",由江浙沪人大常委会法制委员会主任或政府法制办主任以及有关法律专家组成。同时构筑长三角立法信息交流平台。江浙沪对有关长三角地区的地方性法规和法规性决定的制定和修改信息,事先进行沟通,建立一个立法信息交流平台,将协调的意见反映在各省市的立法活动中,沟通协调省级、较大的市级的地方立法主体的立法活动。

二要选准协作的题目。经济区域内的各个城市分属不同的行政区域,但地域相近、人缘相亲、文化相通、经济相融,存在着广泛的共同利益,长期保持良好的人际往来和密切的经济合作与交流;但不否认和忽视的是,各个地方、各个城市在改革和发展的过程中有着不同的路径选择、利益诉求和关注热点。因此选准协作的题目对于充分调动各个地方、各个城市参与立法协调的积极性尤为重要。东北三省政府立法协作之所以受到普遍关注和好评,就在于选准了协作的题目,立法协调的前景值得看好:《东北三省政府立法协作框架协议》出台后,辽宁、吉林、黑龙江三省相关部门确定立即开展在以下五大领域的立法协作:开展鼓励和保障非公有制经济发展方面的立法协作;开展诚信方面的立法协作;开展应对突发公共事件方面的立法协作;开展国家机构和编制管理方面的立法协作;开展行政执法监督方面的立法协作。

在建立区域立法协调机制的过程中,我们也要防止各省市的立法协调了,但各经济区域却又"各自为政",维护区域利益,出现新的立法不协调。要防止这种现象的出现,一要尽快推动全国统一的大市场的形成,通过国家立法防止地方保护主义和各种行业壁垒;二要在建立区域立法协调机制的同时,建立经济区域之间的立法信息交流与反馈机制,最终实现各地方立法的完善和协调;三要加强对地方性法规的备案审查,通过事后的监督保证国家立法在各地方得到统一的贯彻和执行。

补记:

区域立法协调问题事关央地关系调整、区域协调发展、立法体制完善,近年来引发学术界持续的关注和深入的研究。比较有分量的著作有:陈俊:《区域一体化进程中的地方立法协调机制研究》(法律出版社 2013 年版)和陈光:《区域立法协调机制的理论建构》(人民出版社 2014 年版)。

公务员工资如何立法规范？[*]

2004 年 12 月 25 日，十届全国人大常委会第十三次会议对《公务员法（草案）》进行了审议，公务员工资标准的设定成为审议中的热点问题。社会各界也对公务员工资标准给予了高度的关注并进行了广泛的讨论。目前，我国公务员工资标准并不统一，各地执行各地的政策。即使对于许多省市已经开始实施的公务员工资制度改革如"阳光工资"等，也缺乏统一的规范。从纵向看，中央与地方公务员的工资存在较大落差，即使是同样在京工作的国家公务员与北京市公务员，其收入也有较大差别；从横向看，各地公务员的工资标准也存在不平衡，一般而言，北方低于南方，西部少于东部。即使是同一地方的不同部门，同一部门的不同机构，也是不尽统一。

---

* 本文发表于《工人日报》2005 年 1 月 3 日法治版，发表时题为《公务员工资设定应与社会发展相适应》。

"民以食为天"，公务员亦然，工资标准对于公务员及其家庭而言，其重要性自不待言。但公务员工资标准设定的价值并不局限于此，对地域发展的平衡、人才合理的流动、廉政建设的深化、和谐社会的建构同样有着重要的推动作用。规范、科学、合理和阳光地设定公务员工资标准，是当前公务员工资改革的当务之急，也是社会各界对《公务员法（草案）》所寄予的厚望。

公务员工资标准设定的程序规范化。公务员工资标准设定程序的核心应当是由谁来设定，如何来设定。公务员所行使的公共权力来源于人民的授权和国家的委托，所领取的工资来自各行各业的自然人和法人缴纳的税款。因此，公务员如果自己给自己设定工资标准，无异于未经许可从他人的口袋里掏钱。但是，如果让全体公民作为"雇主"来共同决定公务员工资标准，则缺乏效率，客观上也不现实。那么，由权力机关即各级人民代表大会来确定公务员工资标准，就比较合理，客观上也具有可操作性。即本年度各级公务员工资标准须经各级人民代表大会审议并通过后，才能开始执行和实施；如果当年出现特殊情况有变动的必要，也须得到各级人大常委会的同意。

公务员工资标准设定的方式科学化。《公务员法（草案）》规定，"公务员的工资水平应当与国民经济发展相协调、与社会进步相适应"，这一公务员工资标准设定的标准过于原则，同时没有具体设定方式的支撑，也缺乏可操作性。美国 1978 年《公务员制度改革法》规定，"人事管理局、行政管理与预算局和劳工部每年对全国各地私营企业的工资水平进行深入的调查，然后把调查结果拿来同公务员的工资水平进行比较，并据此向国会及总统提出调整公务员工资的建议,经国会批准,总统发布行政命令实施,从而确保中、低级公务员的工资与同一地区私营企业的雇员的工资大体相等"。日本《国家公务员法》也确定了公务员工资官民平衡、适应物价变动、定期提薪和综合工资的原则并规定了具体的实施细则。综观世界各国公务员工资标准设定的经验,公务员工资标准设定不仅在原则上要与国民经济和社会进步紧密相连,在具体操作方式上也要与 GDP、物价指数、恩格尔系数等经济指数挂钩,这种设定方式不仅保证了公务员工资标准的稳定性,也考虑到了与时俱进调整工资标准的必要性,比较科学也能够适应社会的快速发展,因而值得我们参考和借鉴。

公务员工资标准设定的层次合理化。我国中央与地方、东部与西部公务员工资存在差异的确存在不合理的因素,但由于各地经济发展水平不平衡,在一定程度上讲不可避免,也很难统一。因此,在设定公务员工资标准时,我们不仅要在政策上保持基本工资标准的统一性,在具体操作时,也有必要因时制宜、因地制宜,保持原则性和灵活性的统一。在设定标准的层次上充分考虑到中国的地域差异,实现合理化,但前提是把不平衡限定在一定的标准之内并与各地生活水平相适应,防止严重的两极分化。

公务员工资标准设定的过程阳光化。公务员工资标准的设定属于公共行为,事关社会公平与正义,而实质的公平与正义一定程度上来源于程序的公平与正义。正如上文所述,既然公务员工资来源于纳税人的钱袋子,那么在确定公务员工资标准时也有必要广泛听取社会各界纳税人的意见。即在公务员综合管理部门联合财政、物价等部门经过充分研究和测算确定公务员工资标准之后,在提请各级人大审议之前,有必要召开关于公务员工资标准的听证会,让社会各界公开发表意见并充分听取和吸收合理建议,对最终提请审议的工资标准进行相应的调整。通过程序正义的方式达到实质正义,切实保障纳税人的知情权,也有利于维护社会的公平,建设和谐的社会。

世界银行在发布的《世界发展报告:变革世界中的政府》中曾指出:"无论是制定政策、提供服务还是管理合同,有效政府的生命力都在于公务员的精明强干和积极主动。"依法行政、廉洁高效、公开透明的政府离不开高度发达的公务员队伍,而如何设定公务员工资标准对于建设高素质的公务员队伍更是举足轻重。科学合理的公务员工资标准,不仅有利于稳定现有的公务员队伍,也有利于吸引更多的人才加入公务员队伍,形成"广纳群贤,人尽其才,能上能下,充满活力"的用人机制,从而促进公务员结构的科学化、专业化与年轻化,切实、有效地提高公共服务质量,提升社会管理水平。我们期待着《公务员法(草案)》的审议及公务员工资改革的进程更上一层楼。

补记:

2005 年 4 月 27 日,十届全国人大常委会第十五次会议审议通过了《公务员法》,第十二章为"工资福利保险"。其中,第 73 条规定:"公务员实行国家统一的职务与级别相结合的工资制度。公务员工资制度贯彻按劳分配的原则,体现工作职责、工作能力、工作实绩、资历等因素,保持不同职务、级别之间的合理工资差距。国家建立公务员工资的正常增长机制。"第 74 条规定:"公务员工资包括基本工资、津贴、补贴和奖金。公务员按照国家规定享受地区附加津贴、艰苦边远地区津贴、岗位津贴等津贴。公务员按照国家规定享受住房、医疗等补贴、补助。公务员在定期考核中被确定为优秀、称职的,按照国家规定享受年终奖金。公务员工资应当按时足额发放。"第75条规定:"公务员的工资水平应当与国民经济发展相协调、与社会进步相适应。国家实行工资调查制度,定期进行公务员和企业相当人员工资水平的调查比较,并将工资调查比较结果作为调整公务员工资水平的依据。"

2015年初,国务院对完善机关事业单位工资制度和养老保险制度改革出台了相关政策,对调整机关事业单位工作人员基本工资标准作出部署。据人力资源和社会保障部官网介绍,这次工资调整,不是简单地提高工资水平,而是一次完善工资制度的改革,重在"建机制、调结构",要建立完善正常的工资增长机制,保障公务员合理的待遇,机关事业单位工资调整要向基层一线倾斜。

唯上是从还是唯法是从？*

　　历经 4 年起草、十三易其稿的《公务员法（草案）》，在 2004 年 12 月 25 日召开的十届全国人大常委会第十三次会议上正式进入立法程序。人事部部长张柏林就草案向常委会作的说明中指出，公务员"不得对抗上级决定和命令"，否则，将被视为违反纪律的行为受到行政处分。草案的这一规定，在第一次审议中就引发了常委会组成人员激烈的争论，并受到有关专家和媒体的广泛关注。短短 4 个月之后，2005 年 4 月 25 日，十届全国人大常委会第十五次会议，全国人大法律委员会副主任委员胡光宝在《公务员法（草案）》审议报告中吸收了常委委员、地方和专家的意见，认为公务员服从上级的命令是公务员应当遵守的纪律，但草案的这一规定过于绝对，为了防

---

　　* 本文发表于《鹏程》2005 年第 7 期，发表时题为《公务员如何不服从上级命令——关于公务员法中相关条款的评析》，人大复印报刊资料《宪法学、行政法学》2005 年第 10 期全文转载。

止执行上级违法或者错误命令而对公共利益或者公民的合法权益造成重大的不可挽回的损失,公务员有权提出纠正意见;对于执行明显违法或者错误的决定或者命令,公务员本人应承担相应的责任,以增强公务员的责任感。

从"绝对服从"到"相对服从",变的似乎只是草案的条文,纸面后却蕴涵着理念的变迁。《公务员法(草案)》打破了以往三审通过的立法惯例,两审即通过并公布,更是让纸面上的理念尽快成为了现实。首先,强化了公务员的责任感,这有利于培养公务员最终对法律负责的现代意识,从而使每个公务员都能成为维护法律尊严的强大动力源。如果每一个公务员都能顶住压力对法律负责,这无疑是建设法治政府的巨大推动力。其次,这种新的行政理念,将有助于优化中国的政治生态,这无疑是对社会主义政治文明建设的贡献。强调公务员要把执行上级的决定命令和承担法律责任统一起来,这客观上弱化了权力的绝对性,强化了权力的相对性,减少了下级对上级权力的依附和盲目服从、绝对服从,增加了上下级公务员之间在法律意义上的平等关系——服从是在法律意义上的服从,不服从也是在法律意义上的不服从——这种理念的确立,不但能从根本上淡化行政机关的等级观念,也将使行政系统更加开放,更加富有灵活性、适应性和创造力;能最大限度地激活公务员对社会实质正义的关怀和追求,也能最大限度地抑制官僚习气和特权意识的生长。

在中国的传统政治文化中,"抗旨不遵"这类反抗上级命令的行为历来就被视为"大逆不道",不管"圣旨"是对是错,作为"臣子"的都要绝对遵守执行,否则,就是"欺君罔上"。"圣旨"错了,"板子"

一般都打在执行者的屁股上，而下"圣旨"的人却毫无责任，由此带入了一种"不干事的没有错，干了事的却有错"的奇怪逻辑。这种带有鲜明的"官本位"色彩的政治文化往往导致公职人员的人身依附与权力崇拜，唯上是从，马首是瞻，以独立政治人格的削弱或丧失为代价，寻求体制内的职位升迁，漠视民情成为常态，相互推诿扯皮和人浮于事也由此产生。而在一个走向现代化的国度里，如果国家公职人员普遍没有养成对宪法法律负责的精神，普遍没有养成对良知负责的勇气，而只对眼前的权力或权威抱"绝对服从"的态度，民主法治的和谐社会只会是一个遥不可及的梦想。从这个意义上讲，公务员法草案广泛吸收社情民意，摒弃了公务员不得"对抗上级决定和命令"的条文，将公务员从官本位的枷锁中解放出来，从本质上摒弃了下级无条件"绝对服从"上级的传统理念，勇气可嘉，意义重大。

长期以来，公务员对上级的违法命令是否必须服从，存在一个两难的困境：一方面，公务员制度是一个等级分明的层级结构，下级服从上级是这一制度的基本组织原则；另一方面，公务员又应当是法律忠实的执行者，在法治原则下，严格遵守法律是公务员的职责，这一职责又不允许公务员服从上级明显违法的命令。公务员面对上级的违法命令，究竟是唯上级是从还是服从于法治的精神，何去何从，孰难决断。2002 年曾引起轩然大波的"王凯锋案"，凸显的正是这样的悖论。福建省长乐市财政局局长王凯锋根据福州市委(1999)9 号文件和福州市政府《关于研究协调第三批产业扶持资金安排有关问题》的专题会议纪要，先后与 27 家企业签订周转金借款合同，并由企业所在地的乡镇财政所提供担保(财政所由财政局领导，实际是财政局的派出机构)。这 27 家企业倒闭后，财政周转金尚有745.8万元未能收回。长乐市人民法院认为,《担保法》第8条明文禁止国家机关作保证人,而王凯锋身为财政局局长,应当对财政周转金的发放、回收等工作负有领导责任。最终以玩忽职守罪判处该市财政局局长王凯锋有期徒刑5年6个月。

"王凯锋案"尽管只是个个案,但是在从计划经济向市场经济,从"人治"向"法治",从"全能政府"向"有限政府"艰难的社会转型过程中,这一悖论却并不会鲜见,在一定程度上还具有普遍性和必然性。因而早在改革开放之初的1980年,邓小平同志就在《党和国家领导制度的改革》中指出:"不少地方和单位都有家长式的人物,他们的权力不受限制,别人都要唯命是从,甚至形成对他们的人身依附关系……上级对下级不能颐指气使,尤其不能让下级办违反党章国法的事情;下级也不应当对上级阿谀奉承,无原则地服从、'尽忠'。不应当把上下级之间的关系搞成毛泽东同志多次批评过的猫鼠关系,搞成旧社会那种君臣父子关系或帮派关系。"

为什么说公务员对上级的命令不能无条件服从呢? 首先,在现代社会,公务员担任职务是为了服务于非个人的客观目的,即公共利益,而非服务或者"孝敬"某一个人,因而公务员体制中下级与上级的关系,不是专制体制中奴才与主子、孝敬与被孝敬、效忠与被效忠的人身依附关系。其次,公务员执行职务完全受规则的约束,即他的职责通常是由法律、法规或者说是社会的公共意志予以规定的,而不是上级的人格因素所能随意决定的。再次,整个公务员体制都是理性的,即由法律予以控制和规范的,在这个体制中,任何官员只有依据法律规定的权限,才有权下达具体的命令。最后,公务员对上级的服从是职务而非身份的服从。既然公务员担任职务的目的只能是服务于公共利益,而不是去服务和服从于他的上级;那么,对于上级背离公共利益的违法命令,他当然就有不予服从的权利。既然公务员只能在法律规定的范围内行使职权,而不是可以任由他的上级随意指使;那么,他也没有权利执行上级的违法命令,相反他有义务去不服从这一违法命令。

但是,公务员对上级命令的不服从必须有一个限度,因为如果任何下级都可以随意行使不服从上级的权利,对上级的命令动辄以有违反法律的嫌疑而拒绝服从,那么行政首长的权威和法律的权威也必将受到破坏,最终导致行政成本的加大和行政效率的低下。因此,公务员对上级命令的不服从并不是绝对的,而是相对的,并且应当限定在一定的范围之内:即直接违背上位法明确规定的上级命令、必然导致刑事犯罪的上级命令、不符合法定身份的上级发出的命令、不符合法定形式的上级命令、超越法律规定权限的上级命令。

对上级命令或决定是否存在错误,是公务员自身审查判断的过程,对公务员的素质也提出了更高的要求;但是公务员又应当如何对上级命令说"不"呢? 一般情形下,公务员应当也必须严格地、坚决地贯彻和执行上级的决定和命令。但如果公务员认为上级的决定或者命令有错误的,公务员有权向上级提出意见;如果上级不采纳其意见,公务员仍应执行,事后如有权机关认定该决定或者命令确系错误时,负责执行的公务员不承担责任。对于明显违法的决定或者命令,如刑讯逼供、做假账、走私等,执行该决定或者命令会对公共利益或者公民的合法权益造成重大的或者不可挽回的损失,公务员有权拒绝执行,并且不承担不服从的责任。相反,如果公务员对于明显违法的决定或者命令仍予执行,无论其是否提出过改正的意见,均应承担相应的责任。

　　基于以上分析,公务员法对"公务员的不服从"作出了这样的处理:首先,公务员法强调公务员之服从是在上级作出的决定或者命令合法的情况下应当履行的义务。《公务员法》第12条规定,公务员有"服从和执行上级依法作出的决定和命令"的义务。第53条将原草案中公务员不得"对抗上级决定和命令"的规定,修改为:公务员不得"拒绝执行上级依法作出的决定和命令"。第二,《公务员法》增加了有关公务员如何对待错误及明显违法的决定或者命令的规定。《公务员法》第54条规定:"公务员执行公务时,认为上级的决定或者命令有错误的,可以向上级提出改正或者撤销该决定或者命令的意见;上级不改变该决定或者命令,或者要求立即执行的,公务员应当执行该决定或者命令,执行的后果由上级负责,公务员不承担责任;但是,公务员执行明显违法的决定或者命令的,应当依法承担相应的责任。"

　　既然立法赋予了公务员相对不服从的权利,同时还必须相应地保障不服从上级违法命令的公务员不会受到来自上级的不利对待,防止"秋后算账":《公务员法》第13条规定公务员享有"非因法定事由、非经法定程序,不被免职、降职、辞退或者处分"的权利;同时公务员法也规定,公务员对涉及本人的有关人事处理事项不服的,还有提出申诉和控告的权利。当公务员因为维护法律而对领导的违法命令或决定说"不"时,如果领导对其"秋后算账",公务员完全可以通过申诉和控告等法律途径来维护自己的合法权益。立法对公务员的不服从予以事后保障,有利于公务员免除后顾之忧,有理有据地行使"不服从"的权利。

《公务员法》第 53 条注定会因其直面传统和弊端的勇气和敢于革新、善于创新的努力而被载入中国立法史册,不仅明确了"公务员不服从上级违法命令"的法理基础,而且对不服从的范围、方式及其法律责任作出了开创性的规定,尤为关键的还在于从立法技术上给不服从的公务员提供了法律上的保障和救济的手段。我们期待着公务员法正式颁布实施之后,"官本位"的色彩渐渐淡化,"法本位"的理念深入人心,广大公务员在行使职权、履行职责的过程中真正做到"情为民所系,利为民所谋,权为民所用"。

《行政强制法》:给权力的舞蹈戴上镣铐[*]

2005 年 12 月 26 日,十届全国人大常委会第十九次会议审议了《行政强制法(草案)》。对广大公众来说,这当然是一个振奋人心的好消息,人们期待这部法律早日出台,实际上也是期待自己的合法权益能够得到更有力的法律保障。

行政权是社会生活中运用最为广泛、社会公众接触最多的一种国家权力。行政权一旦滥用或者误用,对社会和公众的伤害也最深。因此,行政权必须依照法定程序行使,才能真正做到既满足社会管理的需要、又维护普通百姓的利益。在所有的行政行为当中,行政强制是属于运用国家机器的强力来直接干预公民的权利义务,因此也是一种最严厉的手段。行政强制合理运用,就能够令行禁

---

　　*　本文系《法制日报》凌锋编辑约稿,发表于《法制日报》2005 年 12 月 28 日评论版,发表时题为《行政强制:须治乱与治软并重》。

止,保证有良好的法治社会。反过来,如果行使不当,就会给公民、法人和其他组织带来巨大的损害,深刻影响政府的形象。行政强制是一把双刃剑,因此在立法过程中必须要权衡利弊,既要赋予行政机关必要的强制权,但又必须适度;而且要加强监督,从而实现"规范行政强制的设定和实施,保障和监督行政机关依法履行职责,维护公共利益和社会秩序,保护公民、法人和其他组织的合法权益"的立法宗旨。

目前实践中的行政强制制度存在着一个难以协调的悖论:一方面是"乱",包括"乱"设行政强制和"滥"用行政强制,侵害了公民、法人和其他组织的合法权益;另一方面是"软",即行政机关的强制手段不足,执法不力,有些违法行为得不到有效制止,有些行政决定得不到及时执行。行政机关手中无权或少权,必定导致效率低下,无法维持社会秩序,实现不了其政治、经济和社会目标。行政机关盲目扩权或争权,又势必导致公权无限扩张,私权空间收缩,即使有效实现了社会治理,也是以牺牲个体的权利与自由为代价的。行政强制制度中"乱""滥"与"软"的悖论,其实质就是公共权力与私人权利的合理平衡与考量,给权力的舞蹈戴上镣铐,为权利的伸张提供保护。如何才能解决这一悖论,既赋予政府必要的权力,又防止权力的滥用呢?《行政强制法(草案)》第5条、第6条规定的"比例原则",有望从根本上破解这一悖论。

"比例原则"之于行政法,如同"诚信原则"之于民法,被视为"帝王条款"。所谓"比例原则",亦称"最小损失原则",即行政强制必须以最小损害行政管理相对人的方式进行。从实体上说,行政主体依法实施行政强制,应当以实现行政管理所要求的目标为限;从程序上说,行政主体所采取的手段必须与要达到的目标存在对应关系。通过实体和程序的规范,把权力与权利的平衡转化为利益与利益的衡量,对个人利益与公共利益仔细加以考量和斟酌,避免失当的手段,达到合理的结果,用平衡的手段来体现法律的正义。

中国传统的法律文化支持强大的行政权,在历史上,立法权和司法权统一在行政权之下的模式一直延续到清末变法之前。中华人民共和国成立之后,在相当长的一段时间里,国家实行高度集中的计划经济体制,与之相适应的是庞大的行政权无处不在的模式。在这一背景下,私权利与公权力的博弈中,私权利往往处于弱势;个人利益与公共利益的衡量中,个人利益往往被忽视或被牺牲。"比例原则"的起源与发展,正是要破除行政权强势的历史惯性和公共利益有限的思维定势,给权力的舞蹈戴上镣铐,让权利的救济得到保障。

经营者占道经营,市容执法部门能否扣押商品? 法定节假日,上门执法是否妥当? 深夜时分的"零点行动"是否具有法律依据? 当事人拒不缴纳罚款,执法部门用断水、断电、断暖的方式警告是否合法? 正因为"比例原则"从学理的归纳上升为法律的原则,《行政强制法(草案)》对这些问题给出了与以往的思维定势不同的回答:"除违禁物品外,在市容监管中行政机关不得扣押经营者经营的商品";除情况紧急或当事人同意外,"行政强制执行不得在夜间和法定节假日实施"。"行政机关不得采取停止供水、供电、供热、供燃气等方式迫使当事人履行行政义务。"这些回答,正对应了《行政强制法》"把对公民、法人的损害限制到最小范围"的立法宗旨,是"比例性原则"在立法中的具体体现,在实践中要求行政主体实施行政强制措施必须选择对公民损失最小的方式进行,强制手段必须对应于行政管理目标,并被约束于目标之内。

不可否认,强制是国家权力的重要属性,没有强制权,国家就无法维持秩序,实现其政治、经济和社会目标。作为现代政府职能的扩大和依法行政理念相结合的产物,行政强制是实施法律的重要手段,是依法行使行政权的有力保障,是维护公共秩序的有力手段,是促进全社会遵守法律的有效方法。但是,为了平衡公权力与私权利在实力和手段上的悬殊,防止行政强制力量的过度使用甚至滥用,就必须在行政立法中注入"比例原则",将治"乱"、治"滥"与治"软"并重,给权力的舞蹈戴上镣铐,用利益衡量、价值取舍的形式,避免"大炮打蚊子、杀鸡用牛刀"式执法的尴尬与无奈。

补记:

2011 年 6 月 30 日,十一届全国人大常委会第二十一次会议审议通过了《行政强制法》,自 2012 年 1 月 1 日起施行。

《企业破产法》：一切才刚刚开始[*]

经过 12 年的起草、最高立法机关三次审议，其间几经波折，《企业破产法》终于破茧而出，顺利出台。《企业破产法》是市场经济进一步深化的产物，能够帮助我们建立一个有条不紊的市场经济环境，推动中国的改革进一步深入，其正式颁布实行标志着我国在市场经济道路上迈出的决定性的一步。

但从某种程度来说，《企业破产法》的出台只是"万里长征走完了第一步"。由于"宜粗不宜细"的立法理念的影响，《企业破产法》只提供了一个制度框架和标准，很多程序还缺乏更为具体的规定，很多特别规范还需要具体落实，有待司法解释和行政法规的进一步细化。如破产案件受理和收费的具体办法、管理人费用、管理人资

---

　*　本文发表于《解放日报》2006 年 9 月 2 日观点版，发表时题为《企业破产法："万里长征走完第一步"》。

格认证和行为规范、债权人会议的议事程序、专门破产法庭的设置和内部运作方式、破产案件中对裁定上诉和异议的程序、破产企业职工、出资人参与破产程序的办法、破产企业职工的安置办法、破产违法行为的追究、统一的破产程序文书、破产财产的处分程序、破产程序与庭外处分、债务和解的衔接办法等。

如果说上述还需要进一步深入研究和探讨的课题属于微观层面,那么从宏观角度讲,破产法要真正发挥公平清偿债务、拯救困顿企业、协调公共利益的功能,还需要进一步深化改革、转变政府职能、完善经济体制。具体说来包括:

第一,《企业破产法》的有效施行,需要完善配套的社会保障制度。社会保障制度的完善是破产法实施的配套条件,并非前提条件;包括社会保险、再就业、医疗保险在内的社会保障制度的进一步完善,有助于为破产法的实施提供良好的配套制度环境。但是,目前社会保险制度还不够健全,在实际执行中还存在不少问题。一是少数企业未依法参加社会保险,据统计,截至 2004 年 6 月底,企业就业人员的基本养老保险参保率为 97.7%(应参保人数约为 11 851 万人),基本医疗保险的参保率为 65.2%(应参保人数约为 11 628 万人),失业保险的参保率为 91.5%(应参保人数约为 10 280 万人),工伤保险、生育保险的参保率同样偏低。二是已经依法参加社会保险的企业,由于少数企业财务状况的原因,拖欠社会保险费用的现象比较严重。据统计,2003 年基本养老保险费的收缴率为 95.11%,2003 年基本医疗保险费的收缴率为 97.42%,失业保险也存在一定程度的拖欠情况。社会保险等社会保障制度不完善,将使企业职工在企业破产之后享受不到应有的社会保障待遇,增加了破产的成本和难度;同时由于劳动债权优先,其他债务也无法得到公平有效地清偿,影响了破产法功能的充分发挥。

第二,《企业破产法》的有效施行,需要协调统一的法制环境。破产法具有特殊的法律属性,是债务清偿法与企业法的结合,是实体法与程序法的结合,也是公法与私法的结合。这种特殊的法律属性决定了破产法的有效施行,有赖于协调统一的法律体系。因此,破产法应当与《公司法》《民事诉讼法》《合同法》《合伙企业法》等法律的规定相协调,对于关系到破产法实施中的一些重要法律制度,需要在《企业破产法》出台的同时不断加以修改和完善。如《刑法》中破产刑事责任的规定、《民事诉讼法》"企业法人破产还债程序"与《企业破产法》的协调与适用关系等。

第三,《企业破产法》的有效施行,需要逐步建立符合中国国情的征信体系。在市场经济中,不仅大部分交易活动不以物物交换的形式出现,而且货主供货和买主付款并不同时进行,于是出现了卖主与买主之间的债权债务关系,由债权人给予债务人一定数量的信用,债务人承诺在一定的时限内付还。后来,这种信用关系越出了商品买卖的范围,作为支付手段的货币(信用货币)本身也加入了流通的过程,由专门机构——银行来经营。从这个意义上说,现代市场经济是一种道德经济,也是信用经济、契约经济,市场经济的健康运行和发展,靠的就是诚信,就是信用。离开了信用,市场经济的秩序就会混乱,直至导致无"市"可言。市场经济中各种经济主体之间错综复杂的经济联系,全靠信用关系来维系。没有一个好的信用制度,现代市场经济根本无法存在;在现代社会,信用是市场效率的源泉,高效率的市场是靠信用建立和运行的。

但是,目前我国企业和个人等经济主体普遍缺乏信用基础,债权保护制度和信用监控尚不完善,对债务人履行义务的约束不完善且不具有强制性;同时尚未建立作为发达市场经济中信用体系基础的信用记录、征信组织和监督制度;并且在企业融资、市场准入或退出等制度安排中,我国还没有形成对守信用的企业给予必要的鼓励、对不守信用的企业给予严厉惩罚的规则。我国征信体系的不完善甚至某种程度上的缺失,给破产法的有效实施和进一步深化带来了极大的困难。因为,公平清偿债务是完全建立在权威的征信体系的基础之上的,能否有效拯救困顿企业,关键在于财务信息的清晰、准确,而这就依赖于征信体系的完善。对于合伙企业和独资企业破产、自然人破产能否尽快纳入破产法的统一调整范围,一定程度上也期待征信体系的进一步完善。

补记:

2011 年 8 月 29 日、2013 年 7 月 29 日,最高人民法院审判委员会第 1527 次会议、第 1586 次会议分别通过《关于适用〈中华人民共和国企业破产法〉若干问题的规定(一)》《关于适用〈中华人民共和国企业破产法〉若干问题的规定(二)》。

银监会扩权：公权与私权需平衡[*]

  2006 年 10 月 27 日，十届全国人大常委会第二十四次会议审议了《银行业监督管理法修正案（草案）》，拟赋予银行业监管机构对金融机构以外的相关单位和个人拥有相关调查权，以更有效地履行监管职责，符合新形势监管的需要。

  "相关调查权"对我们来说并不陌生，银监会也并非第一个提出这项权力要求的部门：现行的《税收征收管理法》《海关法》《证券法》和《审计法》等法律已经陆续赋予了相关执法监督部门这项有助于"提高执法效率，防止放纵违法"的特殊权力。但是对于广大市场主体而言，这却并非是个好消息，一旦银监会获得这项法律的授权，意味着个人或者法人的财产权登记信息、财务会计资料、有关商业

---

  * 本文系凌锋编辑约稿，发表于《法制日报》2006 年 10 月 31 日特约评论员文章，发表时题为《银监会扩权：公权与私权需平衡》。

秘密等将处于不安定的状态,随时可能受到调查,一旦相关调查权被滥用,这些信息和资料甚至有外泄的可能,从而危害自身的权益。

"相关调查权"在法律中的扩张,再次给我们提出了这样一个老问题:公权力和私权利如何进行平衡和协调?

公权力的扩张,首先必须遵循谦抑原则。权力尤其是政府的公权力,是一柄双刃剑,在实现高效管理社会的同时,非常容易也很有可能伤害公民的私权利。因此,面对纷繁复杂的社会现象,政府认为有必要通过行政权力来进行规范和引导的时候,必须仔细考量两个因素:第一,是否合法,即具有法律的依据和授权;第二,是否必要,只有在社会自治的方式和市场化的手段"无能为力"的情况下,行政介入才能"不得已而为之"。"合法"是公共治理政策正当性和执行力的来源,"必要"是对公权力不当入侵私权利的有效防备。"法无明文规定即禁止"作为公权力扩张的形式要件,已经逐渐深入人心,现在已经极少有行政执法机关胆敢绕过法律的授权,用法规或规章的形式挟带"私货"。但由于"必要"很难从表面上判断,相形之下,就更容易被有扩权冲动的公权力主体钻了空子。

银监会此次强烈要求法律赋予其相关调查权,一个重要的理由就是我国发生的银行业金融机构违法案件,相当多的属于恶意串通、内外勾结作案,不对银行业金融机构以外的单位和个人进行调查,很难及时查清违法事实。究竟是"确有必要"还是"扩权冲动""懒政思维",提出扩权的部门应当向立法机构作出更为详尽的说明:目前银行业监管机构查处违法行为屡屡受阻,究竟是因为法律赋予的公权力不够用,还是因为金融机构自身的内控水平和治理能力有待提高?监管效率不高的原因究竟是权力不够大,还是执法不得力？如果查处违法行为受阻的问题可以通过健全信用体系、提高监管能力来解决，是否还需要通过法律的授权来扩张权力？

法律授权符合了谦抑的原则只是具有了形式上的合法性，但在进入执法环节之后，更加需要关注的是如何实现实质上的合法性，即公权力与私权利的协调。公权力介入社会治理，具有强制力和不可逆性，一旦付诸实施，极易伤害公民的合法权益。因此，必须通过程序和实体予以制约，防止政府扩权、越权，从而维护公民的私权。赋予执法机构相关调查权，尽管有利于提高执法效率，加大对违法行为的查处力度，最终有利于保护社会公共利益；但是不可避免地会增加市场主体的信息和资料的不稳定性，甚至还需要由被调查者自行承担信息外泄的成本。因此，必须在程序上和实体上平衡公权力和私权利。在程序上，必须进一步规范相关调查权行使的条件和程序。在批准权限上，相关调查权应当比现场检查权更为严格，建议明确为"银行业监督管理机构的主要负责人"；在执行程序上，应当更加细化，调查者不仅要出示合法证件和调查令，还应有公证人员等第三人在场。在实体上，应当继续完善内部机制，通过明确的法律责任，防止个别执法人员滥用权力外泄有关信息和资料，损害被调查者的合法权益。同时，应当畅通私权救济的渠道，一旦相关调查权被滥用，应当赋予被调查方请求损害赔偿的诉权。

"有权必有责，用权受监督，侵权要赔偿"，这是温家宝总理对公权力行使规律的精辟阐释。当行政部门在扩张行政权力时，当公民的私权利缺乏救济途径时，当公权力和私权利发生冲突时，这句话应当在我们耳边不断响起。

补记：

2006年10月28日下午，全国人大法律委员会召开会议，逐条研究了常委会组成人员的审议意见，对《银行业监督管理法修正案（草案）》进行了审议。法律委员会认为，为了使银行业监督管理机构更有效地履行监管职责，赋予银行业监管机构一定的调查权是必要的，草案基本可行；同时，提出修改意见。原修正案草案第1条规定："银行业监督管理机构依法对银行业金融机构进行检查时，经银行业监督管理机构负责人批准，可以对与检查事项有关的单位和个人采取以下措施：（一）询问与检查事项有关的单位和个人，要求其提供有关文件、资料和证明材料，对有关情况作出说明；（二）查阅、复制与检查事项有关的财产权登记等资料；（三）查阅、复制与检查事项有关的单位和个人的财务会计资料及其他相关文件和资料；对可能被转移、隐匿、毁损、伪造或者以后难以取得的文件和资料，予以先行登记保存。"有些常委会组成人员和财经委员会提出，在赋予银行业监督管理机构调查权的同时，也要从程序上对其行使调查权作出严格限制，以防止滥用调查权，侵犯单位和个人的合法权益。法律委员会经研究，建议对草案上述规定作如下修改、补充：（1）将草案规定的行使调查权的批准机关"银行业监督管理机构负责人"修改为"设区的市一级以上银行业监督管理机构负责人"。（2）将草案规定的调查范围"与检查事项有关的单位和个人"修改为"与涉嫌违法事项有关的单位和个人"。（3）参照证券法等法律的有关规定，将草案规定的三项措施修改为"（一）询问有关单位或者个人，要求其对有关情况作出说明；（二）查阅、复制有关财务会计、财产权登记等文件、资料；（三）对可能被转移、隐匿、毁损或者伪造的文件、资料,予以先行登记保存"。(4) 增加有关调查程序的规定:"银行业监督管理机构采取前款规定措施,调查人员不得少于二人,并应当出示合法证件和调查通知书;调查人员少于二人或者未出示合法证件和调查通知书的,有关单位或者个人有权拒绝。"10 月 31 日,十届全国人大常委会第二十四次会议表决通过了《关于修改〈中华人民共和国银行业监督管理法〉的规定》。

城乡选举权平等：渐进的过程，必然的方向 *

　　党的十七大报告在论述"扩大人民民主，保证人民当家作主"时，提出"建议逐步实行城乡按相同人口比例选举人大代表"。这是中国共产党作为执政党，为确保每一位具有选举权和被选举权的公民都能享有和实现宪法和法律赋予的平等权利所提出的一项重要建议；也是我国扩大社会主义民主、建设社会主义法治国家、发展社会主义政治文明的一项重大决策。实现城乡居民平等选举权，符合宪法规定的公民在法律面前一律平等的原则，有利于保障包括广大农民在内的广大群众切实能依法行使选举权、知情权、参与权、监督权等民主权利，是缩小城乡差别，构建和谐社会的关键一步。

　　作为现代民主政治的基石，选举制度已成为各国民主体制必然的制度安排，是公民政治权力移交的唯一合法途径，是利益群体参

---

　　* 本文发表于《解放日报》2007 年 10 月 23 日"观点版"。

与政治系统、表达政治意愿、进行利益博弈的重要途径。平等是现代选举制度的基本价值取向与法律理性基础，"One person, one vote"（"一人一票"）作为平等原则的重要内涵之一，其实质就是选举权平等，这也是世界各国选举制度所共同承认和遵循的基本原则，具体包含两层含义：一是狭义的投票权平等，一人一张选票；二是代表名额分配平等，每一代表所代表的人口数应相等。新中国成立以后，我国在实现投票权平等方面是全面的、彻底的。但由于我国经济、文化发展还相对落后，在代表名额分配平等方面，还受各种因素的制约，长期没有完全实现，目前只能在同一选区选民之间、同一选举单位各投票人之间，做到每一代表所代表的人口数相等；而在不同选区之间、不同选举单位之间，还没有完全做到每一代表所代表的人口数相等。

1953 年选举法对农村与城市每一代表所代表的人口数作了不同规定，即自治州、县为四比一，省、自治区为五比一，全国为八比一。对此，邓小平同志在 1953 年"关于选举法（草案）的说明"中指出"这些在选举上不同比例的规定，就某种方面来说，是不完全平等的，但是只有这样规定，才能真实地反映我国的现实生活，才能使全国各民族各阶层在各级人民代表大会中有与其代表地位相当的代表"，"随着我国政治、经济、文化的发展，我们将来也一定要采用……更为完备的选举制度"，"过渡到更为平等和完全平等的选举"。因此，从城乡人大代表比例问题产生的历史背景考察，我们可以发现，这种"不平等"的规定既不是对农民的歧视，也不是对农民政治素质的不信任，更没有赋予这种"不平等"天然的合法性；而是考虑到当时和今后比较长的一段时期内中国农村人口过多、城镇人口相对较少的现实国情而采取的一种变通的策略。

1979 年选举法修订,没有改变 1953 年选举法确定的城乡人大代表比例。1982 年选举法修改,缩小了农村与城镇每一代表所代表的人口数比例,将县级人大代表名额由农村每一代表所代表的人口数四倍于城镇每一代表所代表的人口数,改为可小于四比一直至一比一。1986 年选举法修改,维持了 1982 年确定的城乡人大代表比例。1995 年选举法修改,本着民主渐进和符合国情的原则,将省、自治区和全国这两级人民代表大会中农村与城市每一代表所代表的人口数的比例,从原来的五比一、八比一修改为四比一,自治州、县、自治县仍维持四比一不变。2004 年选举法修改,维持了 1995 年确定的城乡人大代表比例。因此,从城乡人大代表比例问题的发展趋势来看,逐步缩小农村与城市每一代表所代表的人口数的比例,直至实现完全平等的选举权,也是一个必然的发展方向。

随着时间的推移,按比例原则配置选举权的社会基础逐渐发生变化,使实现城乡居民选举权平等有了必要的前提。一方面我国现在的城市化程度越来越高,城乡人口比例和选民素质有了较大变化,再维持农村与城市每一代表所代表的人口数的不同比例,显得不尽合理。特别是户籍制度正在改革之中,有的地方试行取消农业户口和非农业户口区分的办法,城市人口和农村人口在户籍上已没有区别,为每一代表所代表的人口数相同提供了条件。另一方面推进社会主义新农村建设,消除城乡二元结构,需要将城乡统筹考虑,客观上要求城市和农民每一代表所代表的人口数的统一,以利于构建和谐社会。

逐步实行城乡按相同人口比例选举人大代表,是从制度上维护农民权益的必然要求。农民在选举权上的不利地位是农民长期以来在政治、经济、教育以及资源占有上居弱势地位的制度原因。要保证占人口多数的农民真正能够依法实行民主选举、民主决策、民主管理和民主监督，要使农民享有广泛的宪法权利和自由，要尊重和保障作为人权重要组成部分的农民的平等权，那么最根本、最为急迫，同时又最为人们所忽视的，莫过于实现选举权上的平等。人民代表大会制度是我国的根本政治制度，是人民当家作主，实现人民民主专政的政权组织形式。从理论上讲，某一阶级或阶层在全国和地方各级人民代表大会占有相应比例的席位，对于该阶级或阶层准确反映意志、表达意愿、代表这一阶级或阶层的根本利益具有决定性的意义。因此，城乡居民选举权实现平等，有利于广大农民代表在国家权力机关中充分表达农民的意志和诉求，维护农民的合法权益，调动农民有序政治参与的积极性。

逐步实行城乡按相同人口比例选举人大代表，是加快城乡统筹发展的必由之路。中国自古以来是个农业大国，农民人口占全国总人口的70%左右，故有"农业兴，百业兴；农业稳，天下稳；农民富，国家富"的说法。20世纪90年代以来，"三农"问题，尤其是农民收入低，增收难，缺乏社会保障，医疗、卫生、教育条件落后，城乡居民贫富差距大等现实问题日益受到社会各界的广泛关注和高度重视，十六大以来更是党和政府工作的重中之重，从追讨农民工工资，保障农民工的合法权益，到"生产发展、生活富裕、乡风文明、村容整洁、管理民主"的社会主义新农村建设，到新型农村合作医疗，农民看病难、吃药贵的问题逐步得到缓解；到农民最低生活保障制度惠及2 068万人，再到义务教育"两免一补"，将使1.5亿农村中小学生家庭减负;我们在经济和社会层面正在加快城乡统筹发展,缩小城乡差别,构建和谐社会,这既顺应了改革开放发展的历史趋势,更顺应了民情、民意、民心,得到了广大农民的支持和拥护。此次十七大报告提出逐步实行城乡按相同人口比例选举人大代表,是在政治层面上再次回应了农民的民主权利诉求,再次促进了城乡统筹发展的历史进程。这不仅将从根本上维护和保障经济和社会层面的诸多惠农措施的长期性和稳定性,更会在更深层次上加快城乡统筹、科学发展的步伐。

与此同时,我们也深知:权利的实现是一个阶段性、渐进式的过程,选举权作为核心的政治权利更是如此。只有兼顾社会发展、民众诉求和平等精神,才是稳定的、可预期的、能接受的、不可逆的权利实现过程。我们期待着最高国家立法机关顺应民意,早日将执政党的主张上升为国家意志,早日实现城乡平等的选举权,在缩小城乡差别实现协调发展之路上迈出关键的一步。

补记:

2010 年 3 月 14 日,十一届全国人大三次会议表决通过了《关于修改选举法的决定》,明确规定:全国人民代表大会代表名额,由全国人民代表大会常务委员会根据各省、自治区、直辖市的人口数,按照每一代表所代表的城乡人口数相同的原则,以及保证各地区、各民族、各方面都有适当数量代表的要求进行分配。这表明,我国城乡居民选举首次实现"同票同权"。

《道路交通安全法》第 76 条：何去何从？*

刚刚闭幕的十届全国人大常委会第三十次会议的议程中，最引人注目的，当属对《道路交通安全法修正案（草案）》的审议。该草案对《道路交通安全法》第 76 条作出了修改，细化了机动车与非机动车、行人之间发生交通事故时的责任认定，并规定：机动车如无过错，超过机动车交强险赔付限额的部分，机动车的赔偿不超过 10%。虽然只有一条的改动幅度，但由于常委委员在审议中的分歧较大，尚未能一次审议就付诸表决。开弓没有回头箭，最高立法机关对该法这一条作出的内容修正，已是指日可待。

"撞了白撞"和"机动车负全责"，这两个生动的民间用语成为道路交通安全法争议之声四起的焦点所在。人与车在这次讨论中变

* 本文发表于《晶报》2007 年 11 月 2 日"法眼旁观"专栏，发表时题为《拿掉悬在司机头顶的达摩克利斯之剑》。

成对决的双方。虽说道路交通安全法力图在人与车之间作出利益平衡，但这种理想化的平衡却遭到了现实的难题和实践的质疑。可以说，在近年的立法过程中，还没有哪个条文像《道路交通安全法》第76条那样引起过如此激烈的社会反响。一方面，道路交通安全法所确立的以人为本的交通事故处理理念获得了整个社会的积极评价；另一方面，该法与当下法律体系的不配套，个别条款的措辞含糊与责任分配不明，引发了前所未有的争议。北京奥拓撞人案的判决，交强险费率的激辩，律师叫板交强险的"暴利"，更是把争论推向白热化。

《道路交通安全法》第76条被不少民众理解为"机动车全责"条款，因其规定"机动车与非机动车驾驶人、行人之间发生交通事故的，由机动车一方承担责任；但是，有证据证明非机动车驾驶人、行人违反道路交通安全法律、法规，机动车驾驶人已经采取必要处置措施的，减轻机动车一方的责任"。这一条款援引了民法中的无过错责任原则，对道路交通中强势的机动车驾驶人一方加大了责任承担；对弱势的、容易受到伤害的非机动车驾驶人、行人一方实施了更严格的保护，从立法本意上看似无不妥。

但在当初的立法过程中，这却是争议最大的一个焦点。长期以来我们已经习惯了按责论处，一个人要承担自己的所作所为。而该法则是加重强势机动车的责任：即使事故责任不在车主，也必须要为自己掌握着更加强势的交通工具承担一定道义的责任。正是这一点让很多公众尤其是机动车驾驶人无法接受。尤其是当赔偿额有可能让驾驶人的正常生活受到极大影响时，反映在人们头脑里的可能是一句："凭什么！"责任和道义被并置在一起，很多人愿意承担责任,但对带有强迫性的道义并不认同。支持者认为,照顾弱者是一种实质正义,将保障人的生命权列为制度设计的最终目的是实质正义的充分体现。而反对者则认为,无过错责任伤害了法律公平,最终会伤害法律尊严。生命权大于路权在理论上确实是无可辩驳的真理,但一旦进入实际操作,就陷入悖论的海洋。

立法者最终下定了决心,选择了无过错责任原则,加大了强势者的责任,加强了对弱势者的保护。归根结底,无过错责任适用的法理依据主要有三。一是报偿理论,即"谁享受利益谁承担风险"的原则。机动车的所有人、驾驶人在享受机动车带来的方便快捷的同时,自然应由他们承担因机动车运行所带来的风险。对报偿理论的正确理解是针对那些直接的、持续的享受利益者来说的,而非针对那些间接获得利益者。二是危险控制理论,即"谁能够控制、减少危险谁承担责任"的原则。机动车驾驶人在上路之前受过专业的训练,对于道路交通规则也很熟悉,因此他们能够最好地控制危险;要求其承担赔偿责任,能够促使其谨慎驾驶,尽量避免损害发生。三是危险分担理论,也即学者所称之"利益均衡说",道路交通事故是伴随现代文明的风险,应由享受现代文明的全体社会成员分担其所造成的损害。在道路交通事故中,受害人经常被撞伤或撞死,而肇事者一般不会有人身伤害,此时要求肇事者分担一些经济上的损失仍不失公允。

机动车和行人、非机动车之间发生交通事故适用无过错责任原则,无疑是对所谓"行人违章撞了白撞"说法的否定,但无过错责任绝不是在任何情况下都由机动车驾驶员承担全部的损害赔偿责任。道路交通安全法对于机动车驾驶人一方的减责和免责事由作出了明确的规定,在符合法定的条件下,机动车驾驶人是可以减轻或免除责任的。无过错责任是从整个社会利益之均衡、不同社会群体力量之对比,以及寻求补偿以息事宁人的角度来体现民法的公平原则的,它反映了高度现代化社会化大生产条件下的公平正义观。无过错责任对于个别案件的适用可能有失公允,但它体现的是整体的公平和正义。而且机动车和行人、非机动车之间发生交通事故后,首先由保险公司承担第三者责任强制保险,对超出第三者责任强制保险的责任限额的部分才由机动车驾驶人承担无过错责任。因此,实际上机动车驾驶人的赔偿责任已经大大减轻了,不会因为一次交通事故而深陷其中不能自拔。因此,部分媒体所称"发生交通事故司机负全责"的观点并不全面确切,容易误导司机和行人。

但是,有一点是当初立法时所未能完全预料的。由于当时交强险制度尚未落实,商业三者险的赔付额度普遍过低,《保险法》又不支持无过错责任的赔付,于是,这样的归责方法导致了新的不公平。中国道路交通状况复杂,高速道路飞速增长而公众交通安全知识相对欠缺,交通安全观念和意识淡薄,行人和非机动车道路违法现象较为普遍,再加上我国保险制度不完善,保险不配套,赔偿额太高,普通机动车难以承受,"第76条"变成了高悬在机动车驾驶人头上的达摩克利斯之剑。

由于该条款对机动车减轻责任的措辞非常含糊,各地开始制定不同的实施细则,同一部法律在不同地区出现了标准差异。再加之执法部门和司法机关对"第76条"的理解不同,不合情理的事故处理案例屡屡见诸报端。公安部副部长白景富在《关于〈中华人民共和国道路交通安全法修正案(草案)〉的说明》中就坦承:"这一规定体现了侧重保护非机动车驾驶人、行人的立法政策。但是,在双方都有过错或者受害人一方过错的情况下,按照什么标准减轻机动车一方的责任,如何做到既公平确定责任,又体现对非机动车驾驶人、行人的保护,道路交通安全法第七十六条的规定不够具体。实践中不少地方性立法对机动车一方承担责任的比例作了规定,造成了全国各地比例标准的不统一。"

　　此次修正草案针对以上出现的诸多问题,提出了一个非常具体的解决方案:"机动车与非机动车驾驶人、行人之间发生交通事故的,由机动车一方承担责任;但是,有证据证明非机动车驾驶人、行人有过错的,按照下列规定减轻机动车一方的责任:1.非机动车驾驶人、行人一方负次要责任的,机动车一方承担80%的赔偿责任;2.非机动车驾驶人、行人一方负同等责任的,机动车一方承担60%的赔偿责任;3.非机动车驾驶人、行人一方负主要责任的,机动车一方承担40%的赔偿责任;4.非机动车驾驶人、行人一方负全部责任的,机动车一方承担不超过10%的赔偿责任。"这样的修改明确了非机动车驾驶人、行人有过错情形下机动车一方承担赔偿责任的比例。虽然在赔偿比例的科学性、公平性方面仍然存在一定的争议,但修改的整体方向既能侧重保护道路交通事故受害人的合法权益,又能较好地体现公平原则,进一步增强了可操作性。

　　车和人的对立在某种程度上是一种绝对,我们无法完全消弭,所能做的是让双方的对立保持一种公众所能接受的平衡。而这种平衡应该如何找到,则有赖于立法者的智慧与努力。《道路交通安全法》第76条从起草、通过、实施再到修改的立法过程,以完整的轨迹显示出立法的种种问题:一个新的法制理念应该以怎样的方式被引进？现实国情与理念冲突时应该有怎样的取舍？立法应当如何和当前的制度环境相配套？民意应该在多大的程度上影响最终的实施结果？立法者如何平衡不同的利益取向？立法者应该怎样看待法律应具有的人性化的细节？怎样在制度上保证我们的法律不忽略某些弱势群体？

规避《劳动合同法》是一条死胡同[*]

《劳动合同法》在最高立法机关获得通过之后,笔者的邮箱里就不断收到各类培训机构发来的开课通知,抬头一般是大中小型各类企业的人力资源部,主讲人既有官员也有学者,还有劳动法专长的律师和人力资源管理专家;招揽学员的"亮点"却只有一个:如何"规避"《劳动合同法》,降低企业的用人成本。

对这类"涉法"广告,我一般是不屑一顾就投进垃圾箱的,但收到的太多了,心里不免有些没底:《劳动合同法》真的能被规避吗?此后几个月,陆续爆出华为的万人辞职事件、沃尔玛的突击裁员事件、泸州老窖的劳务派遣事件等,笔者这才恍然大悟:姑且不论事后工会的强力介入和部门的果断叫停,铺天盖地的培训原来真的有

---

  [*] 本文系《法制日报》凌锋编辑约稿,发表于《法制日报》2007 年 12 月 27 日评论版。

效！各个企业现学现卖，"课堂理论"被迅速转化成了"避法实践"！

或许再没有任何一部法律能够像《劳动合同法》的实施一样令整个社会都感到焦虑了。在新法实施前夜，无论外资、国企、私企，还是事业单位，都在忙着"规范"用工形式。普遍做法是不再直接和员工签订劳动合同，而改由劳务派遣公司派遣；花钱买断老员工工龄，以避免和他们签订无固定期限劳动合同或者干脆裁员。从"四零五零"到进城谋生计的外来工，从国企私企到外企劳工，从商务楼白领到部分事业单位员工，都在忐忑不安地等待一纸劳动合同之下自己未来的命运安排。

这并不是《劳动合同法》的立法初衷。新法出台后的一波三折，有点出乎立法机关和执法机构的意料——谁曾想到本来已经定分止争的法律还有巨大的规避空间；但从立法过程中激烈的利益博弈来看，似乎也应该在意料之中。从以董保华教授为代表的"劳资平衡派"与以常凯教授为代表的"劳工优先派"激烈的学术争论，到《劳动合同法》向社会公开征求意见中劳动者血与泪的控诉，再到欧盟商会和美国商会威胁撤资的强硬表态，在《劳动合同法》出台之前，企业的强力反弹就有迹可寻，"规避"只是手段之一。

法律是多种社会利益的平衡器，即便是以保护劳动者为己任的劳动法律也不例外，社会利益的差异与冲突决定了法律调整与平衡的相对性。但《劳动合同法》的出台背景有其特殊之处，一是中国经济发展模式的转型，廉价劳动力支撑起来的经济高增长率不仅有害社会公正，更缺乏可持续性；二是中国社会价值取向的演变，"唯GDP"论、"重商"论要让位于以人为本，保护劳工权益。《劳动合同法》的出台，并不仅仅是为了保护劳动者正当的劳动权益，其本质是对中国长期劳资不平等带来的诸如血汗工厂、以死讨薪等巨大社会不公的一次矫正。在社会领域，法律从古至今都是朝着更多地赋予劳动者权利与更加地保护劳动者权益前行的。从罗马法中与物并列的"对人租赁"到劳动者成为宪法的权利主体；从春秋时期"匹马束丝"换8个奴隶到劳动者成了国家的主人翁；从日工作时间16小时到8小时的演进、劳动年龄8岁到16岁的提升、"饥饿工资"到最低工资的保障、劳动者自担风险到雇主无过错承担责任的法定原则都无一不证明着这一趋势和规律。

因此，企业从培训师那里学到的"小聪明"，无论是在制度设计层面还是立法初衷层面，都是走不通的；误读、规避《劳动合同法》不仅代价高昂，而且得不偿失。《劳动合同法》从颁布出台到生效实施，有将近半年的时间，比不少法律一年的准备期缩短了一半，足见这部法律出台的紧迫性；这半年准备期中，工龄清零、突击裁员、劳务派遣替代正式用工等乱象层出不穷，既反映出利益博弈在立法中的激烈和在立法后的延续，也暴露出相关配套制度的滞后和衔接办法的缺失，更折射出时代大背景之下劳资和谐的重要意义。

半年间的风风雨雨既是利益主体之间的激烈角逐，也是劳动合同法另类的普法过程。《劳动合同法》生效在即，期待相关的企业吸取"规避"受挫的教训，真正承担起企业的社会责任，通过劳动者权益的保护来稳定劳动关系，促进企业长远的可持续发展。

《劳动合同法》绝不是"吃力不讨好"[*]

被称为"劳资新政"的《劳动合同法》已经正式实施了二十多天，立法程序中激烈利益博弈的硝烟尚未散去，过渡期里又经历了华为万人辞职、沃尔玛突击裁员、泸州老窖劳务派遣纠纷等一系列事件，近期苏州工业园区人力资源中介协会又因劳务派遣被限期6个月紧急上书全国人大，有关的争论仍是一波未平一波又起。

有人就认为，《劳动合同法》是一部过于"超前"的法律，脱离了现实国情和经济形势，过多地倾向于保护劳动者，而忽视了资方的利益，没有实现用人单位和劳动者的合作双赢，反而导致了用人单位和劳动者的对抗甚至恶化了劳动者的就业环境。法律对劳动力市场的过度管制将导致经济失去活力，其结果是不仅企业倒霉、劳

---

　　* 本文系《法制日报》阮占江编辑约稿，发表于《法制日报》2008年1月24日评论版，发表时题为《劳动合同法绝非是"吃力不讨好"的法律》。

动者倒霉,整个经济也跟着倒霉。不少人据此推论,《劳动合同法》从起草、出台直至实施的一系列乱象,正说明了它是一部"吃力不讨好"的法律。

这种说法的确是"看上去很美",不仅逻辑上天衣无缝,无懈可击,而且迎合了不少人的口味。但这种说法恰恰没有考虑中国自身的国情和发展的路径。改革开放30年逐步建立起来的市场经济,是对过去闭关自守的计划经济的"拨乱反正"。正是由于"文革"给经济造成的难以估量的伤害,我们现实地选择了劳动密集型产业作为发展的重点,既顺应了当时的世界经济分工体系,又解决了城乡二元体制之下劳动力的有序转移,但相伴而生的却是GDP至上的政绩观、廉价的劳动力、恶劣的劳动环境、过低的保护标准、不力的执法手段。我们迫切需要转型,因为牺牲劳动者权益支撑起来的经济高增长率不仅有害社会公正,更缺乏可持续性。《劳动合同法》的出台,并不仅仅是为了保护劳动者正当的劳动权益,其本质是对中国长期劳资不平等带来的诸如血汗工厂、以死讨薪等巨大社会不公的一次矫正。不少发达国家也在一直关注中国《劳动合同法》的立法和执法,有的国家甚至通过外交途径表达了对本国在华企业成本上升、利润下降的关切和担忧,这就让人不免怀疑其动机:这些国家不遗余力地呼吁中国融入市场经济,但当中国保护劳动者的权益这一正当的人权,却又受到非议和质疑。这难道不是双重标准吗?!

彭真同志曾说,立法就是在矛盾焦点上砍一刀。企业利润短期的高速增长与社会发展长期的和谐稳定如何取舍,这是个艰难的抉择。《劳动合同法》的立法者坚定地选择了后者,因为他们坚信,只有建立在权利平衡之上的经济发展,才是健康、稳定、可持续的。今天的中国已经不是改革开放初期的中国,公平、正义、共享正成为这个时代的主流价值取向,即使在现阶段一些企业确实面临成本上升、利润减少的困难,也不应当认为是法律的制定和实施使其受到影响甚至打击,因为法律不能屈从于现实的不公正与不规范,法律应当给出规范的、进步的、合理的明确信号和价值导向。

纵观立法中的利益博弈和执法中的猫鼠游戏,《劳动合同法》绝不是"吃力不讨好"。但我们同时也要反思,如何保证民生立法以更低的成本适应现实的需要?

首先,在立法过程中,利益博弈的时间越提前、程度越激烈、过程越透明,法律实施的成本就越低,共识就越容易达成。向社会公开法律草案征求意见、立法听证会、专家论证会、各类座谈会,已经成为民主立法、科学立法的重要形式,也是立法程序中各个利益群体进行利益博弈的重要舞台。《劳动合同法》向社会公开征求意见,收到各类意见 19 万多件,创下历史纪录,成为民主立法的一个典范,但相关的劳资双方的利益博弈过程却没有通过正式的途径显露出来。程序中的一些欠缺使得相关利益主体的诉求没有充分地表达和博弈,将本应在立法过程中达成共识的制度设计转变成了法律通过之后不应误读和不当规避的制度"漏洞",无形中增加了法律实施的成本。

其次,价值取向上的善意与合理要与制度的运行紧密结合起来。价值取向上的善意与合理要转化为实践中的利益保护,必须在立法过程中平衡各方利益,与制度的运行紧密结合起来,充分考虑到其普适性和可行性。光有价值取向上的善意与合理,没有制度运行的紧密配合和支持,再好的初衷也会落空,再好的制度也会流于形式。《劳动合同法》从通过到正式实施的准备期,是一个十分重要的将价值取向上的善意与合理转化为制度运行的过程。但在准备期中,各种规避制度、曲解善意的"培训"恰恰起到了相反的作用,这不能不引起我们的反思。

再次,立法不能承载所有的压力,不能盲目自信,更不能孤军奋战。法律是权利之综合,立法是表达权利,执法是落实权利,守法是实现权利,司法是救济权利。对于已经经过数百年的充分博弈,劳资关系已经相当稳定的西方发达社会而言,法律只是对既有的劳动关系予以认定和适当的调适而已。而在中国,《劳动合同法》的任务却是要在极度失衡的劳资关系现状下,对劳动者权利给予强制性保护,其遇到的阻力必然不言而喻。因此,不能仅仅依靠立法来表达权利,更需要执法来落实权利、守法来实现权利、司法来救济权利。徒法不足以自行,在我们的劳资关系发展现状相对滞后,而劳动者权益保护却必须与国际接轨的情况下,对待立法过程中利益相关各方的博弈、协商与妥协,就必须更加充分而耐心。否则,以单方面力量强力主导而形成的法律,没有相关的执法与司法及时跟进,就可能陷入既无法强力扭转劳动关系现状,又无力保护大多数弱势劳动者的尴尬。

补记:

2015 年以来,在经济增速回落的大背景下,财政部部长楼继伟多次高调表态调整《劳动合同法》。2015 年 4 月 24 日,楼继伟在清华大学经济管理学院发表《中高速增长的可能性及实现途径》的主题演讲,指出《劳动合同法》是很有弊端的,主要在于职工可以炒雇主,但雇主不能解雇职工,很多投资人离开中国也是这个原因。2016年1月1日,楼继伟在《求是》发表署名文章《中国经济最大潜力在于改革》,指出《劳动合同法》一些规定有待完善,加上户籍制度的共同限制,影响了人口的自由流动,制约了农村富余劳动力到城镇就业创业;建议适时调整完善《劳动合同法》,增强劳动力市场灵活性,促进劳动力在地区、行业、企业之间自由流动,完善劳资双方公平决定劳动者报酬的机制。2月19日,楼继伟在中国经济50人论坛年会上发表演讲,再次表示目前《劳动合同法》存在问题,降低了企业人力资本投资意愿,下一步应调整《劳动合同法》。

2016年3月7日,楼继伟在"两会"新闻发布会上再次"炮轰"《劳动合同法》:"《劳动合同法》是以标准工时制为基础的,而不是适合于灵活用工。企业是灵活用工的,但是我们是标准工时制为基础的《劳动合同法》。从产业来说,可能会因为成本上升转向其他国家去了。那么最终损害的是劳动者,减少了就业机会。本意是保护劳动者,但可能最终损害了一些劳动者的利益,还可能导致了薪酬的过快上涨。这几年薪酬的上涨是超过劳动生产率的,长期这样是不可持续的。这里有各方面的原因,不能说跟《劳动合同法》没有关系。"

个人破产立法时机尚不成熟 *

　　汶川地震,举国悲恸。救灾之时,生命权高于一切,我们以人为本,只要有一线希望,就绝不放弃。逝者已去,生者犹在,尽管心仍痛楚,但防疫情、排水患、搞重建,一刻也不能停息。

　　地震灾害,不仅造成重大的人员伤亡,而且使得不少民众的房屋倒塌、财产受到严重的损失。灾后重建,一是要大量的人力、物力、财力的投入;二是需要稳定的环境,尽快使得被地震灾害破坏的人身和财产关系回到正常的轨道。我们不仅要关注公共机构、基础设施的恢复,更要着力解决处于不稳定的财产关系。比如房屋倒塌,房屋按揭如何处理? 个人债务超过现存的财产,又该如何对待?

　　对此,有不少人提出,中国亟需出台个人破产制度,解决目前灾

---

　　* 本文发表于《经济与法律》(香港)2008 年第 3 期,人大复印报刊资料《海外法学》2009 年第 1 期全文转载。

民遇到的债务困境，尽快使得他们卸下包袱，轻装上阵，重建家园。

其实，在新《企业破产法》起草的初期，针对破产法适用的范围，就曾经有过三种意见：第一种意见是所谓的"大范围"主张，即破产法不仅适用于所有的企业，而且适用于所有的自然人；第二种意见是所谓的"中范围"主张，即破产法应适用于所有的企业，包括企业法人和依法经核准登记的非法人企业（合伙企业和独资企业），以及对这些非法人企业的债务承担无限连带责任的自然人，即将破产法的调整范围基本上局限于市场主体因经营活动而发生的债务；第三种意见是"小范围"的主张，即坚持将破产法的适用范围局限于企业法人。十届全国人大常委会第十三次会议正式通过的企业破产法，其中第2条将破产主体明确限定在"企业法人"。之所以采用第三种意见，缩小破产法的主体范围，主要原因是自然人破产要求自然人财产清楚，而我国目前还没有完整的个人财产申报制度，缺乏防止个人隐匿、逃避债务的监控手段。

具体到地震灾区，如果突击实行个人破产制度，首先遇到的困境的就是法律依据不足。在现行破产法并没有将个人破产纳入调整范围的前提下，仓促实行个人破产，取消债务负担，将无法可依；突击立法必定会使得法律溯及既往，不符合立法的惯例，对其他地区的债务人和债权人，也是一种不公平。其次遇到的难题就是缺乏有效的诚信体制。在正常时期都经常发生的隐匿和逃避债务的老赖行为，在地震地区同样可能会发生；而现行的金融体系、社保体系和税务体系并没有实现联网，公民的财产信息收集很不全面，一旦要实行个人破产，将加剧债权人和债务人之间的冲突。

对于个人破产，好处自不待言。至少可以使陷入困境的自然人免受债权人的追讨，获得喘息的机会，从而"东山再起"、解困复兴，避免债务的负担成为再创业的阻力；同时也避免在金融机构形成大量的呆账和坏账。但是，个人破产的实行，必须满足一定的社会条件和诚信基础，而这一点至少目前我们还不具备。

无论如何，地震灾害的发生给我们提供了一次反思的契机，无论是规范慈善捐赠、个人破产制度，或者是灾害保险制度，都应当与灾区的房屋一样进入建设的进程。而实行个人破产，首要的就是加快诚信体系的建设。因为现代市场经济是一种道德经济，也是信用经济、契约经济，市场经济的健康运行和发展，靠的就是诚信，就是信用。离开了信用，市场经济的秩序就会混乱，直至导致无"市"可言。市场经济中各种经济主体之间错综复杂的经济联系，全靠信用关系来维系。没有一个好的信用制度，现代市场经济根本无法存在。

在现代社会，信用是市场效率的源泉，高效率的市场是靠信用建立和运行的。但是，目前我国企业和个人等经济主体普遍缺乏信用基础，债权保护制度和信用监控尚不完善，对债务人履行义务的约束不完善且不具有强制性；同时尚未建立作为发达市场经济中信用体系基础的信用记录、征信组织和监督制度；并且在企业融资、市场准入或退出等制度安排中，我国还没有形成对守信用的企业给予必要的鼓励、对不守信用的企业给予严厉惩罚的规则。随着我国征信体系的不断完善，个人破产的立法条件也必定会不断成熟。

第四辑

治理之道

　　大到一个国家,小到一个村庄,总是离不开治理。治理不同于管理:管理是自上而下的刚性模式,治理则是上下联动的柔性模式;管理只有管理者与被管理者二元主体,治理则是通过协商与合作实现社会多元主体共存。探求治理之道,其实是从失败中吸取教训、从成功中总结经验。因此,不能激进,蛮干解决不了问题;也不能失望,哀莫大于心死。制度的演进和改变不是激情或者愤怒所决定的,而是有其自身规律,更大程度上是千千万万的人为之呐喊、呼吁和实践、推动的结果。

律师介入信访值得提倡[*]

浙江省委、省政府早在 2004 年就作出决定，凡省级领导下访去基层，必须聘请律师为随行顾问，商量解决涉法信访问题。这是我国自 1954 年建立信访制度以来，第一次把律师纳入信访工作，使得社会力量获得了参与解决纠纷、化解矛盾的机会，这是信访工作的一大创新，也是一个巨大的进步——律师参与信访是信访纳入法治轨道的第一步。

随着社会的发展和改革的深入，尤其是在转型期，各种利益结构不断调整、整合，一些社会深层次的矛盾集中显露出来，因而不可避免地会产生纠纷，酝酿矛盾。解决纠纷、化解矛盾是对执政党和政府最基本的要求，而用什么样的方法更好地解决纠纷、化解矛盾则是一个考验。民主执政、依法执政、科学执政是时代发展的必然

---

[*] 原文发表于《新京报》2004 年 10 月 17 日评论版。

趋势,因此信访工作必须创新工作机制,纳入法治化的轨道,这也正是我们党执政能力的具体体现。

然而,由于原有的《信访条例》逐步落后于形势的发展,新的信访工作机制正处于整合之中,信访工作有时显得软弱无力,在解决具体问题的过程中时常会束手无策,其工作方式也大多是政治上的协调、再协调,缺乏强有力的制约性和公信力。让律师参与信访,是信访工作机制的创新,其最终目的就是要把信访纳入法治化的轨道,其积极意义在于:

首先,用实在的法律咨询取代空洞的政治说教,提高信访解决纠纷、化解矛盾的效率。原有的信访工作是作为政府的重要工作职能而存在,其价值导向往往是强化社会稳定的功效,而不自主地弱化了解决纠纷、化解矛盾的作用。因此,空洞的政治说教和乏力的解决方法,不仅没有起到原有的作用,反而降低了民众对信访的信心,成为影响社会稳定的新的诱因。而浙江的新规定把律师请进来,参与信访,用实实在在的法律咨询为上访人员提出解决问题的法律手段,切实地维护了公民的合法权益,同时也提高了工作效率。

其次,在信访工作中,引入第三方的评介取代单一的政府主导,有利于增强信访的公信力。现行的信访工作机制始终是政府主导,一旦没能切实地解决纠纷、化解矛盾,维护好上访人员的合法权益,不可避免地又产生新的冲突和矛盾,其最终结果往往事与愿违,反而降低了政府公信力。然而,引入第三方律师之后,这种情况必将会有一个根本改观。因为在现代社会,律师起到润滑剂的作用,不仅协调公民之间的利益纠纷和矛盾,同时也可以调和政治国家和市民社会的冲突。

再次,把政治层面的社会矛盾纳入法治的轨道,符合依法行政的时代要求。现代社会,有限政府是必然的发展趋势。在经济领域,把政府不该管和管不了的事交给市场去运作,是提高经济效率的必由之路。在政治体制改革的过程中也是如此,把可以并且应该用法律手段解决的问题从政治层面剥离出来,重新回归到法治的轨道,是未来发展的方向。只有明白自己权力界限的有限政府才是真正依法行政、科学行政的政府。

当然,作为信访纳入法治轨道的第一步,浙江的新探索也有一定的局限性,比如参与信访的律师往往直接为领导提供咨询服务,而非直接针对上访人员,同时,由于报酬没有明确的说法,律师参与信访,其积极性能否长久保持还有待进一步观察。

总而言之,律师介入信访,定位更清晰,地位更中立,解决问题的方式更灵活,化解矛盾的功能也必定会更突出。我们期待着律师在信访中发挥更为积极和重要的作用!

补记:

2015 年 11 月 9 日,中央政法委发布《关于建立律师参与化解和代理涉法涉诉信访案件制度的意见(试行)》。意见提出,律师参与化解和代理涉法涉诉信访案件,应当自愿平等。尊重信访人意愿,不强制化解,不偏袒政法办案单位、不误导信访群众。无偿公益。不以赢利为目的,向信访人提供无偿法律服务。引导信访人依法申诉。条件成熟时,对聘不起律师的,纳入法律援助范围。

艾滋病预防期待走出法治悖论[*]

根据卫生部公布的数据,截至去年年底,我国艾滋病病毒感染者已近84万,居亚洲第2位,全球第14位,年增长速度已达40%。专家分析,我国局部地区已经进入艾滋病发病和死亡高峰,多数地区的艾滋病疫情已经处在由高危人群向普通人群大面积扩散的临界点。

为了遏制住艾滋病快速蔓延的趋势,我国采取了各种行之有效的手段:从法治的角度,加强了对卖淫、嫖娼、吸毒等行为的打击力度;从道德的角度,提倡婚内性行为,不提倡未成年性行为;从政府服务的角度,逐步深化各级卫生医疗机构防治艾滋病的职责。但是,毋庸讳言,这些手段都存在不同程度的局限性,影响了防治艾滋病的成效:加强执法力度的成本较高、道德提倡的方式没有强制性、

　＊　本文发表于《第一财经日报》2004 年 12 月 6 日评论版。

基层卫生医疗机构资金匮乏。

针对这些弊端，一种新型的防治艾滋病的方式出现了，这就是"行为干预"。如针对卖淫妇女普及艾滋病常识，鼓励使用并发放安全套；针对社区吸毒者，介绍安全注射方法和发放一次性注射器。卫生部艾滋病预防控制中心健康教育与行为干预室主任吴尊友作为先行者，积累了丰富的经验，在实践中也取得了较好成效。《中国预防与控制艾滋病中长期规划（1998—2010年）》《上海市艾滋病防治办法》《江苏省艾滋病防治条例》等规范性文件将这一方式与"健康教育"并列，积极提倡并鼓励推广。

"行为干预"转变了以往防治艾滋病所采取的"狠狠打击、好好教育"的老路子，采取了一种更为人性化的防治方式，比较彻底地跳出了"打击完了教育好了再继续感染"的怪圈，一定程度上提高了防治艾滋病的成效。

但是，随之而来的争论也出现了：从事"行为干预"的工作人员明知妇女卖淫仍发放避孕套，明知站在自己面前的人吸毒却发放注射器，这岂不是"助纣为虐"？这种方式是不是在纵容甚至鼓励犯罪？"行为干预"的做法是不是以牺牲法律维护公共利益的价值为代价，片面追求防治艾滋病的成效？相应地，接受"行为干预"的人员也产生了顾虑：据《法制日报》2004年12月1日报道，已开诊38天的北京市潘家园社区为静脉吸毒者建立的针具交换室没有等来一个针具交换者，因为针具交换就意味着承认吸毒；吸毒者认为这是一个美丽的陷阱，担心现身交换室会引来警方的调查甚至抓捕。"行为干预"本着以人为本的信念，目的在于有效防治艾滋病，却不幸走进了"法治的悖论"。

如何走出这个悖论呢？重新审视艾滋病防治的价值去向，创造群防共治的法律环境，正确理解立法的导向作用是走出法治悖论的前提。

首先，"行为干预"也好，严厉打击也罢，根本目的却是一样的，那就是通过减少可能导致艾滋病流行的不安全行为，提高艾滋病预防的效率，先遏制感染率上升的趋势，再通过综合治理的方式逐步减少感染人群。既然防治艾滋病的价值取向一致，问题就解决了一半，这是我们走出悖论的第一步。其次，卖淫、嫖娼、吸毒等不安全行为虽然都属于广义的犯罪范畴，但却是特殊类型的犯罪，即"无被害人"犯罪。杀人、抢劫、强奸行为都有具体的、特定的被害人，这些犯罪是对被害人人身权益和财产权益不同程度的伤害；而卖淫、嫖娼、吸毒，可能伤害的只是自身的人身权益，并没有特定的被害人（除非是故意传播艾滋病）。因此，我们在责任的设定中更要对症下药，针对特殊的犯罪类型，设计不同的防治方法。既然卖淫、嫖娼、吸毒等不安全行为无法彻底杜绝，不如提倡、鼓励更为安全的行为方法——"行为干预"尽管没有制止犯罪，但是这种方式最大程度降低了感染风险，比一味地打击、教育要来得更有实效。

再次，公法之所以要把卖淫、嫖娼、吸毒等不安全行为纳入管制的视野，目的正是在于最大程度降低这些行为对社会公共利益和健康人群的伤害。法律经济分析法学派认为，任何行为都有成本，立法、执法更不例外。尤其在防治艾滋病的过程中，无论是立法还是执法，都希望能走出一条成本最低、效果最好的"效率最大化"之路。古代治水，宁疏之而不堵之，防止物极必反。在艾滋病防治的立法与执法过程中也是如此，运用"行为干预"的方式积极引导，与"狠狠打击、好好教育"的老方法相比,成本更低,效果更好;同时也能跳出重复感染的怪圈。

"行为干预"的法治悖论,无疑是艾滋病防治过程中的"拦路虎"和"绊脚石",不仅影响了艾滋病防治的成效,也从侧面反映了我们在艾滋病防治过程中的观念误区。走出这一尴尬的悖论,要求我们正确理解"行为干预"的防治价值,通过在相关人群中鼓励使用安全套,推广对吸毒人员的医用针具市场营销和药品维持治疗,跳出"一棒子打死"思维定势,逐步强化政府在艾滋病防治工作中的管理职责,在全社会根除歧视的观念、营造关爱的氛围,最终把"抗击艾滋"的口号落到实处。卫生部正加紧起草《艾滋病防治条例》,我们期待着这一条例的早日出台,艾滋病防治的法律与社会环境能够迅速得到改善。

补记:

2006 年 1 月 18 日,国务院第 122 次常务会议通过《艾滋病防治条例》,自 2006 年 3 月 1 日起施行。第 2 条明确规定:"艾滋病防治工作坚持预防为主、防治结合的方针,建立政府组织领导、部门各负其责、全社会共同参与的机制,加强宣传教育,采取行为干预和关怀救助等措施,实行综合防治。"

权利救济途径不畅是私力救济的源头[*]

人民网 2005 年曾报道，总部设在成都的"中国首家女子维权中心"因涉嫌超范围调查隐私而遭到查处后，其上海分部也遭当地工商部门查处。"涉嫌违反企业名称登记管理的相关规定""涉嫌违反广告管理的相关规定""上海得邦公司宣称的经营业务所必须使用的手段，根据《刑事诉讼法》的有关规定，属于公权力的范畴，只能由公安机关、检察院、法院等部门行使"，这是上海工商行政管理部门给出的三大查处理由。毫无疑问，越位代行公权力范畴的手段，则更是这三个理由中的核心。

但让人费解的是，诸多的中国女性在权利受到侵犯之后，并没有选择具有形式理性的"公力救济"，而是匪夷所思地选择了被贴上"落后"标签的"私力救济"。社会上任何新生事物产生和发展的背

＊ 本文写于 2005 年 1 月 10 日。

后都蕴涵着某个社会群体的集体诉求,"中国首家女子维权中心"也不例外。如果没有大量"私力救济"的需求存在,这个涉嫌违法的"企业"根本不会出现,更不用说还能支撑这么久并能够营利。这些权利受侵犯的女性,为什么宁愿花费不菲的开销请求"维权中心"进行包括调查婚外情,制止家庭暴力,阻止婚内财产转移,打击虐待妇女、儿童在内的"私力救济",而不愿意可能成本可能更低廉、效率可能更高也更具有合法性的"公力救济"呢?唯一合理的理由就是,"公力救济"在实践并没能取得预期的效果,甚至其功能的发挥在某些方面反倒不如"私力救济"更为有效:

公力救济途径不畅通。对于遭受不幸的女性而言,面临的最重要的抉择就是选择何种权利救济方式,在同等的程度下,越是畅通的救济途径,越容易成为首选。对于行使国家司法权的公权力机关而言,在现实的条件下,面临着行政资源有限、司法资源紧张的严峻形式,因此不可能也不愿意解决一切的纠纷,而更希望将这些纠纷通过市民社会自身来消化,而"证据"或"立案标准"往往成为一张无形的门,把公权力机关和私权利主体隔离开来,成为限制纠纷进入公力救济的重要手段。在这种无奈的现实之下,落入"叫天天不应,叫地地不灵"悲惨境地的公民,选择一条可能并不合法但是只要付费就能获得的权利救济途径就不难理解了。

公力救济成本比较高。从理论上讲,公力救济的成本确实会比私力救济要低。更为通俗地讲,公力救济是国家所承担的义务,即使要收费,也只会收"成本",而不会通过这种救济方式牟利;而私力救济由于诉讼纠纷的无止境,无论是个人成本还是社会内耗,都将是高昂得无法承受的。但事实上,由于公力救济门槛过高,欲寻求公力救济而不得入的公民往往要通过其他制度外方式才能迈过这个门槛,隐形成本的存在无疑加高了公力救济的成本,反而变得比私力救济来得更为昂贵。人都是具有经济理性的,买东西也好,解决纠纷也罢,当然不选贵的,只选对的。

公力救济效率比较低。公力救济是政治国家对市民社会的承诺,尤其对于"社会契约论"盛行的国家,这种理念尤为深刻。但前提是公力救济具有相对私力救济而言更高的效率,否则这种承诺将是一纸空文,成为"写在纸上的权利"而无法兑现。最高人民法院将"效率"与"公正"并重,视为司法准绳,是有其合理性的。因为正义不仅要以看得见的方式实现,更要在合理的期限内实现,迟到的正义不仅不是正义,而且是对正义最大的嘲弄。在中国的社会现实中,有案不立,有案不诉,有案不理已是屡见不鲜;即使经历了繁杂的诉讼程序而得到了一纸判决,却得不到有效的执行,更是司法体制的顽疾,社会信心的重创。尤其是家庭纠纷处于法律与道德调整的重合地带,也不可避免地出现了调整的空白和盲点,公力救济的效率更是愈显低下。正因如此,虽然收费高且有违法之嫌,但高效的"维权中心"还是成为了众多遭受不幸的女性追捧的热点和希望的寄托。

寻求公力救济一定程度上意味着私生活暴露在公共视野中。今日的中国处于社会的转型时期,专制思想的余毒犹存,"礼教"的压力依然存在。权利受侵犯的女性往往更愿意用一种不为公众所知的方式来解决纠纷,防止家丑外扬,避免自己的私生活暴露在公共视野中,以免遭"熟人社会"舆论的非议。尽管公力救济在一定程度上是严格保护当事人隐私的,比如公开审判原则也有例外规定,但是这种保护毕竟有一定的限度,尤其在中国这样一个"熟人社会",这种有限性尤其明显:走进公检法的大门,寻求公力救济,一定程度上就暴露了自己的隐私,这比所遭受的侵犯对心理的伤害可能会更大一些。

"中国首家女子维权中心"从出现到被取缔,可以视为评判社会纠纷解决机制的一个标尺;私力救济大规模的存在是社会不稳定的表征,更是社会退步的信号。因此,我们迫切希望能够高效、低成本、更通畅地解决纠纷,把一切纠纷纳入公力救济的视野中来,但由于体制的不完善和司法观念的滞后,结果却又不知不觉地给寻求公力救济的民众设置了一道道关隘,事与愿违地给私力救济留下了生存的空间,甚至在一定程度上"推动"了私力救济的存在和发展。"中国首家女子维权中心"被取缔的确是好事,因为越权代行公权力不是法治社会所鼓励和容许的;但被取缔之后,我们是否能为"维权中心"曾经的和现在的"客户"们提供更为有效的权利救济途径和渠道呢? 从这个角度上讲,打通公力救济的途径,降低公力救济的成本,提高公力救济的效率,并切实保障当事人隐私权,可能比仅仅取缔"中国首家女子维权中心"来得更为有效。因为取缔只是治了标,只有让这些"维权中心""私人侦探"存在的社会土壤消失,才能算是治了本。

个性化车牌复出引发的思考*

据报道,机动车个性化车号牌近日将在开封现身。这将使开封成为"二〇〇二"式机动车号牌在试点城市叫停后,全国首个推出个性化号牌的城市。公安部曾于2002年在北京、天津、杭州、深圳4个城市启用了"二〇〇二"式车号牌牌号,一时间不少包含"SEX""TMD""IBM""BTV""163""USA-911"的个性车牌纷纷出现,在社会上引起广泛争议。有人认为"个性化车牌"打破了传统的格式化,满足了公民的个人需求,表现了事物的多样性,是人性化的表现。有人认为"个性化车牌"没有个性化,对稀缺资源的争抢不是个性化的,而是单一化的。车管部门则认为,"个性化车牌"是新时期反腐倡廉的新举措。对待上面各式各样、富有创意的车牌,一部分人说

---

* 本文发表于《法制日报》2005年11月21日"热点观察",发表时题为《个性化车牌复出引发的立法思考》。

太张扬、太露骨，甚至还上升到道德、价值观的高度；另一部分人则说这些人思想太保守，只要不违法乱纪，就要宽容别人的行为。各种观点不一而足。但是，这项措施刚刚实施 10 天，个性车牌的发放就被公安部以"技术原因"叫停。一叫停就是 3 年，此次个性化车牌重出江湖，不仅值得我们期待，更需要我们反思。

个性化是人性化和社会宽容的重要表征，是社会发展的必然趋势。"个性化"车牌的推出，对长期以来在"格式化"生活中沉闷已久的中国人来说，的确是一件称心如意的快事。同时，个性化车牌的推出剥夺了车管部门的选号特权，削平了由特权导致的"数字鸿沟"，有利于消除直至根除车牌选号中的腐败现象。从格式化车牌到现个性化车牌，制度正一步步趋向舒适度和开明性，迎合了私家车主们对个性化的期待心理，也正因如此才会有充满激情地为个性化而大胆尝试，以充分张扬自己的个性和情趣。尽管在大胆尝试的过程中，既有格调不高的"创意"，也有涉嫌侵权的"设计"，但我们要认识到一个真正开明、进步的社会，首先应当是尊重和乐于接受个性化的，然后才根据发展的需要和群体的选择去提倡什么，不提倡什么，这是一种接受后的客观引导而非接受前的盲目统一。

个性化必然使得社会管理和公共服务的成本上升，但这些成本不应该由公民承担。个性化车牌确有一些个人表达的文化价值，但我们民族往往喜欢"微言大义"，喜欢道德批判，喜欢整齐划一，容易束缚个性，对标新立异的事儿看不惯。加入 WTO 后，中国与世界接轨，社会总趋势是越来越开放自由——给个人更多的选择；越来越宽容——能容忍异类。个人的选择多了，对个性化的容忍多了，随之而来的问题就是社会管理的成本上升了，公众对作为公共服务提供者的要求越来越高了。以车牌为例，单调的数字和规定的字母的组合固然便于有关部门管理和识记，但却是以牺牲个性和自由为代价的，公民事实上承担了社会管理和公共服务的成本。而个性化车牌的实施，固然增加了有关部门和公职人员的工作量，但却是以"便民"为原则，政府主动承担了以往由公民承担的个性化的成本。宽容是和谐社会的题中应有之义，鼓励自由与个性，更是这个社会发展的动力和创新的活力。从这个意义上讲，政府必须转变职能，放松管制，鼓励自治，通过提供公共服务，主动承担个性化的成本，为公民解开更多无益的束缚，为社会营造更加宽松自由的氛围。

搞改革要胆大心细，"凡事预则立，不预则废"。个性化车牌尝试引发的争论和出现的问题，让有关部门始料不及，最终以"技术原因"紧急叫停也势难避免。因为没有配套的政策准备，缺少周全的效果考量和前瞻，仓促行事只能是"其兴也疾，其败也忽"。在这一过程中，我们看到了相关部门在管理上的随意性，看到了政策机制的不成熟，而这种随意性，这种不成熟，如果相关部门能够事前考虑周全一些，本来是可以避免的。在个性化车牌的酝酿过程中，政策制定者并没有为此召开过听证会或者为此准备过相关的法律文书，这就直接导致了决策之中民意不足，政策出台之后难以周全可行。个性化车牌紧急叫停之后，相关部门也没有随之给出正式的解释，一纸公告"技术原因""系统故障"，任凭广大车主云山雾罩，不仅使得公民的知情权无法得到保障，更使得政府诚信的形象大打折扣。

车牌管理改革所处的困境，其实也正是我们通常所说的"改革瓶颈"。事实再次证明，任何一项改革举措出台后，都多少会遇到一些预料不到的问题，不少具体问题只有在实践中才会发现。在很多时候,一些改革措施刚出台时,常常声势浩大,等一诉诸实施,猛然发现阻碍重重、问题多多。政策的制定者和实施者常常犹豫不决,勇往直前的锐气也因之大减。而每逢遇上这种"瓶颈",往往就是到了决定此项改革能否成功的关键时刻。因为它不仅可以检验有关部门有没有弥补漏洞的应变能力,更在考验其推动改革的决心和勇气。此时,最重要的可能是:解决问题的根本办法不是"停滞不前"或"退回原地",而是胆大心细,找准要害深入改革。开封的个性化车牌发放,事先征求了车主意见,并得到了有关部门的批准,技术人员对个性化车号牌的微机自选程序进行了最后调试。这种妥善和谨慎的做法有助于决策的科学和民主,保障政策的贯彻和执行。我们期待本次开封再度进行的个性化车牌尝试更加有序和合理,从而进一步鼓励个性化,增进社会宽容;同时更为有效地转变政府职能,促进社会和谐。

补记:

公安部 2008 年 5 月 27 日发布、2012 年 9 月 12 日修正的《机动车登记规定》,第 63 条第 1 款规定:"机动车登记证书、号牌、行驶证、检验合格标志的种类、式样,以及各类登记表格式样等由公安部制定。机动车登记证书由公安部统一印制。"

手机实名制：争论背后的思考[*]

作为中国 3.83 亿手机用户中的一员，我们几乎每天都会经历这样的体验：朋友同事发来的祝福问候让我们意外欣喜，商业广告、中奖通知等"垃圾短信"却不期而至；更加恶劣的还有强制短信服务的消费陷阱以及直接导致消费者物质损失的金融欺诈短信。各类违法短信不断演变，推陈出新，具有惊人的繁殖力和破坏力。

为了净化电信环境，整治电信市场，打击非法牟利者，2005 年 12 月初，公安部、信息产业部和中国银监会联合宣布，在全国范围统一开展手机违法短信治理工作，并拟实行手机实名制，打击国内短信诈骗横行猖獗的势力，还短信业务一片洁净的天空。之后不久，信息产业部专家也透露"手机实名制有望近期实行"。与此同时，信

---

[*]　本文发表于《解放日报》2005 年 12 月 15 日视点，发表时题为《手机实名制：争论背后的思考》。

产业部发布《关于进一步加强移动通信网络不良信息传播治理的通知》,将治理的矛头直接指向了运营商,要求基础运营商承担一些责任,对用户的有效身份进行登记,实行手机用户的实名制登记制度;并明确要求"相关电信运营企业、各移动信息服务业务经营者逐条核查所发布信息的标题和内容,对发现的问题,立即整改"。2005年12月27日,信息产业部部长王旭东明确表态:2006将启动手机实名制管理。

赞成者认为,实行手机实名制的出发点是保障社会公共安全和维护消费者权益,建立个人通信市场发展所必需的信用体系;手机实名制的推行将有效控制违法短信、垃圾短信的传播,遏制短信犯罪,使消费者的合法权益不受侵犯,享受的电信服务更为安全、可靠和安心。部分国家也已实行手机实名制,日本要求新入网的预付费手机用户向运营商提供真实的个人信息;韩国实行一户一网、机号一体的手机号码入网登记制;泰国从2005年5月1日起,要求购买预付费SIM卡的用户提供身份证或护照。

反对者对实名制的可行性和操作性表示怀疑,认为手机实名制是"通过简单的社会控制来解决复杂社会问题",增强了政府对社会的控制力,不符合服务型政府的现代社会治理模式:不仅缺乏正当的法律依据,而且可能侵犯公民的隐私权。因此,即使信息产业部加大力度执行手机实名制,经销商也会消极抵抗。目前手机市场竞争激烈,经销商为了赚钱总是千方百计。对于一些小型商贩来说,只要用户有购机需求,就会想方设法为用户开机;对于大多数经销商而言,为了向用户提供便利从而增加销量,身份审查不严、包庇纵容的事情常常发生。纵使经销商良心发现,从用户利益出发严格贯彻手机实名制,骗子也会道高一尺,魔高一丈,使出新的行骗招数。例如,通过街头巷尾随处可见的办假证的广告办理假的身份证件,有的证件制作精美,足以以假乱真,蒙混过关。为此,实名制只能成为一种"防君子不防小人"的低级治理手段。

孰是孰非,莫衷一是。

其实,在利益多元化的社会,手机实名制作为一项公共治理政策,面临激烈的争论也在意料之中,不仅凸显出公民权利意识的高涨,也折射了政府行政理念的变迁。从这个意义上讲,我们关注手机实名制,并非局限于对违法短信、垃圾短信的"围追堵截,严厉打击",而是对一项社会公共治理政策的考量:如何实现有效管理社会与保护公民权益的和谐统一。

作为一项公共治理政策,首先必须遵循的就是谦抑原则。权力尤其是政府的公权力,是一柄双刃剑,在实现高效管理社会的同时,非常容易也很有可能伤害公民的私权利。因此,面对纷繁复杂的社会现象,政府认为有必要通过行政权力来进行规范和引导的时候,必须仔细考量两个因素:第一,是否合法,具有法律的依据和授权;第二,是否必要,只有在社会自治的方式和市场化的手段"无能为力"的情况下,行政介入才能"不得已而为之"。"合法"是公共治理政策正当性和执行力的来源,"必要"则是对公共治理政策不当入侵私权的有效防备。具体到手机实名制,尽管尚无相应法律和行政法规的明文规定,却没有违背《居民身份证法》《个人存款账户实名制规定》等现有法律法规的立法原意,符合"合法"的要素;且在尝试了多种治理措施没有取得成效的前提下,推行手机实名制应对违法短信、垃圾短信,确属"必要"。

一项公共治理政策符合谦抑的原则就具有了形式上的合法性，但在进入执行环节之后，需要关注的则是如何实现实质上的合法性，即公权力与私权利的平衡。公权力介入社会治理，具有强制力和不可逆性，一旦付诸实施，极易伤害公民的合法权益。因此，必须通过程序和实体予以制约，防止政府扩权、越权，从而维护公民的私权。推行"手机实名制"，尽管有利于约束匿名短信和个别消费者的违法犯罪行为，保护大多数消费者免受垃圾信息的侵扰，最终有利于保护整体消费者的合法权益；但是不可避免地会增加消费者提供相关证件的责任，比以往的入网程序增加了环节和成本，还需要消费者让渡一部分个人隐私权。因此，必须在程序上和实体上平衡公权力和私权利。在实体上，公共治理政策的出台必须考虑配套措施，"围追堵截、严厉打击"只能实现一时的安定，治本之策必须兼顾公民的合法权益。在程序上，公共治理政策的制定和通过有必要实现公开和透明，推行政府决策的听证制度，面向社会，广纳民意，从源头上有效制约公权，防止侵犯私权。

民意调查表明，用户总体上对手机实名制的赞成度相当高，达71.4%，但也有36.1%担心隐私会受到侵犯。治理违法短信、垃圾短信的公共政策，只有同时保护公民的隐私权，才能取得实效。因此，推行手机实名制，必须同步通过立法明确查询主体、监控查询过程、公示查询结果、并且规定不当透露用户信息的法律责任，把公共利益和私人权益和谐统一起来。尤其在政府层面，手机实名制是对用户的隐私权保护提出更高要求。推行实名制是否会对用户的个人权益造成潜在的威胁、个人信息资费是否会被滥用，是广大用户所担心的问题。如果实行实名制确实是不得已而为之的必须选择，则必须同时加强对用户个人信息的保密。只有司法机关和行政机关在必要的情况下，才能通过法定程序，对个人信息进行查询。运营商及其代理机构必须对用户的注册信息进行保密，不得滥用于注册之外的其他用途。

综观手机实名制的诸多争论，我们清晰地发现：当今的社会治理模式已经不再是公权对私权的管制和命令，而是服务和合作。在这一治理模式之下，管理社会公共事务的权力不再是唯一的，即政府，而是多元的，既可以是政府，也可以是非政府组织、企事业单位甚至是社会自治。在这一治理模式下，管理不再是"我命令，你服从"，而是需要社会各个方面的共同参与、平等协商与精诚合作。期待手机实名制成为实践这一社会治理模式的样板，在实现公权力与私权利平衡的前提下，合理恰当地介入行政权力，调动运营商、代理商和消费者的积极性，共同向垃圾短信和违法短信宣战！

补记：

2012 年 12 月 28 日，十一届全国人大常委会第三十次会议通过《关于加强网络信息保护的决定》，明确规定，"网络服务提供者为用户办理网站接入服务，办理固定电话、移动电话等入网手续，或者为用户提供信息发布服务，应当在与用户签订协议或者确认提供服务时，**要求用户提供真实身份信息**"；同时强调，"国家保护能够识别公民个人身份和涉及公民个人隐私的电子信息"；"网络服务提供者和其他企业事业单位在业务活动中收集、使用公民个人电子信息，应当遵循**合法、正当、必要的原则**，明示收集、使用信息的目的、方式和范围，并经被收集者同意，不得违反法律、法规的规定和双方的约定收集、使用信息";"网络服务提供者和其他企业事业单位及其工作人员对在业务活动中收集的公民个人电子信息必须**严格保密,不得泄露、篡改、毁损,不得出售或者非法向他人提供**"。

2013年9月1日开始,我国在全国范围内对新增固定电话、移动电话(含无线上网卡)用户实施**真实身份信息登记**,严格实行"先登记,后服务;不登记,不开通服务"。

2015年1月,工信部、公安部、国家工商总局联合印发《电话"黑卡"治理专项行动工作方案》,要求自2015年1月1日至12月31日,在全国范围联合开展电话"黑卡"治理专项行动,重拳整治"黑卡"。其中包括,2015年9月1日起,电信企业要求各类实体营销渠道全面配备二代身份证识别设备,在为用户办理电话入网手续时,必须使用二代身份证识别设备核验用户本人的居民身份证件,并通过系统自动录入用户身份信息;不得委托未配备二代身份证识别设备的社会营销渠道办理电话用户入网手续,多项实名制落实措施被业内称为"史上最严"。

应急预案是政府行政能力的"试金石"*

2006 年 1 月 19 日，受郑州等地暴雪天气影响，部分由北京西站发出的列车晚点，3 万多名旅客滞留在北京西站内，给北京最大的客运站——北京西站带来了严峻挑战。面对这种紧急状况，铁道部和北京市政府积极采取措施，疏导安置旅客，并及时启动了红色预警方案。铁道部、北京市政府、北京铁路局联合组成临时指挥部，进驻西站。北京市应急办、交通委、公安局、交管局、西站地区管委会等有关部门积极配合铁路部门，加开公交车，调度出租车，增派工作人员，及时、妥善地疏导、安置滞留旅客。十余小时后，京广线恢复通车，西站滞留旅客压力得到缓解，红色预警解除。

应急预案从启动到解除，仅仅持续了十余小时，但是却最大限度、最高效率地调动了各种资源，避免了突发事件的发生，保障了公

---

* 本文系《法制日报》凌锋编辑约稿，发表于《法制日报》2006 年 1 月 25 日。

众的生命财产安全,充分体现了政府保障公共安全和处置突发公共事件的能力。此次应急预案距离国务院正式发布施行《国家突发公共事件总体应急预案》仅 11 天,无疑是对政府行政能力的一次"考试",而相关职能部门也不负众望,向社会和民众交上了一份满意的答卷。

据新华社消息,国内每年因自然灾害、事故灾害和社会安全事件等突发公共事件造成的人员伤亡逾百万,综合经济损失高达 6 500 亿元,占国内 GDP 的 6%。仅 2004 年,国内因突发公共事件造成的人员伤亡就超过百万人,直接经济损失 4 500 亿元。从历史上看,我国就是世界上自然灾害频发的国家之一,灾害种类多、发生频度高、损失严重。但从现实看,随着经济转轨、社会转型、利益重新调整,不确定、不安全、不稳定因素不断增加,矛盾集中凸显和社会冲突高发也不可避免。尤其是现阶段对社会和经济波动起抗衡和缓冲作用的综合社会保障尚未健全,突发公共事件如若处置失当,极有可能引发诸多社会危机。非典、禽流感等公共危机的发生,一方面引发了民众的关注,锻炼了政府的应急能力;另一方面也警醒了我们:"防不胜防"非但不是拒绝制度的理由,反而正是急需制度的原因。

人类为什么选择"社会"而非"自然"作为生存的模式,一个很重要的原因,就是人与人互相联系而形成的"社会"可以分工协作,集合众人的强大力量,避免个体的势单力薄,抵御各种未知的自然灾害和突发的社会危机。政府作为行政职能的行使者和公共服务的提供者,最大限度地预防和减少突发公共事件及其造成的损害,保障公众的生命财产安全,是其不可推卸的职责。那么如何落实这一职责,从而提高保障公共安全能力,维护国家安全和社会稳定呢?

俗话说，凡事预则立、不预则废，科学的预案是效率的要素。面对突如其来、波及面广、牵涉者众的各种突发公共事件，只有编制科学的应急预案，才能避免"束手无策、茫然无措"，防止"各自为政""急中生智"，做到"有条不紊、有备无患"。

任何制度的实施，现实与文本之间总是存在差距，应急预案也是一样。因为只有在信息充分、透明的前提条件下，应急预案才能起到最佳的效果，达到预期的目的。因此，编制科学的应急预案，提高政府应对危机、管理危机的能力，须在信息传递上着力、发力。

首先是部门与部门之间的信息传递。长期以来，我们一直缺乏一个统一的公共安全管理的信息平台，涉及公共安全管理的工作，仍分散于安监、公安、卫生、工商、药监、人防等多个职能部门，各部门习惯于分兵把守、各自为战，缺乏有效的信息传递渠道和主动合作机制。在信息不充分的前提下，各种隐患往往得不到及时消除，一旦突发事件发生，只能借助"现场办公会""通气会"等行政协调机制，缺少信息传递的制度保障。而此次疏导安置旅客应急预案的一个亮点，正是交通和铁路部门打破了部门的界限，互相通报和交流信息，在各自职能范围内，既分工，又合作，形成合力，最终成功地应对了危机。

其次是部门与地方之间的密切合作。各种突发公共事件，无论是自然灾害、事故灾难，还是公共卫生事件、社会安全事件，既涉及中央有关部门，又与发生地的各级人民政府密切相关。中央有关部门长期应对和管理危机的经验，有助于科学决策，在突发事件涉及多个省份、多个县市的时候，还起到不可忽视的协调作用；而发生地的人民政府，往往是突发公共事件最早的知情人，熟悉当地的实际情况,可以高效、充分地调动本地资源,有效地预防和减少突发公共事件及其造成的损害。应对和管理危机,部门和地方都是关键的因素。然而,"条块分割"的行政体制、屡禁不止的"地方保护",往往在部门与地方之间隔上了一堵无形的墙,不仅信息传递困难,合作也受到各种因素的干扰。因此,加强中央有关部门与发生地政府的密切合作尤为重要。此次应急预案获得成功,一个不可忽视的原因就是铁道部与北京市政府的及时、密切的合作。

再次是政府与民众的紧密互动。广大民众既是各种突发安全事件的受害者,同时又是抗灾救灾、应对危机的主体。因此,政府能否将自己所掌握的、涉及民众生命安全与健康的信息,及时充分地告知民众,对于稳定民众心态、动员民众力量,具有重大意义。十几天前,北京东三环路京广桥塌陷,事故发生的当天早上,北京市民就收到了交管部门发来的提示手机短信:东三环发生漏水事故,请市民绕行,北京的广播、电视等多家媒体也开始滚动播发提示信息。在北京历史上第一次大规模信息提示下,当天的北京交通早高峰总体通畅,令人担心的大堵车并没有出现。政府对民众知情权的尊重和保障,不仅赢得了民众的理解和支持,而且有助于危机的化解和事故的解决。非典、禽流感、哈尔滨水危机等突发事件的解决,无不说明这样一个道理:越是阳光和透明的政府,越会得到民众的支持和信赖,保障公共安全、应对各类危机的能力也越高。

民间反扒：离"天下无贼"有多远[*]

或许是我们无意的疏忽，或许是他们刻意的隐藏，当民众趁着黄金周尽情休闲时，一支特殊队伍却在城市的街头坚持"上岗"：他们着装普通，目光却机警地扫视"第三只手"；他们身份各异，老少皆有，却个个身手敏捷。他们就是活跃在老百姓身边的民间反扒志愿者。目前在中国，几乎每个城市都有民间反扒高手，河北的苑国栋、西安的刘孝雨、郑州的聂光增，"痛并快乐着"，成为民众关注的人物和舆论争议的焦点；而南京、武汉、厦门、宁波、广州等地，民间自发组织的"反扒同盟""反扒大队"也如雨后春笋般建立起来，进一步壮大了民间反扒力量。

民间反扒高手和反扒团体在出现之初，得到了政府部门的支持和肯定，也受到了广大民众的赞赏和欢迎。他们既威慑了犯罪分

---

* 本文系凌锋编辑约稿，发表于《法制日报》2006 年 5 月 15 日"法治时评"。

子,弘扬了社会正气,又缓解了当前警力不足所导致的"心有余而力不足"的执法困境,更是符合人们嫉恶向善、扶危助困的普遍道德准则,具有道德示范意义。媒体更是为民间反扒提供了宽松的舆论氛围,一些论者高调指出,民间反扒现象的出现,预示着市民社会的萌芽和雏形:公民正以主人翁的姿态自觉而广泛地参与社会活动和社会治理,有利于提升社会的道德水准,促进社会群体的和谐,更有利于推动政府治理方式的进步。

然而,随着反扒力量的壮大和反扒实践的深入,一连串的问题也相伴而生。反扒高手们看似风光无限,令不少小偷闻风丧胆,但却又时常被小偷诬陷、围攻,得不到群众的支持和理解;家庭成员也时常受到威胁和恐吓,人身安全得不到有效的保障;由于反扒往往吃力不讨好,家庭生活也陷入困境;甚至在反扒时负伤就医也得自掏腰包。英雄流血又流泪,伤身又伤心的事情屡屡发生,让我们唏嘘不已、心痛不止。"路见不平一声吼",出于道德自律的民间反扒堪称义举,但是民间反扒本身又存在不可忽视的局限性:反扒活动具有侦查性质与治安查处性质,公安机关是反扒活动唯一的法定主体,民间反扒高手缺乏执法权限和执法手段,民间反扒组织缺少法律授权不具有合法性。"南京反扒志愿者违法铐人""佛山反扒高手涉嫌故意伤害",这些反面案例的出现,折射出民间反扒正游走在道德与法律的边缘,处于争议的境地。

民间反扒作为一种私力救济方式,固然有其合理和积极的因子,但是我们必须看到这种救济方式是建立在对法治秩序不信任和不服从的基础之上的,所仰仗的并非是法律的权威而是个人的道德。因此,这种救济方式具有极强的随意性、任意性,既不稳固更不可靠。但是,民间反扒在中国多个地方的兴起,在某种程度又反映了当前治安状况的隐忧,迎合了民众对良好社会治安的渴求和对参与社会事务的参与热情。既然公力救济比私力救济更为稳固可靠,更加符合法治的原则,那么目前社会上私力救济的存在甚至盛行是否意味着公力救济的不充分和不及时? 这也促使我们反思当下公力救济的力量是不是过于薄弱? 途径是不是不够通畅? 成本是不是太高了? 效率是不是太低了?

一边是道义上的高歌猛进,一边是法律上的徘徊游离,民间反扒究竟何去何从? 我认为,民间反扒的热情,不容打击,因此业已形成的反扒团体既不能放任自流,更不能解散了之。有关政府部门可以借鉴厦门、宁波、武汉等地的经验,通过政府购买社会服务的方式,整合现有的反扒资源,加强民间反扒组织的队伍管理、方向引导和业务指导,作为社会治安管理的必要补充。我们更提倡一种理性合法的参与方式,加强自我保护意识,参与民间反扒要量力而行;同时,规范反扒的细节,做到帮忙不添乱,反扒不越权。因为一切合理的诉求,最终也要用合法理性的方式来实现。

"天下无贼",这一理想社会图景的实现,光靠冲动的拼命三郎、蛮干的唐·吉诃德是远远不够的,我们需要保持傻根式的单纯与善良,促进社会的宽容和公平,避免仇富心态的蔓延和贫富差距的悬殊。我们还需要苑国栋等民间人士的道德情怀和热情参与,调动一切可以调动的力量,整合一切可以整合的资源,依靠自律和他律落实社会主义法治理念,促成社会主义和谐社会的构建。我们更需要借鉴厦门、宁波等地方政府宽容的心态和宽广的胸怀,引入民间力量的同时加强自身素质,优化执法手段,提升治理水平。"天下无贼",离我们其实并不远。

补记：

据媒体报道:2007 年,海口 3 名反扒志愿者被十多名小偷报复性殴打成重伤,公安机关当天立案侦查,11 名犯罪嫌疑人 24 小时内全部落网;2008 年,深圳一名公交车售票员因收取反扒保安的车费,被反扒保安用手铐铐在公交车上;2010 年,大连"猎鹰"反扒队员误打一市民,致其轻伤,因故意伤害罪获缓刑;2015 年 12 月 24 日,来自曼谷的泰拳王阿桑加盟漳州反扒队——龙溪猎鼠队,并担任泰拳教头。民间反扒褒贬参半、毁誉兼具,到底是警力的有效补充,还是陷入情法夹缝中的争议组织,仍在争论中前行。

手捧鲜花和街头抓拍[*]

从 2006 年 5 月 8 日开始,上海市便衣交通协管员已经在黄浦、卢湾、静安三个区开始了他们的抓拍乱穿马路者行动。当天各区每个路口都抓拍了上百张照片,这些照片将送交区文明办,经过删选,由文明办组织在其单位内部展览曝光。同时,市文明办透露,这些照片也将在沿街商务楼宇内公示,相关方案目前已在商榷。

乱穿马路,是国人久治难愈的顽症,"中国式过马路"甚至成了一种不文明的代称。上海将乱穿马路者照片示众,公开违规者的不文明行为,借助舆论压力,提升公民素质,不失为一种"治顽"的尝试,也确属当前的无奈之举。然而,这一尝试却引发了社会舆论激烈的争论。赞成者认为,文明陋习的整治存在着容易反复的弊端。

---

[*] 本文系《解放日报》华伟编辑约稿,发表于《解放日报》2006 年 5 月 16 日观点版,发表时题为《整治行人违章:文明法治,既是目标也是轨道》。

在商务楼宇内公示,目的是为了警示,提醒市民时时刻刻记住文明行路,不但保证城市形象,重要的是也保证自己的安全。反对者认为,执法者是以违背执法文明的手段来纠正老百姓的不文明行为,需要予以纠正和改进。

笔者认为,尽管此举是不得已而为之,但却存在明显的瑕疵。首先,缺乏法律法规依据。对违法者进行曝光虽是创新举措,但直接影响到对违法者的社会评价,并没有相应的法律和地方性法规予以支持,违背了行政处罚法定的基本原则。其次,公民合法权益受到伤害。无论出于何种目的,任何个人或组织复制、传播公民的肖像,都应征得公民的同意,除非具有法律授权(如发"通缉令"等),否则就构成对肖像权的侵害。再次,曝光程序存在瑕疵。交通协管员本身并不具备行政执法资格,不能从事对违法行为的调查工作。而组织曝光的文明办更非行政执法机关,未经授权不能对违法者进行"名誉罚"。最后,救济途径缺位。行政处罚行为有着非常严格的法律规定,至少行政机关在作出行政处罚决定之前,应当告知当事人作出行政处罚决定的事实、理由及依据,并告知当事人依法享有的权利。而众多的被拍照者在被曝光前,对自己将要面临的处境并不知情,更无法主张申辩的权利,没有救济的途径。

其实,"将乱穿马路者照片示众"这一做法所引发的争论并非是孤立的。为了进行有效的社会治理,行政权力在运行的过程中不可避免地会与公民的自由权利发生冲突,进而不当地介入公民自治的自由空间。那么如何才能避免公权力和私权利的冲突,平衡公共利益和公民权益呢? 这就要求我们的政府在制定公共政策、进行社会治理时,遵循行政法治中的帝王条款——"比例原则"。比例原则包含三个层面,首先是妥当性原则,即行政权力介入社会生活应当有利于法定目的的实现;其次是必要性原则,即政府在实现某一法定目的时,如果存在多种可以选择的手段,但这些手段对公民权利的限制程度各不相同,那么政府就应当选择对公民权利限制最小的手段;最后是均衡性原则,即政府权力运行所保护的社会公共利益必须大于可能对公民权利所造成的损害。

以此考量,将乱穿马路者照片示众既不妥当,也非必要;更为重要的是,曝光对当事人所造成的伤害远远超出了维护交通秩序的需要,并不均衡。"上海女硕士乱穿马路被行政拘留10天"一事被媒体曝光后,当事人无法承受社会和单位的舆论压力,无奈辞职,从此销声匿迹,就是一个"不均衡"的典型例证。在公共治理领域,这种"大炮打小鸟、杀鸡用牛刀"式的执法方式并不少见,这不得不让我们反思政府制定公共政策的逻辑和方式:即政府如何通过实体和程序的规范,把权力与权利的平衡转化为利益与利益的衡量,对个人利益与公共利益仔细加以考量和斟酌,避免失当的手段,达到合理的结果,用平衡的方法来实现法治的正义精神。笔者认为,政府在制定公共政策时,首先应当考虑的是自己所提供的公共产品与公共服务是否已经充分、高效和及时。如果市民随意吐痰或便溺,是因为政府建造的卫生设施和公共厕所不足,那么政府需要做的是完善这些公共设施而非通过罚款等手段来制止这些现象。如果市民乱穿马路,是因为交通设施不完善,缺少人性化安排,对行人需求考虑不足,人行横道相隔太远,红绿灯时间设置不合理,那么政府需要做的是及时进行完善和调整,而非将乱穿马路者照片示众。其次,政府应当考虑的是所采取的执法手段是否平衡了公共利益与公民权益。如果公共利益的实现,是建立在公民权益被忽视和轻视的基础之上,那么所形成的社会秩序是极其不稳固的,不仅容易导致公民的不信任,而且可能引发对立的情绪,并不利于社会的和谐。最后,政府应当考虑的是如何对公共政策进行成本—效益分析,在各种可能采取的方案中,选择效益成本比率最大的方案;在各种可能采取的方式中,选择既能实现行政行为的目的,又能最大限度减少行政相对人损害的方式。从这个角度看,应对行人乱穿马路的现象,目前有两种公共政策值得称道:一是杨浦区采取的"鼓励式"政策,在杨浦区街头,手捧鲜花的志愿者向红灯时第一个等候过马路的行人献上一枝鲜花。这种公共政策避免了对立的情绪,更加人性化和温馨,更容易被市民所接受和认同。二是武汉市采取的"潜在性影响"政策,市民的交通违章等行为将被记录在"市民道德档案"之中,这些信息不向社会公开,但是对个人信用将产生潜在性影响。这种公共政策避免了对市民合法权益的直接伤害,通过潜在性的个人信用影响,促使市民提高文明素质。

补记:

据媒体报道,近年来,哈尔滨、鞍山、黔东南州、南昌、长沙等地陆续开始抓拍行人乱穿马路并通过各种方式予以曝光,以期整治交通陋习。《长江日报》2015 年 11 月 18 日报道,武昌区在全市率先安装启用行人闯红灯自动抓拍系统,在 3 个人流量大的主要路口安装 5 处大屏,实时对行人闯红灯行为进行抓拍曝光。该"抓拍神器"由红绿指示灯、LED 显示屏、户外摄像头和户外音响组成,并有终端处理器对视频进行储存和播放。它具备三个功能:一是语音提示,红灯亮时提示行人"当前红灯状态,请在待行区等候"的警示提示音,具有警示教育意义。二是定位抓拍,对违法行人实施定位抓拍,针对性更强,为执法人员提供依据。三是实时曝光,在大屏幕上清晰显示行人闯红灯的全过程,并滚动播放,加强震慑作用。据"抓拍神器"技术人员介绍,对于闯红灯行为,摄像机会录下整个过程。同时,系统会抓拍四张照片:当信号灯变成红灯,若有行人越过等候区,系统抓拍第一张照片,同时发出语音提醒;行人不顾提醒,走到斑马线中间时,会被抓拍第二张照片;若行人继续前行,将被抓拍第三张照片;第四张照片为闯红灯者的特写,能清晰显示其全貌。20秒钟内,闯红灯视频和行人脸部特写照片会自动上传至数据库,并在系统中央的 LED 显示屏上滚动播放。如果同一人在同一路口闯红灯超过 20 次,将会在全市所有安装系统的路口播放。

养犬立法要避免"两头不讨好"的尴尬[*]

随着生活水平的提高,饲养宠物尤其是养犬,已经成为城市中不少家庭的一种生活情趣,甚至一种生活时尚。爱犬人士认为,狗是人类最忠实的朋友,养犬可以增添家庭乐趣;在老龄化越来越严重的大都市,狗还是老年人最好的伴侣。但在不少反对养犬的市民看来,狗屎遍地,污染环境;狗吠扰人,四邻不宁;无证养狗,随意弃狗;恶狗伤人,犬病难防。狗本无辜,但因为狗,划分出泾渭分明的两个利益群体,引发了不少矛盾和对抗。

据上海一项民意调查显示,约有50%的被调查者赞成城市家庭养犬,而另有50%左右极力反对。然而出奇一致的是,大部分的被调查者都要求加快地方立法步伐,规范城市家庭养犬。如此"势均力敌"的民意碰撞,在近年来的地方立法中还真不多见,这无疑也加

---

* 本文发表于《晶报》2009 年 11 月 15 日"法眼旁观"专栏。

重了立法的难度。虽说"立法就是在矛盾焦点上砍一刀",但这一刀砍在哪里,却直接涉及养犬市民和不养犬市民的切身利益,决定了养犬引发的种种矛盾能否顺利化解;立法者稍有不慎,就会陷入到"两头不讨好"的尴尬境地。

要避免尴尬,首先要理顺科学养犬的管理体制,明晰政府职责;而养犬办证收费,则是争议最大的一个问题。政府如果以收费代替管理,以经济成本调控养犬数量,一旦政府的管理和服务不到位,加上收费不合理,市民最理性、最经济的选择恐怕就是放任自己的宠物成为"黑户口"。据上海市公安部门统计,全市至少有60余万条宠物犬,但只发放了14.7万张犬证,有将近3/4的宠物犬没有办证。还有相当数量的犬未注射狂犬病疫苗,存在内源性狂犬病的隐患。同时犬咬人案件也不断上升,每年有上万次的犬咬人意外发生。

不少市民不办证一个很重要的原因,就是认为"市中心2 000元、环线内1 000元、郊区100元"的收费偏高,资金的流向和使用不透明,且相关的服务跟不上。比如市民养狗,需要打交道的部门和机构就有公安、畜牧兽医、卫生、工商、城管、街道居委会、小区物业以及宠物协会等,顺利走完流程,少说也要一周的时间。而同为国际化大都市的香港,管理的模式就要更科学一些。市民凡是饲养5个月大或以上的狗只,同样必须申领牌照,但是申请牌照并不需要耽误太多时间,可以在为狗只注射狂犬病疫苗或者植入微型芯片时一并办理;而领取牌照的方式也很便捷,既可以到渔护署辖下的任何一间动物管理中心及发牌中心领取,也可以通过已注册的兽医诊所或爱护动物协会代为领取。狗牌照的有效期限是3年,且费用低廉,由授权公职人员植入晶片和施种疫苗的狗只的牌照费用是80港币;有授权的私人执业兽医植入晶片及施种疫苗的狗只的牌照费用是46港币加额外的服务费。由于手续简便、费用低廉、服务到位,加上高额的罚款,香港很少有市民选择让宠物做"黑户"。一旦宠物上了牌照,意味着已经植入了晶片,根据编号就可以查找到主人的资料,不仅避免狗只走失或者被遗弃,也为政府部门实施行政管理提供了不少便利。

要避免尴尬,政府还要善于发动社会自治力量。面对日益纷繁复杂的社会,政府的行政权力介入社会生活,有时不能缺位,如环保、交通;有时不能越位,如公民私域生活;但也不能事无巨细,事必躬亲,无孔不入。一方面,全能政府模式只会加重行政成本负担,降低行政管理效率;好钢用在刀刃上,一个现代化的政府,应当把有限的公共资源以效益最大化的方式投入到最需要的领域;另一方面,这也不利于公民市民社会的发展和社会自治的形成。

在处理养犬等利益博弈激烈的问题上,政府行政权的介入应当与社会自治力量有机结合。政府既要提供施加疫苗等必要服务、加强对烈性犬的管理、划定宠物禁止进入的公共区域等,又要充分发挥业主委员会等社区组织、宠物协会等NGO组织的作用,引导民众在日常生活中学习、掌握自治的本领,当出现不同群体的利益冲突时,学会以谈判、协调、互谅、让步的方式化解矛盾和冲突。这种"柔性化"的管理方式,可以避免地方立法和行政管理"一刀切"的简单化方式,充分考虑不同社区、人群的特点,通过自治来体现特色;还可以通过各种类型的活动,消除养犬家庭和不养犬家庭之间的隔阂,营造人与动物和谐相处的社区环境。自治组织的有序发展是个双赢的路径,对民众而言,是民主能力的培养和民主精神的洗礼;对政府而言,是城市管理水平的提升和利益协调能力的升华。

要避免尴尬,还要充分考虑现有的制度资源以及市民自律的道德力量。对于前者,已经实施的民法通则和最高立法机关正在审议的侵权责任法,都对饲养动物致人损害作出了明确规定,民事侵权责任不仅是事后救济机制,也有利于事前的预防,提醒饲养宠物的家庭尽到必要的注意义务、规避相应的风险。再比如现行的保险法,也给宠物保险留下了必要的制度空间,通过保险来分担和化解风险,也可以协调养犬市民和不养犬市民的利益冲突;对于后者,可能比一部规范养犬的法规来得更加重要,因为再严格的执法也比不上市民自律的效果好。人与动物和谐相处,本身就是社会文明的一种体现,而市民之间就养犬问题的互相体谅和理解,更会是社会进步的重要表征。

补记:

1994 年 11 月 30 日,北京市十届人大常委会第十四次会议通过《北京市严格限制养犬规定》,自 1995 年 5 月 1 日起施行。据了解,这是北京市第一次对养犬立法,也是全国第一个。路学长导演,葛优、丁嘉丽等主演的电影《卡拉是条狗》正是以此为背景,引发了社会的广泛讨论。

据媒体报道,仅 2015 年,就有南宁市、吉林市、兰州市、西宁市、珠海市、青岛市、南昌市等启动了养犬地方性法规的制定或修改工作。此外,荆门、九江两市获得设区的市地方立法权后,正在积极推动养犬立法。

"一路畅通"并非遥不可及的梦想[*]

2006 年 11 月 5 日,中非合作论坛北京峰会顺利闭幕,当晚北京市民大都收到了市政府发来的感谢短信。诚如短信所言,峰会期间,路面车流量明显减少,早晚出行高峰十分平稳,交通流量、拥堵报警数量比平日明显减少,离不开广大市民的理解、配合与支持。一位朋友在接到短信后,半开玩笑地说:"北京每天都开峰会就好了,上班也能省点心。"这话虽说带有几分调侃,但却代表了不少市民的期待:峰会已经胜利结束了,北京的交通能否继续"一路畅通"?

从峰会期间的交通状况看,北京的交通达到"一路畅通",并不是什么遥不可及的梦想。关键是要以峰会为契机,把峰会期间的交通管制措施作为一项具体的公共政策,仔细分析其得失;同时,作为

---

[*] 本文系阮占江编辑约稿,发表于《法制日报》2006 年 11 月 8 日评论版特约评论员文章,发表时题为《期待交通管制的权宜之计早成长久之策》。

一次难得的公共实验,共同评估其效用。

交通管制是《人民警察法》《戒严法》等法律赋予公安机关履行职责时采用的带有强制性的一项管理措施,目的是维护社会秩序,保护公共利益。近年来,随着社会的发展,重大政治、经济、文体等活动日趋频繁,加之不少城市的交通状况不容乐观,实行交通管制的几率不断增加。交通管制是对行人和车辆"路权"的一种限制,与社会公众的切身利益息息相关,因此虽是一项管理职权,在一定程度上也应被视为一项公共政策。但在实践中,不少地方交通管制的审批权限和管理手段混乱,不仅影响了公共政策的执行力,也限制了公民的合法权益。《人民警察法》规定,县级以上人民政府公安机关在特定情况下可以实行交通管制;《戒严法》规定,戒严期间,戒严实施机关可以决定采取交通管制措施。但不少地方交通管制的实施与否,全凭领导的一个批示或口头部署,既没有科学论证,也没有书面记录;既不规范,也不科学。各地公安机关实施交通管制的手段也是五花八门,各显神通:有的把警车横向停放在路中间,任何人员、车辆休想通过;有的随便制作一块牌子,上写:"禁止通行,请绕行"竖在路中间。这些交通管制手段既没有事先告知,也没有事后明示,往往使得社会公众一头雾水,无所适从。

而此次峰会期间北京的交通管制措施却收到了预期的效果,不仅缓解了交通拥堵的状况,且得到了广大市民的理解和支持,其中不少临时措施甚至有望实现常态化。"法宝"何在?笔者总结有其三:

其一是公共政策公开透明。从制定层面看,在作出交通管制的决策之前,有关部门征求了各个方面尤其是普通民众的意见,力争取得共识；在市政府致市民的公开信中，详列了采取交通管制的原因和必要性，确保得到理解。从执行层面看，交管部门首次通过"交通预报"的方式，提前一日发布次日交通管制路段、绕行路线；充分利用报纸、网站、电视、广播、手机短信、交通信息屏等媒介，及时发布管制信息。此次交通管制措施的制定和执行过程公开透明，既尊重了民众的知情权和参与权，也充分考虑了民众出行的不便，最终获得了民众的理解和支持。

其二是政府民众良性互动。一直以来，有关部门把破解北京交通拥堵这个大难题的着力点放在交通建设与管理上。然而，路越修越长，越修越宽，处罚越来越严，但拥堵的状况却没有大的改观。究其原因，就是没有实现政府与民众的良性互动，有关部门偏重于"管"，偏重于对硬件的依赖，但忽视了"疏"，缺少人性化的服务。此次交通管制与以往不同之处，就是更加重视"互动"：政府以身作则按比例严格封存公车，带动市民减少私车出行，鼓励公共交通；通过各种方式告知公众外宾主要行车路线和交通勤务高峰时段，便利市民出行。政府与民众之间的"隔膜"一旦被消解，"互动"的结果，正是"互信"和"共赢"。

其三是民间组织的自治能力。民间组织是政府与民众的桥梁和纽带，一方面，通过及时、如实地反映和表达利益诉求，来影响公共事务的决策，提高公共政策的正确性和可行性，减少矛盾的发生；另一方面，民间组织能够通过非正式的渠道，缓冲、协调和化解利益主体之间的矛盾，并以主体姿态凝聚人心、参与社会治理。峰会期间交通状况得到缓解的一个很重要原因，就是环保组织、车友会等民间组织的呼吁和倡议。峰会召开之前，504 家车友会、环保组织、大学生环保社团,联合媒体,发起了"绿色出行·奔向奥运——少开一天车在行动"的活动,向广大车友和市民倡议:在 11 月 2 日、3 日不开车,4 日、5 日少开车。407 家车友会的 411 685 位私家车车主承诺在中非合作论坛期间不开私家车,并付诸实际行动。从此次峰会期间广大民间组织的作为来看,民间组织的发展壮大,既顺应了时代发展的需求,又促进了民意的融合和民智的集中,有利于公共政策决策的科学和执行的高效。

禁摩再起风云,程序优先实体[*]

　　我的家乡是江苏的一座小城。小时候,家里有辆摩托车,因为父亲的单位离家比较远,所以我就时常搭便车跟着去兜风。后来到上海求学,来北京工作,发现街面上开摩托的人很少,而且越来越少。一开始以为是生活习惯的差别,慢慢才知道非不想开,乃不能也。

　　近日"禁摩"再次成为媒体聚焦的热点,起因就是郑州市从11月15日起在市区实行全面"禁摩"。其实从全国范围来看,对摩托车实施限行的大中城市已经接近150个。各个城市的经济发展水平、道路交通状况、市民生活习惯都有很大的差别,在"禁摩"的问题上可以说没有什么横向比较的价值,只是一个因地制宜的政策选择。

---

　　[*]　本文发表于《晶报》2007 年 11 月 15 日"法眼旁观"专栏。

"禁摩"的理由大同小异,无非就是四个:一是道路交通日趋饱和,道路建设远不能满足车辆增长的需求;二是摩托车和微型车技术性能较差,车速慢,容易发生车辆机件故障,影响其他车辆的行使;三是摩托车和微型汽车相对而言对环境造成的污染也更大;四是微型车普遍档次低,外观不好看,有损城市形象。

每次与"禁摩"有关的争议,都对这几个实体理由提出了或多或少的质疑。而郑州"禁摩"讨论却"不同凡响",质疑的不是实体理由,而是与程序紧密相关:由于消息发布突然,过渡时间短暂,不少市民表示并非反对"禁摩"本身,而是对禁令出台的方式有异议。从对实体理由的讨论,到对决策程序的质疑,这是此次"禁摩"讨论的一个亮点。

一项公共政策的出台,或多或少会对各个社会群体产生影响。因此,是否将对民生的影响纳入决策的程序,直接影响到这项公共政策制度设计的科学性和具体实施的操作性。如果没有民意的积极介入,公共政策即使得到不折不扣的执行,也会因为遭遇民众的"日常抵抗"而在价值和效用上大打折扣,甚至完全有悖于制定政策的初衷。如果以摩托为谋生工具的民众的就业、以摩托为运输工具的民众的替代工具、未到报废期限的车主的补偿、"禁摩"之后的公共交通是否便利和低廉等问题,未能在公共政策的制定过程中得到讨论、博弈直至明确,期待民众以公共利益的大局为重,实在有些强人所难。

对于"禁摩"的实体理由,公说公有理,婆说婆有理,政府管理部门和普通社会民众很难达成共识,这个难题可以通过中立的第三方的调研、分析、论证来解决。但"禁摩"的程序正义,恰恰需要公共政策的制定者以宽容的心态来接纳普通民众的参与讨论乃至质疑批评。公共政策的制定者必须彻底放弃"一禁了之"的简单化做法,用更加公平公正、符合法律法规的方式去分配城市资源,协调不同利益群体之间的矛盾冲突,才能保障每一个公民在国家法律框架下生活和生存的空间。

补记:

据媒体报道,全国已有上百个城市发布了"禁摩令"或"限电令"。2004年,备受关注的全国首例市民质疑"禁摩令"案在长沙市岳麓区人民法院审结,原告刘铁山败诉。2015年8月,合肥老人李荣寿认为"禁摩令"的制定于法无据,在庐阳区法院提起诉讼,请求撤销交警部门的处罚决定,一审被驳回。

宋庄风云的标本意义[*]

曾去拜访某欧洲国家驻华使馆，一位工作人员指着一幅画，不无自豪地告诉我们："看，这是宋庄画家的作品！"宋庄?! 一个陌生的村庄名字在我的脑海中不断浮现，直到我亲身去参观了这个被称为"画家村"的艺术聚居地。

宋庄画家村，始于 1994 年。由于圆明园画家村被解散，促成了以圆明园艺术家为主力成员的集体大迁移，至今形成了颇具规模并不断完善和扩大的自由艺术家群。在今天，以小堡为核心的宋庄画家村，聚集了来自全国各地的数百名自由职业艺术家及相关产业的文化人士；他们购买了农民房屋安家，进行创作。

然而，2007 年年底，随着宋庄画家李玉兰与农民马海涛的宅基

---

* 本文发表于《解放日报》2008 年 1 月 10 日观点版，发表时题为《宋庄风云的标本意义》。

地房合同纠纷案尘埃落定,原本宁静祥和的宋庄随即产生了一阵骚动和不安:宋庄的村民们蠢蠢欲动准备上诉要回房子,宋庄的艺术家们天天聚在一起苦思对策,宋庄镇的各级政府部门也在四处奔走希望通过和谐的方式平息这场风波。

这是一个标志性的案件:作为宋庄13起村民诉画家退房案中已有终审判决的第一案,它的意义和影响已远远超出了案件及双方当事人本身。因为它不仅将影响到其他12起同类案件的诉讼结果,影响到一个产业的持续发展,关系到一个村庄的经济命脉,而且也将在更深层次上触及农村宅基地流转的现行法律制度。

关于宅基地流转的问题,一直是各界争论的焦点。从《物权法》向社会公开征求意见的大讨论,到国土资源部在2007年接二连三的"风险提示",再到国务院常务会议措辞严厉的"再次重申""城里人不能到农村买房""宅基地不能卖给本集体外成员""小产权房无法合法化",已经是板上钉钉的事。宅基地流转"无异于剥夺了农民处分自己财产的权利","不会导致农民流离失所,不会造成农村社会不稳定","有利于促进城乡统筹发展、加快城镇化进程",对于专家和民众,该说的已经都说了,该表达的利益也已经摆上了台面,但最终决策的考量却依然落在了"严格规范和控制"上。这绝不是改革的最终结论,而只是一个阶段性的方案,但对于业已形成规模的"画家村""小产权房"的交易双方来说,却是实实在在的利益纠葛。

正如一位时评家所指出的,即使法律存在明显的缺陷,在没有被修改补充之前,法官也必须予以适用,而不得随意弃之不用,否则就是违法。因此,"在原则性的问题上,我们决不能指望司法去越位解决立法的问题"。在法律、法规业已定调的大背景之下,李玉兰案的终审判决既是意料之中的事情,也有意料之外的惊喜:"出卖人在出卖时即明知其所出卖的房屋及宅基地属禁止流转范围,出卖多年后又以违法出售房屋为由主张合同无效,故出卖人应对合同无效承担主要责任。对于买受人信赖利益损失的赔偿,应当全面考虑出卖人因土地升值或拆迁、补偿所获利益以及买受人因房屋现值和原买卖价格的差异造成损失两方面因素予以确定。"

终审判决后面的"小尾巴"意义不可小觑,这意味着法院正在现行体制之内,寻求诉求变通的方法和利益平衡的途径。被指责为"见利忘义"的农民马海涛的利益受到了现行制度强有力的保护和支持,但同时也必须承担"明知合同违法而为之"的主要法律责任。面临腾退农家院,即将无家可归的画家李玉兰,虽然其信赖利益无法撼动法律的禁止性规定,但全面补偿的终审判决在使其利益得到维护的同时,也有了更多的谈判资本。

制度设计之外,还有更加深刻的经济动因。一是卖宅基地农民向法院起诉,绝非无风起浪,而是村庄渐渐纳入城市的版图,导致地价房价大幅度上涨,使其"心理预期利益"受损才会"背信弃义""铤而走险"。二是地价上涨的原因,除了城镇化的进程,更主要的是艺术这一创意产业的推动。根据宋庄艺术促进会的统计,2006年宋庄文化产业投资3.2亿元,全年利税3.5亿元,创历史新高。艺术家作品公开拍卖,成交额近亿元。其中小堡村2006年总产值高达3.5亿元,上缴利税1816万元,人均纯收入1.2万元。数字转换成现实就是:如果画家们被赶出宋庄,村民们短期得到的是曾经卖出的农家院,长期失去的将是创意产业持续发展的利好和分红。

制度考量之外,最需要我们反思的还有政府在宅基地流转纠纷中所扮演的角色:所谓的"风险提示"在"画家村""小产权房"初成规模之时为何不见踪影,而要在遍地开花之后搞个"釜底抽薪"?是因为相关产业发展带来税收上升而视而不见,不忍下手,还是因为工作懈怠而失察,未能及时尽到法定职责?如果说卖房农民要承担买房画家的"信赖利益"损失,那么或许更应该担当起责任的还应该包括:为房屋转让合同作"信用背书"的村委会、未能及时履行法定职责导致纠纷发生的地方政府。

宋庄作为一个符号、一个样本,再次用事实说明了,艺术来源于生活,来源于田野,来源于基层。巴黎的巴比松村、纽约的格林威治村,伦敦东区、柏林的普伦茨劳贝格区等艺术家聚集地的发展历程同时也告诉我们:一个政府用什么方式去对待这些艺术家,也会用同样的方式去对待本国国民和民族文化;一个政府对这些艺术聚集地是否具有海纳百川的胸怀,将成为人权保障、言论自由、文化保护、艺术推动的标杆。我们坚信,政府将在现行制度设计、双方权益保护以及艺术产业发展之间做好利益平衡。这对执政智慧是一次考验,也是一个挑战。

补记:

为了落实农村土地的用益物权,赋予农民更多财产权利,深化农村金融改革创新,有效盘活农村资源、资金、资产,为稳步推进农村土地制度改革提供经验和模式,十二届全国人大常委会第十八次会议决定:授权国务院在北京市大兴区等232个试点县(市、区)行政区域,暂时调整实施《中华人民共和国物权法》《中华人民共和国担保法》关于集体所有的耕地使用权不得抵押的规定;在天津市蓟县等59个试点县(市、区)行政区域暂时调整实施《中华人民共和国物权法》《中华人民共和国担保法》关于集体所有的宅基地使用权不得抵押的规定。上述调整在2017年12月31日前试行。

从"瓮安事件"看程序正义[*]

  "瓮安事件"已经过去十多天了，当地的社会秩序逐步恢复正常，善后事宜正在有条不紊地进行中，相关责任人也依法受到了处理。但"瓮安事件"中暴露出来的问题，仍然值得我们不断反思并继续寻求解决的思路。贵州省委书记石宗源指出，"瓮安事件"看似偶然，实则必然，其深层次原因就是当地在矿产资源开发、移民安置、建筑拆迁等工作中，侵犯群众利益的事情屡有发生；而在处置这些矛盾纠纷和群体事件过程中，一些干部作风粗暴，工作方法简单，甚至随意动用警力。破解"瓮安事件"背后的难题，不仅需要我们找准民众利益的落脚点，更需要我们及时呼应民众的法律诉求甚至是质疑。

  从目前调查的结果看，"瓮安事件"的起因并不复杂，就是当地

---

  * 本文发表于《晶报》2008 年 7 月 10 日"法眼旁观"专栏。

一位少女溺水死亡的鉴定结果得不到家属的认可。但由于警方的处置方式不当，缺乏说服力，致使谣言越来越多，最终被一些黑社会势力所利用，一发不可收拾，酝酿成大规模的群体性事件。

县城是一个特殊的行政区划，与大城市相比比较封闭，仍然是个熟人社会；与边远农村相比又相对开放，民众的权利意识较强。因此，在县城中，最为引人注目的事件，恐怕就是公民的非正常死亡。无论是涉及刑事犯罪，还是属于意外事故、自杀死亡，一旦处置不当，不仅会受到家属的质疑，更会引发各种版本的谣言。民众天然地具有警惕强权、同情弱者的善良心态，一旦获知公民的非正常死亡可能涉及官员家属子女，可能发生纵容包庇、销毁证据、推脱责任，必然会作出过激的反应。目前不少地方发生的群体性事件，与此种心态都有直接或间接的关联。因此，如何在法律层面上积极应对，是我们应当思考的。

首先，必须强力推动信息公开。自古以来，但凡流言，都是见光即死的。最大限度地进行信息公开，一则可以将内部的猫腻减少到最小，再则可以使流言的伤害减少到最小。只有在民众的知情权得到充分满足的前提下，对此类事件的处理才能妥善、稳当，避免引发其他矛盾和不安情绪。《政府信息公开条例》实施之后，不少民众都发现，可以公开信息的范围仍然覆盖过小，对于一些敏感的信息，尤其是涉及政府决策的信息，获知的法律渠道仍然偏窄。因此，笔者认为，一方面要加大上级政府的监督义务和督促责任，对于下级政府应当公布而未公布的，应当顺应民众的要求，及时强力推动信息公开，避免引发社会的负面情绪和揣测。另一方面，要继续强化政府部门这样一个理念：公开是原则，保密是例外，既不能为了公开而公开,也不能擅自缩小公开的范围。

其次,加强群体性事件处置过程中政府部门与普通民众的沟通机制。决策过程、执行过程的不透明引发的谣言必然导致胡乱的揣测和极度的不信任,如果没有完善的沟通机制,不仅加大群体性事件的处置难度,更容易引发社会的不安定因素。比如,对于公民非正常死亡的案件,民众最担心的就是有人恃强凌弱,有人草菅人命,这也是对民众自身安全感最大的伤害。因此,警方介入事件之后,就不能一律以保密为名对民众封锁消息,并将民众可能有些"胡乱"的揣测一律斥为无理取闹。尽管根据有关法律,在侦查阶段,警方并没有告知受害人家属进展情况并解释相关误解的义务,但从社会稳定和民众权利的角度看,这种及时诚恳的沟通会打消民众的疑虑和担心,消除不安定因素的隐患,也为后续工作的顺利开展铺平道路。

再次,程序上既要合法,也要合情、合理,用程序正义避免民众的质疑,增强处置结果的正当性和权威性。"瓮安事件"中,民众质疑警方与事件的内在关联,但警方没有及时回应,也没有让相关人员回避,进一步加深了民众的质疑情绪。虽然在《刑事诉讼法》第28条中,列明了自行回避和申请回避的四种条件,但兜底条款即"与本案当事人有其他关系,可能影响公正处理案件的"却很少被适用。在不少群体性事件的处置中,民众首先质疑的往往是某些办案人员与该事件当事人之间千丝万缕的关联,但以这种质疑回避申请并不符合其他三种条件而往往被驳回。这种简单的处理方式加深了民众的疑虑,也不利于处理结果被广泛信服和接受。此外,鉴定程序也是引发民众质疑的关键环节,能否允许具有公信力的第三方对鉴定过程进行现场见证,能否尊重受害人家属要求"补充鉴定"或"重新鉴定"的诉求,将直接决定鉴定结果的可接受度。"瓮安事件"发生后,对死者的尸体进行了第三次鉴定,同时也允许家人在场、部分群众现场见证。如果这一事后的对鉴定的处理方式能提前一些,恐怕一些所谓的谣言早就不攻自破了。

第五辑

竞争法则

　　《反垄断法(草案)》是一部命运多舛的法律草案,从起草到审议再到表决通过,历经十三载,见证了中国市场经济的艰难转型;而提交审议之前的风风雨雨,提交审议之后的利益角逐,更是让立法者不得不更加谨慎细微和小心翼翼。发达国家的"旁敲侧击",转型社会的政经生态,国资的固若金汤,外资的强势进入,民资的不安现状,垄断行业的分配失控,普通民众的维权希望,都在这部法律的立法进程中一览无余。我们关心《反垄断法》,其实也是在关注中国这个转型期的泱泱大国打破行政垄断的决心、破除区域壁垒的努力、维护公平正义的愿景、谋求民众福利的诉求。

反行政垄断:反垄断法之核心[*]

在中国的现实国情下,一部没有明确界定、充分规制行政垄断的《反垄断法》是不成功的,是配不上"经济宪法""市场经济的基石""自由企业大宪章"这些赞誉之词的。

无处不在的行政垄断

2002 年,曾提出"百种期刊,上门征订,投递到户,不怕楼高"口号,给当地报刊发行业带来冲击的河北省张家口市阳光报业股份有限责任公司,在苦苦支撑了 3 年之后,不得不退出报刊征订发行市场;失利的原因,是难以突破邮政垄断报刊发行的政策障碍。

2004 年,全国人大代表王廷江机场打人事件一度吸引了国人的

　＊　本文发表于《浙江人大》2005 年第 2 期。

眼球,但我们关注的往往是王廷江全国人大代表的身份,却忽视了打人事件的起因:民航业的垄断——飞机从广州经临沂到青岛需要700元,而从广州到临沂则需要1 000元,飞机到了临沂老家,乘务员却不让下飞机,于是发生口角,拳脚相加,出现了发生在临沂机场的打人事件。

不仅是这些热点新闻中,其实我们在日常生活中无时无刻不在与"行政垄断"打交道。在中国经济转型的今天,或许这也是不可避免的:我们至今无法看到家中固定电话的通话详单,也没有一家电信公司愿意提供这种"不亏本"的服务;我们被迫接受每年春节期间火车的涨价,对涨价的幅度基本上没有任何发言权,即使有仗义的律师已经挺身而出,也难以打破现有的"铁老大"格局;我们往往被告知最好购买本市生产的汽车,因为外地汽车上牌照的价格可能比你买的这辆车还要高;现在的手机花费太高了,我们愿意选择接听免费的小灵通,尽管没有技术上的障碍,但是政策上的限制使得小灵通只能实现本地通话,无法进行漫游……

2004年10月28日,《反垄断法(送审稿)》在反复修改完善后已经完成,并被提上了最高立法机关的议事日程,并有望在2005年进行第一次审议,这让我们看到了反行政垄断的希望,更增强了反行政垄断的信心。《反垄断法》的核心是反行政垄断,在中国经济发展的现阶段,反行政垄断是保持市场经济和谐、稳定发展的当务之急。

反行政垄断:反垄断的现实选择

在不同社会制度的国家,甚至在同一个国家的不同发展阶段,都采取了不同甚至截然相反的反垄断政策,究其原因,是因为反垄断与市场经济发展的程度息息相关。市场经济是竞争经济,竞争的结果必然会趋向于垄断,因为竞争者是为自身的利益最大化而竞争,而垄断则能使竞争者有效地实现这个目标。通过竞争占据部分市场,就实现了有限垄断;完全占据市场,就成了独家垄断。但是,垄断过甚又会反过来限止竞争的开展,阻碍科技的进步,阻碍企业的产品和服务进一步提高质量降低价格,从而损害公共福利。因此,《反垄断法》的发展直接受制于一个国家市场经济的发育程度;垄断的限制程度和限制范围与一个国家经济发展的态势密切相关,我们决不能坐而论道,自说自话,一厢情愿。

当前,中国的反垄断的现实是什么? 我们在日常生活中可能都有或多或少的体会:手机通讯价格居高不下,航空服务晚点频繁,油价确定过程不清不楚,一个城市只有一种牌子的汽车,这样的现象可能并不少见,需要追问的是:这背后隐藏了什么样的"秘密"? 一言以蔽之,就是行政垄断。垄断通常被分为经济垄断和行政垄断,相对于经济垄断,行政垄断由于以强有力的国家公权力为依托,其顽固性和破坏性更甚,其实质就是政治国家的公权力凭借强有力的国家强制力对市民社会私权利的粗暴干涉和限制,使公权力和私权利都背离了原有的法律运行轨道和市民社会的经济规律,从而破坏整个社会协调有序的发展,阻碍经济的良性运行。

冰冻三尺,非一日之寒。由于长期实行计划经济和高度国有化,在主要基础设施和公共服务部门形成的行政垄断,已经成为一个庞大的既得利益集团;其突出特征就是借助政治资源来进行经济资源的占有和分配,排斥其他利益集团参与竞争,妨碍生产要素自由流动,寻求本行业、本部门、本集团的利益最大化,而不是全社会财富或人民福利最大化。不仅如此,行政垄断还极容易成为孳生腐败的温床。行政垄断是一种兼具行政性与经济性的垄断行为,对自由竞争的损害比一般的经济竞争更为恶劣,并且与政治腐败紧密相连,与惊人的行政垄断腐败的经济损失相比,官员的个人腐败只能算是九牛一毛。毫无疑问,行政垄断已经成为中国经济长期高速增长的制度性瓶颈;不消除行政垄断,就不可能建立起完善的社会主义市场经济体制,中国经济也无法得到平稳的发展环境。

期待将行政垄断纳入规制范围

在西方发达国家,《反垄断法》是建立在私人企业制度主导的基础之上,政府是超然于市场之外(至少在形式上做到了)的,所以《反垄断法》规范的主体只有一个,就是企业。而正因为政府的"超然",在推动法律的实施过程中就可以做到客观公正,但目前在中国,显然不具备这样的基础,因此,是否将行政垄断纳入《反垄断法》规制的范围,是目前《反垄断法》立法过程中最有争议的焦点问题。现在,形成了两种截然不同的观点。一种观点认为,消除行政垄断,必须等待体制改革,坐等政府职能转变;另一种观点认为,要通过《反垄断法》进行明确界定和规制。有论者认为,行政垄断从根本上说不是法律问题,而是体制问题,只有深化改革,转变政府职能才能根除。而笔者认为,其实,体制改革与法制变革密不可分。法制是体制的重要组成部分,体制改革蕴含着法制的变革。同时法制是促进和保障体制改革顺利进行、巩固体制改革成果的重要外在力量。否定法律对行政性垄断的规制作用是片面的,法律应当成为规制行政垄断的主要手段。因此,与其等待政策早日出台,不如期待法律明确规定。

在《反垄断法》中明确界定和规制行政垄断,是建立并维护公平、自由竞争秩序,保护经济自由,保障机会均等和公平交易,提高资源配置效率和促进经济技术进步的必由之路。在中国的现实国情下,一部没有明确界定、充分规制行政垄断的《反垄断法》不是一部成功的反垄断法,是配不上"经济宪法""市场经济的基石""自由企业大宪章"这些赞誉之词的。

行政垄断纳入《反垄断法》的规制范围,是中国现实国情的需要,也有利于从根本上消除行政垄断的毒瘤。在《反垄断法》的框架内,要把行政垄断反得更彻底一些,首要的功课就是重新审视行政权力,合理配制市场资源,确立行政权的非经济化规则。行政权是行政法上的执行权,我国行政垄断产生的原因之一就在于行政权经济化,使得行政权带有浓厚的经济色彩。因此反垄断立法必须确立行政权的非经济化规则,确立行政权是一种非营利性的权力,与之相应的是强调行政权的服务性与有限性,努力实现"有限政府"与

"服务政府"的目标,把打造"法治政府"的进程落到实处。我们热烈期待着明确将行政垄断纳入规制范围的《反垄断法》的早日出台,行政垄断能够被反得更彻底一些!

补记:

2015 年 2 月 2 日,广州市中级人民法院认定广东省教育厅在"工程造价基本技能赛项"省级比赛中,指定广联达软件股份有限公司提供的软件为独家参赛软件的行为,违反反垄断法规定。这是反垄断法实施近七年以来,我国首次产生行政垄断的司法判决,无疑具有里程碑意义。

卡拉如何 OK *

——统一 KTV 曲库争论背后的思考

经文化部批准,"全国卡拉 OK 内容管理服务系统"将于近日启动,届时,武汉、郑州和青岛三个试点城市将率先在市内的 KTV 建立统一的曲库系统。文化部文化市场发展中心主任梁钢介绍称,此举一是防止不健康歌曲进入 KTV,所有进入到曲库的内容,都要依照有关的标准,"提前经过审查";二是逐步解决唱片业、著作权人和卡拉 OK 经营者之间关于著作权的矛盾。这一措施的初衷,是为了保护歌曲的知识产权,自然有其现实的意义。面对知识产权屡屡被侵犯的情况,政府部门当然不能袖手旁观,制定监管措施、加大治理力度,也无可厚非。但此举却引发了舆论激烈的争论和社会各界的反

---

* 本文系《法制日报》阮占江编辑约稿,《法制日报》2006 年 7 月 27 日特约评论员文章,发表时题为《KTV 统一曲库系统需合法可行》。

思。因此,我们有必要重新审视这一"出发点是好的"的措施,看看它在实践中是否必要,在法律上是否合法,在操作上是否可行。

首先,在实践中没有必要。知识产权问题属于意思自治的民事范畴,发生纠纷的双方完全可以通过民事诉讼来解决,目前已有不少法院的判决支持版权拥有者的合法诉求。在这个过程中,政府应该扮演什么角色呢?政府要做的,应当是制定好相关配套的政策规章,加强市场监管,减少侵权行为,同时为知识产权纠纷提供必要的技术支持,作出公正公开的鉴定结论,而不宜直接介入到具体的经营活动中,更不能越俎代庖,在没有授权的前提下,代表版权拥有者代收"版权费"。动用行政力量解决民事纠纷,注定是低效率、不公平的。同时,"不健康歌曲"是不被录入系统的。那么所谓的"不健康歌曲"如何界定,这种审查由谁来进行,如果由管理者自行认定,那么会不会侵犯经营者和消费者自由选择欣赏歌曲的权利?事实上,KTV 曲库中收录的歌曲绝大多数来自通过合法渠道出版发行的歌碟,对于这些已经进入正常市场渠道、公开发行的歌曲,早已经过有关部门的批准和审查,"全国卡拉 OK 内容管理服务系统"又设置一个"市场准入",对于让什么歌入围 KTV 曲库,还要"查一查",用意又何在?会不会出现"寻租"行为,从而产生一个新的腐败领域?

其次,在法律上合法性不足。政府与市场的关系,一直是改革过程中争论的焦点,但政府应当做"裁判员",为企业创造良好的投资和发展环境;而非"运动员",不能利用行政权力干涉企业的经营自由已经成为社会的共识。尤其在《反垄断法》提交最高立法机关审议之后,社会各界越来越关注行政垄断,对于政府部门利用行政权力设置市场准入壁垒,通过行政权力庇护下的垄断经营获取暴利深恶痛绝。文化部下属的文化市场发展中心开发的"全国卡拉 OK 内容管理服务系统"受到普遍关注和争议,原因也正是在此。麦乐迪、钱柜等大型 KTV 都有自己的专用曲库,并与多家唱片公司签订了长期合作协议,投入了大量的人力和物力,建立起专门的技术研发部门不断更新歌曲。因此,曲库是每个 KTV 最重要的竞争手段,在合法的前提下选择什么歌曲、选用什么版本,完全属于企业的经营自主权,如果"全国卡拉 OK 内容管理服务系统"一统天下,所有 KTV 都是一样的歌曲,一样的画面,那么对企业的经营自由是一种侵犯,对 KTV 的市场竞争也是一种冲击,对消费者的选择权也是一种限制。更何况,这种"一统天下"的局面,并非唱片公司、KTV、消费者讨论、协商、谈判的结果,而是来自行政权力这一外力的强行推广。尽管这个过程的操作者披上了"零成本接入,自愿为原则"的外衣,但是试点结束,免费推广一段时间后会不会进入优惠付费阶段,最终强制实施呢? 在批准新的娱乐场所或进行文化执法的时候,有关部门会不会对用系统和不用系统的 KTV 采取歧视性措施呢? 即使这种猜测没有成真(但愿这种猜测只是捕风捉影),那么文化部下属的事业单位动用行政力量,通过行政手段扩大自己的市场份额,影响企业的经营决策,试图为市场准入设置门槛,寻求一统江湖的垄断地位,法律依据又何在? 既然是"零成本接入",那么建立统一曲库系统的成本必定要由纳税人来承担,然而这一系统并不是可以用公共财政来支付的公共产品,那么国家为 KTV 买单的依据又何在? 合法性又何在?

再次,在操作上也很难执行。很少有经营者会因考虑版权人的利益,宁愿增加自己的成本做生意。在市场竞争前提下,如果其他经营者不肯"自愿接入",那么,谁率先接入就意味着谁作出"牺牲"。最后竞争的结果,可能是"劣币驱逐良币",致使那些接入的经营者淘汰出局。守法经营者接入系统后提高了经营成本,而投机的经营者不接入却节省了这一笔开支,这种逆向淘汰破坏了公平竞争的环境,即使在"零成本接入,自愿为原则"的前提下,也是难以操作执行的。

重新审视围绕"全国卡拉OK内容管理服务系统"的争论,我们不难得出这样一个结论:在市场经济与市民社会中,政府不应当随意介入市场机制与社会自治可以自行调节与解决的领域,否则极易造成对市场调节能力与民众自由权利的损伤,更不利于建设一个充满活力的开放型社会和服务型政府。那么卡拉如何才能OK?既维护公平的市场竞争秩序,又兼顾版权所有人(唱片公司)、版权使用人(KTV)和消费者的三方利益呢?我们建议,政府部门及其所属的事业单位应当放弃牟利的冲动,坚守法定的职责,履行市场监管职责,创造一个良好的市场环境;同时,积极培育KTV行业协会、唱片公司行业协会和中国音像版权集体管理协会的自治能力,让这些利益主体充分讨论、协商和谈判,通过博弈和妥协达成各自的目标、维护各自的利益。

扶上马,送一程,莫恋栈[*]

广州、上海文化娱乐业协会的公开"叫板",把已经在行业内部酝酿、争论多时的卡拉 OK 版权费争端,推上了各类媒体新闻的头条,国家版权局也不可避免地成为了"众矢之的"。然而经过新闻发布会、公开声明等一番努力,仍然没有打消业界的担忧和公众的质疑。问题的症结究竟出在何处? 这得从卡拉 OK 版权费的源头说起。

卡拉 OK 是草根娱乐,平民百姓,三五结伴,吼两声,既可发泄自我,缓解现代都市生活、工作带来的压力;又可沟通人际,联络感情,避免传统的人间冷暖被所谓的陌生人社会"扼杀"。正因如此,卡拉OK 在国内生根发芽,遍地开花。但天下没有免费的午餐,音乐唱片

---

[*] 本文系凌锋编辑约稿,《法制日报》2006 年 11 月 30 日特约评论员文章,发表时题为《让当事人意思自治主宰 K 歌收费》,发表时有删节。

的版权人也不是天生的慈善家，随着知识产权保护意识的日益普及、国外音乐唱片巨头跨国维权步伐的加大，卡拉 OK 经营者为使用音乐作品买单已是大势所趋。

但音乐唱片的版权人如何收费，卡拉 OK 经营者如何买单却成了问题。一对一的谈判授权，双方付出的成本太昂贵了；司法诉讼维权，又只能起到敲山震虎的个别警示作用。从社会整体成本最小化、权利主体利益最大化的角度看，著作权集体管理模式是我们唯一的选择。因此，最理想的模式莫过于音乐唱片版权人自发形成集体管理组织，通过谈判协商完成与卡拉 OK 经营者的利益博弈，确定收费主体、收费标准和收益分配。这个过程应当是当事人意思自治的过程，不需要行政权力的介入，完全属于社会自治的范畴。

但我国政府大而强、社会小而弱的现实，决定了社会组织发育的不成熟；制度安排不合理、发展条件不充分，也直接导致权利主体无法自发形成集体化的利益表达与利益博弈。因此，集体管理组织迫切需要政府搭把手，扶上马，送一程。但政府在发展社会自治组织的过程中，只能是参与、协助、指导，决不能包办、替代、干涉。扶上马，送一程后，就应有"功成身退"的气度与"激流勇退"的魄力，切莫"留恋"管理的权力与到手的收益。国家版权局之所以成为舆论的矛头所向，一个很重要的原因，恐怕就是没有真正做到"扶上马，送一程，莫恋栈"。

何谓"扶上马"？即版权主管部门要为音像集体管理组织的建立提供必要的支持。集体管理组织在筹建过程中遇到的最大问题，就是如何获得版权人的信任并获取其授权，授权越多，合法性越强。因此，版权主管部门最大的支持就是通过政府的公信力为集体管理组织提供信用担保,使得尽可能多的版权人加入到集体管理组织,一方面降低卡拉 OK 经营者单个谈判的成本,另一方面也是对版权人的利益提供最充分的保护。另外一个不可或缺的支持就是,在集体管理组织尚未"成形"之时,提供必要的人力资源、启动资金和活动场所。但需要警惕的是,这些先期投入的"成本"作为对社会自治组织的扶持,应当属于公共财政的范畴,并不是某个部门的"投资",决不能成为部门获取"收益"的借口。

何谓"送一程"?即版权主管部门以中立的角色,通过公开透明的程序,对集体管理组织与卡拉 OK 经营者的利益进行合理平衡;通过听证、公示,鼓励社会公众尤其是版权人、消费者有序参与协商的过程,适当兼顾这些利益主体的合法权益。收费涉及诸多利益群体,程序的公正在一定程度上优于结果的公正,谈判协商、利益博弈只有公开透明,才能获得各方的认同与执行。广州文化娱乐业协会之所以对国家版权局公开叫板,正是利益表达的渠道不畅通所致。我们认为,只要排除了行政权力的干涉,市场主体完全可以按照价格形成的规律,找到利益的平衡点,既不会高到卡拉 OK 经营者用不起,也不会低到集体管理组织无法维持运转。而版权人、消费者的利益也应当通过听证、公示等程序进行有效表达。对于版权人而言,按点击率还是按包间来收费,对其利益有着重大的影响,前者管理成本高,但比较合情合理;后者管理成本低,但有"大锅饭"之嫌疑。对于消费者而言,版权费收多少,怎么收,什么时候收,是否会转嫁到自己头上,更是与其利益紧密相关。正如国家版权局所澄清的,卡拉 OK 版权费的性质不是行政收费,既然不是行政收费,那么就不具有强制性,就应当是通过协商谈判、听证公示等利益博弈程序所达成的妥协结果。业界剧烈反弹、社会反响强烈，一定意义上显示了公正透明程序的缺失。

何谓"莫恋栈"？即版权主管部门的行政权力应及时从集体管理组织中退出，避免谋取部门利益之嫌。长期以来，我国社会的政府化程度很高，政府控制了几乎所有的社会资源，承担了几乎所有的社会管理与服务的任务，这直接导致了部分社会自治组织的行政化倾向很强，紧紧依附于主管部门。这种既当裁判员又当运动员的角色错位，弱化了政府的公信力，很难得到社会的认同。此次卡拉OK版权费争议风波中，国家版权局被置于风口浪尖，一个不可忽视的因素就是政府部门与社会组织之间没有清晰的界限。正因如此，保护知识产权的"为民之举"被演绎成了"部门利益之争"；国家版权局依法公告版权使用费标准被理解为越权对"版权使用费"定价；集体管理组织代理版权人收取版权使用费被误解为国家版权局扩充自己的小金库……我们期待集体管理组织对版权费的管理、使用、分配、监督作出明确地说明，打消版权人、使用人和消费者的各种顾虑，同时更期待有关部门拿出"功成身退"的气度与"激流勇退"的魄力，该出手时就出手，加强集体管理组织的监管；该退出时就退出，切莫"留恋"管理的权力与到手的收益。

"扶上马，送一程，莫恋栈"，需要政府部门的自律，更需要制度的保障和约束。从更为长远的角度看，只有对政府化和行政化色彩浓厚的那些社会组织进行社会化和民间化改革，实现政府和社会组织的职能归位，使社会组织真正融入社会，才能为社会成员提供政府和市场不能提供的公共服务，有效弥补政府和市场的缺陷；同时表达不同群体的利益诉求，促进社会的互助和融合。

关注垄断就是关心自己

五一长假期间,笔者回乡省亲,期间有一段路程是乘坐长途汽车。车程约四百公里,照惯例中途要在加油站或服务区停车一次,方便乘客休整。但此车一路上却对众多加油站、服务区视而不见,径直将车开进了一处略有些偏僻、门口挂着"停车吃饭"字样的停车场。车进门闭,笔者和诸多乘客被"赶"下车来,才得以细细观察这方"宝地":停车场不大,大概只能停下四到五辆大型客车,四周都是高墙,门口铁门紧闭。停车场中有小卖铺、小饭店各一,条件殊为简陋,卫生状况也不容乐观,不少乘客前去打听了一下价格,纷纷摇头而去,但也有耐不住饿的,硬着头皮点饭菜充饥。停车场的一侧还有一个更为简陋的厕所,门口横挡着一张桌子,后面端坐着一位五十上下的妇女,捧着铁皮盒子,来者不拒,一律两元。这可真是明火

* 本文发表于《晶报》2007 年 5 月 10 日"法眼旁观"专栏。

执仗地"抢劫"了，一个乡间陋厕竟然开出了五星级的价格。不吃不喝还捱得过去，但内急难忍，不少乘客虽然心不甘情不愿，还是乖乖交上两元钱，捏着鼻子解决了问题。

笔者之所以要不厌其烦地详尽描述这件似乎司空见惯的"小事"，正是想以此为例，细述垄断之害。

在一个充分竞争的市场中，资源是自由流动的，价格是比较透明的，信息是基本对称的。因此，消费者可以用脚投票，以宝贵的选择权为筹码，争取更好的产品质量和服务品质。商家，从制造商到批发商，再到零售商，只有兢兢业业，不断提高产品质量，提升服务品质，才能赢得消费者的青睐，从而在市场上站稳脚跟。可以这么说，竞争是市场经济中神奇的调节器，竞争平衡了商家与消费者之间的力量对比，在一定程度上维护了处于弱势的消费者的合法权益，遏制了商家牟取不当利益的冲动。而垄断，则打破了这种平衡。在笔者的"遭遇"中，司机与停车场老板以回扣等方式结成了利益同盟，以乘客的选择权为代价，使得乘客非自愿地进入一个封闭的"市场"。在这个铁门紧锁，前不着村后不着店的"市场"中，商店、饭店乃至厕所，都是唯一的，没有竞争，没有选择，有的只是独此一家的恶劣条件和低劣服务。被剥夺了选择权的消费者失去了竞争的庇护，在商家面前完全处于劣势，自然是"人为刀俎，我为鱼肉"，乖乖挨宰。

其实，封闭的"停车场"，不仅会在旅途中遇到，在我们日常生活中也无时无刻不受其侵扰。手机套餐层出不穷，但买的永远没有卖的精，消费者永远算计不过运营商；石油价格时涨时落，但落的不如涨的多，我们很难理解"与国际接轨"的真实含义；水电煤气天然气，凡涨必听却是凡听必涨，消费者只能望听证而兴叹。

然而，面对不断侵蚀我们利益的怪物——垄断，为什么却鲜有人挺身而出呢？最为关键的原因恐怕是寻求法律救济的成本太高。作为消费者个体，对阵垄断的商家，无疑是蚍蜉撼树，无论是人力、精力、财力，还是信息、时间、技术，都处于绝对的弱势。比如面对这别无分店的厕所，究竟是拍案而起，举报投诉，还是一忍了之，随了大流，想来每个乘客心中都会盘算一番：选择前者，搭上时间不说，还让自己憋屈不已；选择后者，虽说心有不甘，却只能低头认宰。人都是经济理性的动物，计算成本得失再正常不过，面对不确定的救济结果、高难度的取证过程、昂贵的救济成本，没有人愿意充当"出头鸟"也是意料之中。

如何才能把法律救济的成本降下来呢？一要靠立法的清晰界定。《反垄断法》已经是呼之欲出，《反不正当竞争法》的修改也是箭在弦上，这两部法律合力所形成的竞争法体系将紧密配合消费者权益保护法，成为遏制垄断，促进竞争，维护民权的法宝。只有在立法上对垄断行为及不正当的竞争行为作出清晰地界定，商家和消费者才能形成各自合理的守法预期，把垄断遏制在萌芽状态。二要靠政府的强力介入。垄断不同于一般的违法行为，隐蔽性更强，危害性更大，因此光靠事后的查处，很难标本兼治。西方国家在长期的实践中，逐步建立其完善的竞争执法体系，对垄断行为并不是一味地事后规制，而是积极地超前介入，同时对消费者向法院提出的诉讼请求往往给予强力的取证、咨询等方面的支持，有力地推动了消费者的维权，在全社会形成了对垄断行为人人喊打的舆论氛围。三要靠消费者的觉醒。对自身利益最为清楚的，莫过于本人，因此，对垄断之害有切肤之痛的，莫过于消费者自身。个体的力量是微不足道的，但面对垄断，我们决不能袖手旁观，因为关注垄断，遏制垄断，就是关心自己，维护自己。

警惕以"自律"为名，行"垄断"之实 *

上个周末的北京各大超市，牛奶疯狂促销——"赶紧买吧，下周一全部原价销售，像这样买一箱送半箱的事就没有了。"只要从超市牛奶销售区域经过，都能听到销售员的鼓动。而这一切正源于上周五，三元、光明、三鹿、伊利、蒙牛等5家乳业巨头的"自律宣言"：从7月23日开始，取消所有涉及产品的捆绑、搭赠销售；禁止低于成本价的倾销；取消特价、降价销售。

这一幕或许只是一个开始，因为北京地区是率先实施中国奶业协会倡议发起的《乳品企业自律南京宣言》的"排头兵"。可以预见的是，牛奶"不促销、不降价、不特价"的行业自律将如"星星之火"，一路南下，直至蔓延全国。

牛奶与我们的日常生活息息相关，尤其是随着经济社会的发展

---

* 本文发表于《解放日报》2007 年 7 月 26 日观点版。

和生活水平的提高,牛奶几乎已经成为国人生活的必需品。"每天一斤奶,强壮中国人",牛奶甚至还被赋予了超乎于食品价值的特殊意义。牛奶,与我们的日常生活息息相关。但也正是乳品行业激烈的竞争,使得我们有了更多的选择,不仅是种类和品牌,还有五花八门的促销。而"行业自律"的结果,将是单调的销售模式:再也没有各种类型的捆绑,再也没有各式各样的搭售,消费者的选择自由将受到严重的限制;再也没有低于成本销售的牛奶,即使已经超过保质期一半,城市中低收入群体的食品支出将继猪肉上涨之后进一步增加。

这场以行业自律为名的宣言,背后只是乳业巨头牟取高额利润的冲动,最终的买单者却只有一个——我们,消费者。

我们先来看看这一行业自律的理由。北京市奶业协会常务秘书长经宝临的解释颇为"权威":"目前国内乳制品的捆绑、搭销等销售行为十分普遍,实质上是一种变相的降价行为,这种变相降价和特价等于低于成本价的销售行为,严重违反了价值规律,造成了企业之间的恶性竞争,同时这种降价严重缩小了企业的正常利润空间,给企业造成了沉重的负担。"此论似乎言之有理,消费者确实应该有所负担,使得企业摆脱负担,具有正常的利润空间。但仔细想想,却漏洞重重:乳制品是一个竞争充分、信息透明的行业,任何一家乳业巨头都无法取得市场支配地位。更何况,乳制品行业的进入门槛并不高,除了5家巨头之外,各种品牌的乳制品何止千百种。因此,任何一家乳业巨头都不具备低于成本倾销,将其他竞争者赶出市场,再提高价格获取垄断利润的能力。任何一家企业都有基本的牟利理性,绝不可能以共产主义的精神为消费者作这种自我伤害式的"无私奉献"。唯一的解释只有一个,乳制品的市场竞争尽管激烈,但绝对没有达到"低于成本恶性竞争"的程度,更没有达到行业协会挂在嘴边的"奶贱如水"的程度。

乳制品整个行业的白热化竞争,是每一个乳业巨头所头痛的,不仅利润上不去,而且还要劳心劳力,促销手段也好,提高质量也罢,不惜余力来吸引消费者的青睐。但这正是消费者所乐见的,竞争,尤其是价格竞争,能够使广大消费者获得最优的市场价格。竞争越激烈,消费者用口袋里同样多的钱可以购买更多、更好的商品,以满足需求。作为企业,价格降低自然会减少其利润,但并不意味着企业一定会亏本经营。

捆绑、搭销乃至对保质期过半的乳制品低价处理,虽然以变相降价的方式表现出来,但都是价格竞争的一种方式,直接结果就是降低产品的单价。乳制品行业"不促销、不降价、不特价"的自律,从本质上看就是一种固定价格的垄断协议,即价格卡特尔。在市场经济国家,价格卡特尔都是一种绝对要予以禁止的垄断行为,因其对市场竞争的破坏最为严重,受到的处罚也是最重,不仅要被处以高额的罚款,有的甚至要承担刑事责任。因此,虽然也有不少企业铤而走险,妄图通过达成价格卡特尔谋取暴利,但基本上也都是偷偷摸摸的,更别说堂而皇之地发表所谓"自律宣言"的。远的不说,就说 7 月 22 日,韩国 CJ、Samyan 和 TS 三家糖果生产公司的高层管理人员定期举行例会,议定糖类产品价格,操控韩国糖产品市场,被韩国公平交易委员会处以 5 580 万美元的高额罚款。而韩国公平交易委员会查处这起严重的价格卡特尔则整整花了两年的时间,可见其合谋串通行为的隐蔽性。如果这三家公司也是通过行业自律的形式来控制产品价格的话,恐怕刚刚发表宣言就要被追究法律责任了。而这种闹剧和乱象为什么会在中国频频发生呢?而且往往还站在道德的制高点上以"行业自律"的形式出现?或许是中国的市场经济发展得还不够成熟,竞争的文化和意识还没有形成,抑或许是中国的《反垄断法》尚未出台,这柄达摩克利斯之剑还没有高高悬在中国各个行业的巨头企业头上。

行业自律的理由是如此的苍白和站不住脚,让我们更加清楚地看到了乳业巨头的利益诉求。牛奶还是要喝的,否则"强壮"不了,但我们在超市中购买牛奶的时候,别忘了捆绑、搭销和特价消失的原因,更别忘了这场以"自律"为名,行"垄断"之实的闹剧。

补记:

2014 年 9 月 2 日,国家发改委通告,对浙江二十多家财险以及行业协会开出 1.1 亿元巨额罚单,剑指行业在保险费率方面的自律条约。9 月 9 日,国家发委会再次开出罚单,对吉林 3 家水泥企业通过行业自律实施价格垄断的行为,依法罚款共 1.1439 亿元。

公路收费还贷要"有始有终"*

　　近日,媒体上有关高速公路收费的"热点"新闻高潮迭起,而相伴而生的"高速公路高收费""公路收费高出投资十倍""公路还贷收费失信于民"等对公路收费的质疑之声更是不绝于耳。近日北京市第十二届人大常委会第三十七次会议表决通过的《北京市公路条例》明确规定,政府还贷收费公路的车辆通行费,除必要的管理、养护费用从财政部门批准的车辆通行费预算中列支外,应当全部用于偿还贷款,不得挪作他用;收费公路收费期满应当按照规定拆除收费设施停止收费,并由市人民政府向社会公告。地方立法机关在重复《收费公路管理条例》等法规规章有关规定的同时,明确向公众表明了对收费公路的态度。

---

　　* 本文系凌锋编辑约稿,《法制日报》2007 年 7 月 30 日特约评论员文章,发表时题为《公路收费还贷要"有始有终"》。

在收费公路问题上激烈的利益博弈中,正是因为越来越多的公民站出来维护自己和民众的正当权益,公路违法收费的"硬骨头"才会渐渐被"啃动"。如果不是北京市人大代表李淑媛为京石高速公路收费问题奔走 15 年,几经周折最终得到一份审计报告,民众无法获知京石高速北京段已超期限收费的事实,这个收费路段将可能日复一日、年复一年的继续收下去,而不会得到社会的广泛关注;如果不是李金华的审计报告,民众也无法知晓全国收费公路的违法现状,公路在一些地方已经成了政府和一些利益集团的"财路",众多的违规收费站、大量的违规转让经营权行为,使公路的公益性受到严重挑战。如果不是李劲松、郝劲松两位律师联名向交通部和审计署发出公开建议,很多高速公路收费问题背后的利益纠葛和法律漏洞不会如此之快地从专业的讨论进入公众的视野;如果不是普通消费者赵建磊、公益律师吴朝华的一纸诉讼,京石等高速公路违法收费的问题更不会如此之快地进入诉讼的程序,接受法律的考量。

公路尤其是高速公路,是一个国家综合国力和竞争力的重要体现,更是一个国家经济发展、社会进步、市场融通、民生保障的动脉。公路缩短了城市间的距离,降低了运输的成本,加快了资源的流动,促进了统一市场的形成和民众生活的便利。因此,无论从什么角度来分析,公路作为公共基础设施都具有鲜明的公益性质,应当是政府提供的最为重要的公共服务之一。但是,中国的公路上无处不在的收费站正在变成一个个"拦路虎",妨碍着人们的通行,割裂着一条条"动脉"。诚然,我国是一个财政实力并不十分雄厚的发展中国家,在现代化建设的过程中公路建设资金不足的矛盾在很长一段时间内依然突出,单纯依靠政府投入还远远不够,政府利用贷款或向企业、个人有偿集资建设公路确有必要。但是，公路建设路径的选择和调整并不能改变公路作为基础设施和公共服务的公益性质。任何改变公路公益性质的行为，不仅是对法律尊严的挑战，更是对民众利益赤裸裸的侵犯和剥夺。作为普通的公路交通的消费者，我们在认同"收费公路政策"，承担公路建设成本的同时，却不能接受公路成为个别政府部门和利益集团谋取暴利的工具，让民众来为垄断的利润和腐败的收益买单。

因此，公路收费还贷作为立法确认的公路建设的投资方式，在充分发挥其"解决资金投入缺口、加快公路建设步伐"功能的同时，还应受到相应的制度约束，从而防止形成垄断和暴利的腐败空间，决不能"有始无终""剑走偏锋"。

首先，立法应当明确高速公路的收益不能挪用、转移至其他路段。北京市交通委对李淑媛代表的答复回避了实质性的问题——为什么京石高速在偿还贷款等款项剩余近 6 亿元之后仍在收费，却绕着弯告诉我们这样一个事实：为了实现"区区通高速"，需要继续采取包括继续"贷款修路、收费还贷"等措施满足资金要求，收费除了维持高速公路正常的运营、养护需求，还要承担其他高速公路的建设。从审计报告也可以看出，京石高速的收益中，有 4 亿多元被转移给了京津塘高速及机场高速的建设。根据《收费公路管理条例》的规定，公路收费主要用于还贷和有偿集资，但因为法规并未明确规定此公路的收益是否可以只用于此公路的贷款偿还，而不得用于彼公路；有些地方钻了法规的空子，往往将此公路已经超出收费期限的收益，用于彼公路偿还贷款。而这种看似聪明的立法"规避"从道理上却是说不通的：消费者在某条高速公路上通行被收取的费用却被用来建设另外一条高速公路,无异于变相承担了一条根本没走过的路的建设成本。如果高速公路的收益可以挪用、转移至其他路段,而公路建设又是一个长期性甚至永久性的过程,那么不要说15年、30年,即使是100年,消费者还是要为不断开工新建的公路买单。正如李淑媛代表所说"我走的只是京石高速,又有什么义务为其他公路的建设埋单?你总不能用我在这条路上的通行费,来建设北京所有的公路吧?要是按照北京市交通委的解释,停止京石高速的收费恐怕不可能了,因为北京市的公路建设日新月异,纳税人的钱可能永远都不够花!"如果立法对这个问题不作出明确,首都某公路公司所公开宣称的"收费100年也合法",恐怕就不仅仅是笑谈,而是残酷的现实了。

其次,加强对高速公路性质"变身"的制度约束。目前我国公路建设的投资方式有两种:一种是政府利用贷款或向企业、个人有偿集资建设的公路,叫政府收费还贷路;另一种是国内外经济组织投资建设或依照《公路法》的规定受让政府还贷公路收费权的公路,叫经营性公路。根据《收费公路管理条例》规定,前者的收费期限最长不得超过15年;后者的收费期限,最长不得超过25年。这一收费期限虽是刚性的,但不少地方和部门却耍起了花招。比如京石高速的性质,就经历了由"政府收费还贷公路"到"经营性收费公路"的变化——在1993年12月以前,京石高速属于政府收费还贷公路,但到1993年12月,原北京市公路局将京石高速50%的收费权转让给北京经济发展投资公司时,它的性质就发生了微妙变化。这种模棱两可的局面在1999年12月彻底发生了改变,京石高速经营权被全部转让给首发公司,它的性质由政府收费还贷公路彻底变成了经营性收费公路。而北京另外9条收费公路中,绝大部分公路的性质,都曾经历过由"政府还贷路"到"经营性公路"的转变。收费公路"变身",收费期限也就被人为延长。路还是那条政府贷款修的路,收费权转让给企业后,收费年限却从15年一下增到了30年。如果高速公路的性质可以根据所谓的"地方实际"甚至"领导决断"而随意"变身",那么高速公路收费很有可能"有始无终"。从现实情况来看,高速公路性质"变身"应有明确的制度约束,比如向社会公布并采用招投标的方式、收费时间已超过批准收费期限2/3的政府还贷路不得转让等。

再次,高速公路的运营情况应当加强信息公开。消费者的知情权和部门利益、垄断暴利是紧密相关的:知情权越充分,部门谋取不正当利益的空间就越小,消费者的利益就越能得到保护。而知情权的保障要靠制度来约束,即加强对高速公路运营情况的信息公开。在这场利益博弈中,国家审计署和北京审计局的两份审计报告功不可没,让人大代表和普通民众彻底弄清了公路收费背后的利益纠葛和运作方式。阳光之下,才会让腐败无处可藏,才能让暴利彻底扯去遮羞布。《北京市公路条例》的另一大进步,正是明确规定了收费公路经营管理者应当按照规定及时向市公路管理机构提供收费、还贷、路况、交通流量、养护和管理等有关信息资料。但这一制度约束尚不够刚性:一是要建立听证制度,对于什么样的公路应该收费,公路的性质能否转变等涉及民众利益的问题要事前听证、公开,听取利益相关人的意见;二是审计部门应当进一步加大对收费公路收费情况主动审计的力度,变被动公布为主动公开,保护公众的知情权;三是要扩大信息公开的范围,收费公路的收费情况只有变糊涂账为明白账,才能得到公众对公路建设的支持、理解和信任。

补记:

2015 年 8 月 27 日,交通运输部部长杨传堂主持召开部务会议,听取《收费公路管理条例》(修订征求意见稿)征求意见情况的汇报。交通部通报称,对《条例》修订,相当一部分公众对构建"非收费公路为主、收费公路为辅"的两个公路体系及"用路者付费、差异化负担"的原则表示理解和认同,同时提出了许多建设性意见;也有一部分公众对高速公路拟实行长期养护收费等制度持不同意见。

从奥运门票看人情与制度[*]

北京奥运会越来越近了,欢欣鼓舞之余却有无穷的烦恼。每次回家乡休假或者探亲,总是有很多钟情奥运的亲友打听门票的消息。奥运门票实行预定加抽签的方式,已经注重了公平,但毕竟僧多粥少,一票难求。因此尽管百般解释甚至推脱,亲友还是会善意地把在京工作的我看成能"搞"到票的人,平添了很多烦恼。

由此,我想到,各式各样的票,究竟在我们的生活中扮演了一个什么样的角色。我们生活在票的世界里,什么都离不开票。小的时候,买布要布票,买肉要肉票,买粮要粮票;即使到现在,参观要门票,坐车要车票,坐船要船票,坐飞机要飞机票。各式各样的票证,见证了普通中国人日常生活的变迁,也深刻记录了中国经济的转型

---

* 本文发表于《晶报》2007 年 8 月 9 日"法眼旁观"专栏,发表时题为《从奥运门票看人情与制度》。

和制度的演进。

　　姑且不论计划经济时代作为物资管制手段的票证，单说当今社会通行的各种票，说起来很复杂，其实简单看，也就是两类。一类票是供给充分、竞争充分的市场的交易或者支付手段，比如公交车票、公园门票、快餐店的小票，正因为供给充分，所以我们不会为之"魂牵梦萦"，正因为竞争充分，我们不用为之"辗转反侧"。还有一类票就存在于供给有限或者垄断盛行的市场中，此时的票可不再是唾手可得的东西了。比如每年春运时节的火车票、特价商品的提单，还有奥运会的门票。按理说，供给有限的产品，价格必然上涨，需求必然抑制，必定继续导致产量上升，最终价格回落，这就是价值规律的经典表述了。但如果这件产品的产量已经完全饱和，而且依然供不应求，那么最终的结果将是无论价格如何飙升，需求依然旺盛。先说这春运时的火车票，铁路的运力已经饱和，票价再高也挡不住思乡的步伐，这时候以调价为名抑制需求，就不是践行价值规律，而是赤裸裸的趁火打劫了。再说这奥运会的门票，即使把所有场馆的每一平米的空间都充分利用，也容纳不了国人对奥运的火热期待啊，票价再高也会观者如潮，因为能现场看奥运的，独此一家，别无分店。

　　前一类的票，市场无形的手自然会去调节；但后一类的票，市场似乎有些失灵了。正是因为通过市场无计可施，很多人只能在"人"身上想办法。如果铁路部门有亲戚或者好友，那么不用担心春节回不了家，市场上买不到的票，他们可以优先对你保证。也难怪为什么每到春节前夕，大量的旅客在车站的售票窗前排成长龙甚至彻夜不归，依然空手而归，而为数不少的黄牛手上却有着数量惊人的票。正因为市场失灵，很多有形的手自觉或不自觉地伸了进去，制度的漏洞往往成了人情往来的成本、权钱交易的标的。也难怪每次遇到票难买甚至买不到的时候，各位亲友们首先想到的是能不能找到"搞"票的人，而不是如何在正常的市场上进行合法的交易。

在我看来，在供给有限或者垄断盛行的市场中，票已经不单纯是交易或者支付的手段了，往往已经带有一定公共物品的性质。既然是公共物品，那么就不能简单地套用市场经济的法则，更不能纵容人情或者腐败的空间。奥运会的主办者对中国的这一特殊国情似乎早有预料，采取了很多的措施来保证供给有限时的公平性，比如门票价格最高5000元，最低仅30元，充分满足了各阶层购票人的需求；门票一律采取预定之后抽签决定的方式，使得每一个奥运的热心观众都能得到公平的观看机会；同时规定开闭幕式门票每个等级每人限购1张，其他场次门票不同等级不同进程限购数量在2至5张不等，且不允许团购，从而防止变相炒作奥运门票从中获取非法利益。这么一来，即使找到了在奥组委供职的师兄或者师姐，人情也要受制于制度的设计。更为难能可贵的是，北京奥组委公开表示将严格遵守国际奥委会的规定，奥运会不设免费票，不赠票，也不以任何形式出售打折票。除奥运会注册人员凭有效证件入场以外，所有观众都必须购票入场。这不仅有着壮士断腕的"悲壮"，更从根本上杜绝了"票"上的腐败空间。想想看我们平时生活中的种种演出、场场比赛，真正掏自己腰包的究竟有多少？普通的观众是不是在为部分特权者买单？

想到这里，我的心情平复了很多，虽然不能保证每个亲友都能订上票，至少还可以向他们解释此次奥运票务管理之严格、分配之公平，人情派不上用场，特权也要向制度低头。但奥运门票之外的票呢？

为《反垄断法》的顺利出台鼓与呼*

2006 年 6 月 24 日,《反垄断法(草案)》首次提交十届全国人大常委会第二十二次会议审议,标志着这部被称为"经济宪法"、被民众寄予高度期望的法律案,正式进入最高立法机关的立法程序。时隔一年零两个月之后,2007 年 8 月 24 日,《反垄断法(草案)》提交十届全国人大常委会第二十九次会议第三次审议,再次引发社会公众的强烈关注。立法者顺应民意,有望顺利通过《反垄断法》。

从国家发改委、商务部、工商总局的反垄断执法权之争,到行政垄断一章被整体删除的传闻,再到《反垄断法(草案)》被部门利益搁置推迟审议的"爆料",直至最高立法机关新闻发言人在《人民日报》上的紧急辟谣,让每一个关注、期待、冀望这部法律的人们的神经,

---

* 本文发表于《法制日报》2007 年 8 月 30 日评论版,发表时题为《反垄断法:维护社会公平正义之法律利器》。

时常被敏感而又缥缈的"信息"所折磨。从兰州物价主管部门"以民生为重"限定牛肉拉面的价格,到中国乳品企业"以自律为名"发布"南京宣言",要求取消所有乳制品的捆绑、搭赠等变相降价活动,再到方便面企业在世界方便面协会中国分会的协调下结成同盟统一涨价,五大航空公司在京沪航线上结盟,一时间折扣机票骤然减少,一场场闹剧的背后,既有政府行政权力对微观经济的过度介入,也有企业和协会牟利的冲动屡屡突破市场道德和竞争机制。《反垄断法》对市场竞争的维护、对民众福祉的保护,正是在这一条条敏感的信息、一幕幕热闹的纷争中,慢慢浮现和凸显出来。

《反垄断法(草案)》是一部命运多舛的法律草案,从起草到审议再到表决通过,历经十三载,见证了中国市场经济的艰难转型;而提交审议之前的风风雨雨,提交审议之后的利益角逐,更是让每一位立法者不得不更加谨慎细微和小心翼翼。发达国家的"旁敲侧击",转型社会的政经生态,国资的固若金汤,外资的强势进入,民资的不安现状,垄断行业的分配失控,普通民众的维权希望,都在这部法律的立法进程中一览无余。我们关心《反垄断法》,其实也是在关注中国这个转型期的泱泱大国推进经济民主的进程,打破行政垄断的决心,破除区域壁垒的努力和维护公平正义、谋求民众福利的愿景和诉求。

毋庸讳言,反垄断委员会的权威性还有待实践检验,分散执法的弊端尚未完全显现,《反垄断法》对行政垄断的规制还有些"心有余而力不足",《反垄断法》初步建构的司法救济体系仍不够明晰。但我们也要冷静并清醒地认识到,立法作为一种制度变迁的方式和公共选择的过程,总是受到相关政治、经济、社会环境因素的制约并受到不同利益和需要的驱动,任何一部法律的出台,都是重大利益的博弈和妥协;把解决一切垄断问题的希望都寄托在一部法律上,期待"毕其功于一役"的想法,不仅天真,而且有害。世界上反垄断法体系最为完善的美国,自1890年《谢尔曼法》起,也历经了一百余年,才形成了以《谢尔曼法》《克莱顿法》《联邦贸易委员会法》为中心,涵盖企业并购指南和若干法院判例的制度体系,同时打上了不同时代的烙印。对于《反垄断法》这样一部市场经济法律体系中的核心之法,通过比不通过要好,早出台要比晚出台好。

《反垄断法》的出台,有利于建立平等竞争的市场环境。竞争是市场经济的灵魂,是推动经济发展的根本动力。但是竞争和垄断是相伴而生的,竞争发展到一定程度,也会产生集中,从而形成垄断、排除、限制竞争,当前我国经济生活中的垄断现象突出表现在两个方面:一是市场垄断行为,如串通定价、限制产量、划分市场和滥用市场支配地位等;二是实行国家管制或带有自然垄断特点的领域和行业利用行政权力并通过市场方式形成垄断。此外,地区封锁和行业垄断也很严重。垄断行为破坏了经济发展的活力,影响了企业生产经营的正常进行,抑制了市场机制作用的发挥,不利于形成公平竞争、资源优化配置的经济运行机制。《反垄断法》的出台,将从一定程度上扭转大企业挤压小企业生存空间的现状,建立平等竞争的市场环境,消除垄断对市场经济造成的破坏。

《反垄断法》的出台,有利于普及竞争理念和竞争文化。垄断行为具有很强的隐蔽性和迷惑性,从世界各国反垄断的经验来看,光靠执法机构的"单兵作战",成效并不明显;只有调动起公民反垄断的积极性和维护权益的自我保护意识,才能使得垄断行为无处藏身,人人喊打。近期方便面联合提价、京沪快线开通、牛奶取消搭销等一系列涉嫌垄断的行为发生之后,学者、律师纷纷主动跟进,发表评论甚至举报、起诉,但大多数消费者并没有把这些现象和竞争、垄断联系起来,只认为是物价上涨背景下一次普通的涨价行为。因此,竞争理念和竞争文化的普及对于遏制垄断行为意义重大,而《反垄断法》的出台,必将推动竞争理念和竞争文化的普及。

《反垄断法》的出台,有利于平衡和协调各种利益关系。 中国社会正处于转型期,各种利益关系盘根错节,利益之间的博弈和利益集团的寻租行为非常普遍。政府与市场的边界模糊,使得现实中滥用行政权力排除或限制竞争的行为相当严重,长期的权力垄断使行政垄断与体制弊端交相辉映,与利益集团千丝万缕,与地方保护以及部门利益盘根错节,使得广大消费者的合法权益和各种形式的垄断利益发生了严重的对立。而随着经济全球化的加剧和我国对全球经济影响力的提高,国内国际经济结构调整不断加快,企业间的合并、重组日趋活跃,其中外资并购引发了诸多争议,更是使得外资、国资、民资的利益平衡和协调迫在眉睫。《反垄断法》的出台,虽然无法从根本上"定分止争",但对于各种利益关系的平衡和协调大有裨益。

《反垄断法》的出台,有利于市场经济体制的完善发展。 《反垄断法》是保护市场竞争、维护市场竞争秩序,充分发挥市场配置资源基础性作用的重要法律制度,素有"经济宪法"之称。同时,《反垄断法》也是市场经济国家调控经济的重要政策工具。特别是在经济全球化的条件下,世界各国普遍重视利用反垄断法律制度,防止和制止来自国内国外的垄断行为,维护经营者和消费者的合法权益,促进技术创新和技术进步,提高企业竞争力,保证国民经济的健康、持续、协调发展。《反垄断法》的出台,初步界定了垄断行为的三方面具体内容,建立了反垄断的执法体系和救济途径,将为部分垄断行业的改革扫清法律障碍,比较有力地遏制了行业垄断的蔓延和地方保护的扩张,有利于统一、开放、竞争、有序的市场经济的形成,有利于市场经济体制的完善和发展。

从通存通兑涉嫌垄断说起 *

    11 月 19 日,热议多时的个人存取款跨行通存通兑业务终于开始在全国实施。这是银行业适应市场竞争的一项新举措,人们再也不必在各银行间来回"搬钞票"了。然而从这几天的运作看,开通和办理这类业务的客户,并没有期待的那样多,"叫好不叫座"的一个重要缘由就是跨行通存通兑"代价"颇高,并非是免费的午餐。

    不少论者关注的是银行又一次的服务收费项目,并强烈呼吁银行业在竞争中不断改善经营,在行业利益与公众利益中找到最佳平衡点,在自身发展壮大的同时给百姓带来更多名至实归的良好服务,让初衷甚佳的"惠民之举"真正收到便民和惠民的效果。笔者对此感同身受,深以为然。但笔者认为,北京中银律师事务所律师董

---

    * 本文发表于《上海证券报》2007 年 11 月 29 日,发表时题为《通存通兑收费或涉嫌垄断》。

正伟、北京市消协秘书长张明对通存通兑涉嫌垄断的质疑,同样值得关注和反思。

根据央行的规定,居民跨行通存通兑,须交纳一定手续费,具体数额由银行按照市场化原则"自行确定"。监管部门给了商业银行一定的收费自主权,其宗旨是为了促进商业银行间的竞争,以使费率的制定更趋合理化,为市场受众所接受。但本是竞争关系,具有网点优势且占据主要市场份额的工商、建设等数家银行业巨头却"不约而同"地将手续费确定为1%,上限200元。

我们姑且不说上限200元的1%手续费在实体和程序上是否公平合理,额外增加的经营成本应当通过什么渠道来消化,银行和消费者应当如何进行分担,单说说这几家银行业巨头的"不约而同"是否涉嫌垄断。

任何一个参与市场竞争的企业都有自由的定价权,这是毋庸置疑的。不同的企业对相同的产品或者服务恰巧"撞车"确定了同样的价格,也是正常的,而且必然会随着市场的形势作出相应的调整。但如果这几家企业同时还"恰巧"占据了主要的市场份额,且将各自的价格固定化,这种"不约而同"就不得不让人起疑心了。工商、建设等数家银行业巨头受到质疑,原因正是如此。

通存通兑对各家银行经营成本的影响是大致相同的,但作为同一项业务,从各行实际制定的费率水平和结构看,大银行比中小银行的定价却高出十几倍甚至几十倍。大银行的经营网点比中小银行分布广、数量多,通存通兑会使大银行的利益受损、中小银行搭便车受益,因而大银行制定比中小银行高的通存通兑手续费,从而挽回损失留住客户,这是可以理解的。但具有竞争关系的大银行所制定的手续费和上限,又怎么会高得如此一致?如果没有事先的串通或者协同,1%手续费和200元上限怎么会在央行"自行确定"的政策之下如此雷同?这就无法理解了。

我们"小人之心"的分析仅仅是揣测而已。由于垄断协议尤其是价格卡特尔行为高度的隐蔽性,莫说是普通的消费者,就算是具有专业能力的执法机关也很难取证查处。但无论对通存通兑涉嫌垄断的质疑,能否成为有关执法部门和监管机构展开调查的诱因和线索,这一事件本身已经说明,消费者和专业人士越来越从垄断的根子上去寻找危害消费者福利的真正原因,不仅将《反垄断法》看做维护市场竞争秩序的管制之法,更将反垄断法视为提升社会福利的"利剑"和维护公共利益的"盾牌"。

从中国乳品企业"以自律为名"发布"南京宣言",要求取消所有乳制品的捆绑、搭赠等变相降价活动,再到方便面企业在世界方便面协会中国分会的协调下结成同盟统一涨价,五大航空公司在京沪航线上结盟,一时间折扣机票骤然减少。随着越来越多涉嫌垄断的行为渐次浮出水面,民众对垄断行为的敏感度会不断上升,针对垄断行为的公益诉讼会层出不穷,竞争理念的普及和竞争文化的推广将水到渠成,任何试图通过垄断的方式牟取暴利的企图将大白于天下,并成为过街的老鼠,人人喊打。

标准背后的垄断诉求 *

民以食为天，与"吃"有关的新闻总是吸引广大民众的眼球，近期就有两则引发了激烈的争论。

一则是"馒头标准"于 2008 年 1 月 1 日正式开始实施，"在感官方面要求馒头形态完整和美观，应该是圆形或椭圆形，没有褶皱、斑点，气味有小麦香；馒头的体积不能太小，1 克面粉体积最低限度必须超过 1.7 毫升，小于这个体积的馒头就不合格；馒头水分有最高限量要求，要小于等于 45%，否则极易长毛"，报道一出，舆论哗然："莫非今后老百姓自己家蒸的南方的软式'刀切馒头''开花馒头'，北方的硬式'河北饸面馒头''陕西的罐罐馍''山东的高桩馒头''山西的雪花馒头''河南的杠子馒头''手揉长形杠子馒头''枕头馍'就都不能再叫馒头了？如此标准，简直可笑之极！"致使发布标准的国

---

* 本文发表于《晶报》2008 年 1 月 21 日"法眼旁观"专栏。

家标准化管理委员会日前不得不出面"以正视听":《小麦粉馒头》（GB/T21118-2007）标准,是国家标准,但只是个推荐性标准,没有强制执行的法律效力。

另一则是中国烹饪协会起草的"早餐标准"——《早餐经营规范》,即将生效实施,其中规定了早餐亭、早餐车必须隶属于早餐经营供应单位,这无疑意味着今后个体的煎饼摊、馄饨摊将被逐步改造。

制定"标准"是个专业性很强的活儿。标准制定得好,可以提高产品质量、降低成本、增进效率,最终促进社会整体利益和消费者福利的上升;但标准制定得不好,却极可能变成设置行业准入障碍、排除其他竞争者参与乃至谋求垄断利益的"帮凶"。以上两则与"吃"有关的标准,名义上的出发点都是很好的:民众的身体健康、饮食安全,确实是重要的考虑因素。但这样的标准究竟有没有制定的必要呢？其背后的利益诉求又是什么？

馒头标准的主要起草者是河南兴泰科技实业有限公司,为什么一家食品加工企业要花这么大的力气去推动馒头标准成为推荐性的国家标准呢？河南本地一家媒体的正面报道透露出了其中的缘由:"郑州市场上,现在1元钱可以买5个馒头。可是,有一种馒头,每个卖0.5元到1元。2008年春节前,这种馒头将占领全国20个省市高端市场,装进礼品盒会更贵一些。这种高价馒头产自河南,目前,由河南兴泰科技实业公司制定的'小麦粉馒头'标准经国标委确认正式成为国家标准。"

中国烹饪协会起草《早餐经营规范》,更是让人疑惑。细心的消费者发现,这个早餐标准,并非是早餐本身的质量标准,而是针对早餐的经营方式,要求早餐经营"一刀切":早餐亭、早餐车必须隶属于早餐经营供应单位,且供应单位必须是连锁企业,有统一加工、配送中心,统一品牌、形象、产品和服务,服务人员还要统一工装、工帽、佩戴工卡。这个早餐行业标准,人为地抬高了个体早餐点进入市场的"门槛",将会使很大一部分靠此为生的小业主丢掉了"饭碗",让位于"连锁企业"。这就不能不令大众心中狐疑丛生:《早餐经营规范》,到底要进行行业规范还是想搞行业垄断?

标准确实是个好东西,但用得不好就会沦为谋求垄断的工具,最终损害消费者的合法权益。因此,面对种种以保护消费者为名的"标准",我们更应当保持适度的警惕。

电价上涨该谁买单？*

近日，国务院常务会议决定，近期油价、电价，以及城市公共交通等公用事业不得加价。自 1993 年起实行价格干预措施以来，这或许还是政府用行政手段直接控制市场商品价格上涨 15 年来的第一次，折射出政府对于未来价格上涨的压力和担忧。2007 年，围绕电价，电力巨头曾跟国家发改委、煤炭企业进行几轮的讨价还价，但最终，电力价格依旧未涨。但从长远看，电力等能源价格走势都是向上的，因为国内现在发电主要使用的是煤炭。2008 年的合同煤已经上涨，煤电联动不启动将导致发电企业全行业亏损，电价上涨仅仅是时间问题。因此，"不得加价"只会是"近期"的权宜之计。

市场经济最基本的要求就是物有所值，每个市场主体承担自己应当承担的成本。作为消费者，该我们付的钱，我们不会少付；但

＊ 本文发表于《方圆法治》2008 年 2 月号。

是,不该我们付的钱,哪怕再少我们也不能付。作为理性的经济人,市场经济的参与者,我们应当大声问一句:电价上涨,该谁买单?

当前全国各地电价相差很大,但不管电价高与低,一个地方的电价一般总是由发电费用和供电费用两大块构成,发电费用中有发电成本(包括发电燃料费和管理费用,此项是电价的主要构成因素)、发电还本付息、发电利润、发电税金;供电费用中有供电损耗、供电成本、供电还本付息、供电利润、供电税金。这些看似都是电力企业投入的成本,但是并非所有的投入都称得上是"成本",同时,部分成本是否应当由用户承担也让人质疑。

发电企业还本付息一般占到电价的近三成之多,是抬升电价的重要因素。20世纪80年代因为电力短缺而一哄而上集资办电,各地都对投资电力制定了优惠政策,尽管当时促进了电力和经济发展,却为今天留下了不低的还本付息。这一因素造成了一种奇怪的现象:哪里电力发展快,哪里的电价就高。电力充足了,价格却下不来,这一由于盲目过热投资造成的高额投入作为成本也让用户来承担,这合理吗?

电价成本不透明而且偏高,一个不可忽视的因素是电力企业自己无权制定电力价格。由于电力行业的行政垄断严重,我国目前的电力价格还是政府部门说了算。大致地说,电网按照政府物价部门批准的上网电价向不同的发电企业购买电,然后再按照物价部门批准的销售电价向用户卖电。在这个"与众不同"的定价过程中,出现了严重的多级政府的加价问题,省、市、县的集资投入都在电价上一级一级加码,电价即使按照原始的成本计算也不免会高得离谱。

缺乏有效的电价控制机制,导致了供电成本的严重变形,给"隐形成本"留下了滋生的温床。"电力企业建设成本＋利润＋有关费用"形成了目前的上网电价,电力企业建设成本与利润都是显形的,有账可查;唯有所谓的有关费用,游离于电价控制机制之外,缺乏有效的监督。在这样的电价形成方式中,不管多么高、多么缺乏效率的电力企业建设成本,都可以摊算在电价中,都可以在电价中回收补偿,实现"实报实销"。同时,这种电价形成方式,变相地鼓励电力企业把主要精力放在争取项目上,通过低投资争取顺利立项,立项之后追加投资,项目完成后把所有的费用转入电价,客观上不利于投资者和经营者管理控制建设成本费用。也正是因为电价成本变成了一本谁也算不清的糊涂账,给"人情电、关系电、权力电"留下了腐败的空间;供电成本的严重变形,把电力企业应当承担的经营性费用转嫁到用户头上,间接导致了电价的上涨。

这种被扭曲的电价,多项成本因素一律列入价格之内,本身就是非市场调节和电力垄断形成的怪胎,完全与市场精神相悖。价格,作为资源配置的有效手段,是市场经济的基石;价格反映资源的真正价值,应符合人们普遍遵守的价值规律。电能,作为一种关系到国计民生的基础性资源,其价格的形成应该由市场起基础性作用,同时受到国家的宏观控制和用户的公开监督,而非少数企业、少数人用人为的方式确定。否则,会使反映市场资源价值程度的信号发生扭曲,会使资源的浪费、隐性的腐败不可避免。在全国上下"涨"声一片的背景之下,大声地问一句"电价上涨该谁买单"尽管有些不合时宜,但对未来的电力体制改革而言却是确有必要的:打破电力垄断经营,引入竞争,"厂网分开,竞价上网",建立合理的电价形成机制,无疑是降低电价水平、减少社会电费负担的根本之路。

还有多少不合理的"行规"没有打破[*]

2008 年 6 月 21 日,北京市的 71 家宾馆酒店响应北京市消协的倡导,有望使得"12 点结账"的行规在北京率先废除。这实在是一个大快人心的好消息。

平日里出差,无论是何时入住房间,哪怕是半夜入住,第二天都必须在 12 点前结账,细细一想,付了一天的房费,只享受了几个小时的服务,心里实在是不平衡;况且 12 点前后是午餐时间,每次都不得不提着大包小包进餐厅,狼狈得很。

宾馆酒店业的这项"12 点结账"的行规,给顾客带来了诸多不便,社会各界的质疑之声也不绝于耳。但行业协会的回应却让人大跌眼镜,归纳而言无非两条理由,一是契约自由,一个愿打,一个愿挨,无可厚非;二是国际惯例和历史传统,在国内外存在了几百年的

---

[*] 本文写于 2008 年 6 月 22 日。

行规,哪里是消费者想废除就能废除的?

先说说所谓的"契约自由"。法治社会要讲契约自由,固然没错,但这是建立在地位平等、充分协商的基础之上的。顾客面对宾馆酒店,无疑是弱者,只有住与不住的自由,对于不合理的行规,哪里还有平等协商的权利? 当契约的公平与公正都无法保证,又怎么能要求相对弱势的一方去无条件遵守呢? 店大欺客,不正是这个道理么?

再说说所谓的国际惯例和历史传统。"国际惯例"这个托词,我们已经屡见不鲜了,遗憾的是,商家所坚持的"国际惯例"是有选择性的,当然也永远是对消费者不利的;历史传统这个理由,也不少见,似乎只要是存在的,就是合理的。这恰恰是对消费者智商的侮辱。外国的月亮并不比中国的圆,国外有的惯例为什么就必须在中国适用? 时代永远是向前发展的,过去存在的惯例为什么就必须一成不变?

行规并非都是不合理的,但必须坚持两点:一是恪守"自愿、平等、公平、诚实信用"的商业道德,尊重消费者的公平交易权;二是克制同业之间达成"步调一致"的协议的冲动,防止垄断侵犯消费者的自由选择权。以此来看,目前宾馆酒店业的不合理行规远远不止"12点结账"。"消毒餐具一元一套""请勿自带酒水""贵重财物,妥善保管,如若丢失,与店无涉",诸如此类的不合理行规,都有待我们继续去打破。毕竟,对于处于弱势的消费者,只有不断挑战这些不合理的行规,才能触动商家唯我独尊的心态。只有团结起来,理性、有序、积极地主张自己的权利,并且用脚投票,表达自身的主张和诉求,才能有望撼动根深蒂固的行业利益。

但令我担心的是,北京市消协的"义举"是否具有示范意义? 毕竟,这71家宾馆酒店只是相应了号召来平息消费者的怒气,是否能够有效执行,能否坚持执行下去,都还有待时间来检验。光靠消费者协会的"倡导"显然是不够的,既然利益的博弈如此艰难,最终还是要靠制度的力量去解决。期待有立法权的地方,早日以地方立法的方式协调消费者与经营者的利益冲突,也使得被打破的行规不仅是人人喊打,而且不会死灰复燃。

补记:

2009年8月,中国旅游饭店业协会公布的《中国旅游饭店行业规范》删去了"12点退房,超过12点加收半天房费,超过18点加收1天房费"的规定,取而代之的是:"饭店应在前厅显著位置明示客房价格和住宿时间结算方法,或者确认已将上述信息用适当方式告知客人。"由于语意含糊,12点退房仍是不少宾馆的"潜规则"。

《反垄断法》实施前夜的喜与忧[*]

　　还有两天就是 8 月 1 日，被寄予厚望的《反垄断法》即将开始实施。这部命运多舛的法律，从草案起草到三审通过，历经十三载，见证了中国市场经济的艰难转型：发达国家的"旁敲侧击"，转型社会的政经生态，国资的固若金汤，外资的强势进入，民资的不安现状，垄断行业的分配失控，普通民众的维权希望，在这部法律的立法进程中更是一览无余。

　　在《反垄断法》正式施行的前夜，有人充满信心，认为该法作为"经济宪法"，标志着中国将正式步入"竞争时代"；水、电、气、暖、交通、邮政、电信等自然垄断行业，烟草、盐业、石油、石化、银行、保险、殡葬等依法具有独占地位的行业将不得不向消费者低下"高贵的头

　　* 本文发表于《解放日报》2008 年 8 月 2 日观点版，发表时题为《让蹒跚起步的〈反垄断法〉在实践中成长》。

颅";外资斩首式并购国内重点行业龙头企业不会再一帆风顺;方便面、牛奶、京沪快线等价格联盟再也不敢明目张胆;地区封锁、地方保护也将被更加强有力地遏制。但也有人充满担忧:八章五十七条的《反垄断法》,可能是全世界篇幅最小、语言最精炼的反垄断法典,在四十余个配套细则无一出台的情况下,会不会成为孤身奋战的"孤家寡人",陷入"拔剑四顾心茫然"的尴尬境地?作为《反垄断法》立法进程的关注者和亲历者,笔者在其实施前夜的心态也是有喜有忧。

喜的是"三定"方案渐次出台,执法部门浮出水面。国家工商总局的公平交易局改组为反垄断与反不正当竞争执法局,负责除价格垄断之外的垄断协议、滥用市场支配地位和滥用行政权力排除限制竞争方面的反垄断执法。商务部设立反垄断调查局,审查并购行为。发改委仍将负责查处价格垄断。自此,"三足鼎立"的反垄断执法格局基本形成,为实施反垄断法奠定了强有力的基础。忧的是分散执法、多头执法可能会导致"有利大家管,无利没人管""执法标准不一""部门协调难"等弊端。我们不得不承认,这是目前政府权力架构之下妥协的结果、次优的选择,或许不是最好的,却是最能为各方接受的。但更值得关注的是,二元体制中的反垄断委员会何时成立、能否发挥预期的组织、协调、指导作用。忧的是反垄断执法与行业监管如何协调。交通运输部、铁道部、工业和信息化部、银监会、证监会、保监会、电监会等部门对相关行业的竞争秩序直接进行监管,且都是强势部门,如何与之周旋、协调,将是对反垄断执法部门智慧的考验。

喜的是不少市场主体已经意识到《反垄断法》是悬在头上的"达

摩克利斯之剑",在经营行为中自觉增强了竞争意识。比如广州丰田,根据《反垄断法》禁止经营者与交易相对人"限定向第三人转售商品的最低价格"的规定,主动放开了对经销商的最低价格限制,并支持经销商面向用户的优惠酬宾活动,触动了目前流行的4S店汽车销售模式。再比如瑞典的材料包装巨头利乐公司,由于市场份额已经达到80%,超过了涉嫌市场支配地位的底线,因此在一个月前就告知客户,将根据《反垄断法》调整现行的业务政策、经营行为和合同条款。忧的是在电力、电信、铁路、航空、银行等领域,不乏侵犯消费者利益的事件发生,漫游费、火车退票费、银行通存通兑费、跨行取款费等屡遭媒体批判、民众质疑,但这些国有企业却是"任尔东南西北风,我自岿然不动",不知是对《反垄断法》执行力的漠视,还是对自身特殊地位的自信。忧的是不少将受益于反垄断法的中小企业和普通消费者,仍然对自己的权利一无所知。虽然反垄断法保护的是竞争秩序,而非具体的竞争者,但对具有市场支配的大企业的有力规制,将扭转大企业挤压中小企业生存空间的现状,建立平等竞争的市场环境,消除垄断对市场经济造成的破坏,从而给中小企业带来巨大的发展空间,有力提升普通消费者的福利。垄断行为具有很强的隐蔽性和迷惑性,从世界各国反垄断的经验来看,光靠执法机构的"单兵作战",成效并不明显。只有调动起中小企业和普通消费者反垄断的积极性和维护权益的自我保护意识,才能使得垄断行为无处藏身,人人喊打。

总而言之,在《反垄断法》施行前夜,我们既不能盲目乐观,也不能妄自菲薄。立法作为一种制度变迁的方式和公共选择的过程,总是受到相关政治、经济、社会环境因素的制约并受到不同利益和需要的驱动,任何一部法律的出台,都是重大利益的博弈和妥协,我们不能把解决一切垄断问题的希望都寄托在一部《反垄断法》上,期待"毕其功于一役"。中国这个缺少竞争传统、脱胎于计划经济的国度,在反垄断执法方面,还犹如一个呀呀学语的儿童,我们不能奢望他还没学会走路就去奔跑、撒欢。但只要大家奉献热情、细心呵护,这个孩子必定会健康茁壮地成长起来。因此,我们要坚定信心:尽管分散执法的弊端尚未完全显现,反垄断委员会的权威性还有待实践检验,《反垄断法》对行政垄断的规制还有些"心有余而力不足",《反垄断法》初步建构的司法救济体系仍不够明晰,但任何制度的成长都是要经历一定过程的,配套细则、救济渠道必将随着《反垄断法》的施行、执法经验的丰富而逐步完善起来。

补记:

据新华社 2015 年 12 月 28 日报道,国家发展改革委根据相关企业提供的线索,历经一年多的调查,目前对日本邮船株式会社、川崎汽船株式会社、株式会社商船三井、威克滚装船务有限公司、华轮威尔森物流有限公司、智利南美轮船有限公司、日本东车轮船有限公司、智利航运滚装船务有限公司等 8 家滚装货物国际海运企业达成并实施串通投标价格垄断协议的行为依法做出处罚,分别处以 2014 年度与中国市场相关的滚装货物国际海运服务销售额 4% 至 9% 不等的罚款,合计罚款 4.07 亿元。发改委相关负责人表示,8 家滚装货物国际海运企业达成并实施价格垄断协议的行为排除、限制了相关市场竞争,抬高了滚装货物国际海运费率,损害了中国相关滚装货物进出口商和终端消费者的利益,违反了中国反垄断法关于禁止具有竞争关系的经营者达成并实施固定价格、分割市场等垄断协议的规定。

"黑屏"反盗版并非明智之举 *

妄自揣测一下：微软的老板最近一定比较烦。本想用来"威吓"（"告诫"）一下盗版软件用户的"黑屏"策略，引发了中国网民出乎意料的强烈反弹，微软也被扣上了"网络暴力""垄断帝国""新式黑客"等一顶顶或旧或新的大帽子。如果说此前微软举报"番茄花园"作者洪磊涉嫌侵犯微软著作权仅仅是"杀鸡儆猴"，对象只是盗版软件的制作者和传播者。此次"黑屏"行动升级，就是正式向数目惊人的盗版软件使用者"开刀"了。

知识产权保护的初衷是"为天才之火添加利益的燃料"，只有激励机制得以充分发挥，人类才会永远走在创新之路上。微软的成功之路，是知识创造财富的典范，广受人们的尊重，也激励了无数人将才智贡献给技术的研发。在这个过程中，知识产权的激励机制发挥

---

* 本文发表于《江淮法治》2008 年第 22 期刊首语"法治雨露"。

得淋漓尽致。

但知识产权制度作为国家平衡垄断利益与公共利益的一种制度安排,也是建立在一个国家科技、文化与经济发展水平之上的;知识产权法律保护所寻求的利益平衡,也只是权利人垄断利益与社会公共利益之间相对的动态平衡。过度的保护,滥用的权利,只会削弱知识共享的价值,只会扼杀进一步创新的动力。微软的发展,可谓"毁誉参半",一直游离在"天使"与"魔鬼"之间,根本原因就在于其扩张的方式和垄断的利益。微软在中国市场中的扩张,其实就与盗版密不可分,毫不夸张地说,是盗版微软软件在地下的盛行,帮助微软挤垮了竞争对手。在获得 70% 的市场份额之后,微软"卸磨杀驴",果断向盗版宣战,无疑可以进一步扩张势力。一个最典型的例子就是,1997 年微软在中国法律尚未规制"掠夺性定价"之前,以 97 元超低价推出 Word 97 版本,最终挤垮了国产软件金山 WPS,而中国消费者为一时的甜头付出的代价就是要么忍受微软高价使用其不断更新换代的软件,要么使用盗版。

"保护知识产权"是全社会的共识,但高举这面大旗的企业,并一定都能站在道德和公益的高地上,关键得看能否在垄断利益和社会发展之间取得平衡。微软保护知识产权,从法律角度看固然无可厚非,完全正当,但采取"黑屏警告"的做法明显欠妥。一方面涉嫌侵犯消费者的合法权益,日前就已有律师向公安部举报微软侵犯消费者的财产权、隐私权,"涉嫌破坏计算机信息系统罪和非法侵入计算机信息系统罪";另一方面,微软当然可以设置技术手段禁止非法复制他的软件,拒绝对盗版软件更新,但是无权对用户的电脑进行任何其他操作。因为侵犯知识产权的认定需要严格的行政甚至司法程序,微软光凭自己设计的一套程序就认定消费者使用盗版软件,明显有失公允,更缺乏说服力。

　　笔者并不反对微软合法的利益诉求,但微软用"黑屏"反盗版,却并非明智之举。这只会强化被"黑"用户的反感情绪,强化消费者对微软垄断霸权的警惕和担忧。在《反垄断法》已然实施,滥用知识产权,排除、限制竞争的行为被明文列为反垄断对象的高压之下,微软此举只会将自己陷入各种类型的反垄断诉讼和监管机构的反垄断调查之中,结果将得不偿失。

第六辑

司法正义

　　法律只能实现人与人形式上的平等，并无法保证每个人在实质上的平等，比如无法消弭天生资质的差别，无法改变占有资源的多寡。但是，法治，即法律从制定到实施的各个环节，可以也应当为每个人创造出公平的竞争环境，破除特权的恣意，摒弃金钱的干扰，使每个人都能受到平等对待，生活得有尊严和幸福。只有厉行法治，权力才能得到有效制约，权利才能得到充分保护。司法，无疑是公平正义最根本和最有力的保障。

证人保护制度有待深化[*]

众所周知,举证难与执行难一样,一直是困扰我国司法机关的两大难题之一。司法实践中,证人出庭率很低,拒证问题普遍存在,已经成为制约我国刑事审判方式改革的一个瓶颈;毋庸讳言,我国现行立法对证人及其亲属的人身安全和经济利益保护乏力,证人权利与义务严重失衡是造成这一现状的根本原因。深圳市宝安区检察院日前出台的《自侦案件证人保护工作规定》,打消了证人出庭作证的种种顾虑,破解了证人保护的诸多难题,用"工作规定"的形式把司法部门保护证人的经验制度化,正面回应了长期以来法学专家与人大代表的人力呼吁,在司法实践中确属首创。(《新京报》2004年11月16日)

---

　*　本文为《新京报》2004年11月17日社论,发表时题为《证人保护不只是检察机关的事》。

笔者在为这一制度创新击节叫好之余,也发现了两个薄弱环节,我国证人保护制度还有待进一步深化。证人保护能否充分、有效地进行,有两个环节是关键,一是要解决谁来保护的问题;二是保护证人的费用从哪里支出。可以想见,证人保护机构不完备,保护证人的费用没来源,证人保护制度无论如何创新,其效果都会大打折扣,达不到预期的目的。

首先,《自侦案件证人保护工作规定》明确规定"检察长领导全院的证人保护工作"。言下之意,证人保护工作是由检察机关主导并负责实施的,然而问题正是出在这里。我国《刑事诉讼法》确定了公、检、法"分工负责、互相配合、互相制约"的基本原则,因此,从立法精神上讲,证人保护工作作为刑事诉讼程序的重要环节,必须由公、检、法三家共同完成。从司法实践的层面讲,证人保护工作要分为庭审前保护、庭审中保护和庭审后保护,光靠检察机关一家之力,很难完成这一连续性的过程。如果勉为其难而为之,很可能弱化保护证人的效果,达不到充分、有力保护证人的预期目的。

其次,《自侦案件证人保护工作规定》规定:"证人因作证而支付的必要的交通、食宿等费用的,可以按照国家有关规定进行补偿。"这一措施有力地扭转了长期以来证人作证权利与义务失衡的局面,有利于推动证人自觉履行出庭作证的义务。但问题是,这笔不菲的费用从哪里支出?笔者尚未详尽地考证深圳市宝安区检察院保护证人所支付的费用数额和来源,但是有一点是肯定的,我国司法机关的所有经费都来自各级地方财政,绝大部分司法机关都存在办案经费紧张的情况。在这样的条件下,我们积极推动的证人保护制度,会不会因为经费的短缺导致保护的力度和效果大打折扣,甚至因为非经常性的经费支出出现中断而使得这一被人们寄予厚望的制度中途夭折？要知道,世界上运作最严密、效果最明显的美国联邦证人保护程序,是建立在1984年《证人安全改革法案》所确立的联邦财政承担证人保护费用的基础之上的。

谁来保护证人,用哪儿的钱来保护证人,是我们推动证人保护制度进一步深化必须解决的两个问题;否则一切的创新和改革,都是空中楼阁。

首先,必须整合公、检、法三个机关的力量建立专门的证人保护机构,具体负责证人保护事宜。尽管公、检、法三机关都应当是法定的证人保护机构,而由于各自在诉讼中承担不同的诉讼职能,都不可能单独成为专门的证人保护机构:任何一个机关全方位地承担证人的事前、事中和事后的所有保护工作都会力不从心、勉为其难。但各机关分阶段负责证人保护也不利于证人保护的连续性和有效性,司法实践中还可能会出现互相推诿的问题,反而不利于证人保护。因此,整合力量建立专门的证人保护机构,有利于最充分、最有效、最及时地保护证人。

其次,设立证人保护专项基金,用于证人保护和出庭作证的补偿。证人保护专项基金应当由国家负担,列入国家财政预算,而非混淆于公、检、法三个机关的办案经费,保证专款专用,严禁滥用和挪用。实践操作上,司法机关负责出具证人提供证言或出庭作证的必要性、作证的事实、证人因此而受到的经济损失、进行证人保护的必要性等证明材料,经证人保护机构审核后从证人保护基金中统一支出。切实可行的证人保护和经济补偿制度,不仅可以保障证人保护和出庭作证的效果,也充分实现了作证权利与义务的平衡,体现国家和社会对证人作证行为的肯定和尊重。

证人保护制度完善与否,在一定程度上决定着证人出庭率的高低;证人出庭率的高低,在一定程度上又阻碍了审判方式的改革,直接影响着审判程序的科学化和规范化,进而影响着司法的公正与效率。深圳市宝安区检察院的创新只是证人保护制度的开始而非结束,证人保护制度在现行的法律框架之下尚有极大的创新空间,我们期待着这一制度的进一步深化。

补记:

2012 年 3 月 14 日,十一届全国人大第五次会议修改刑事诉讼法,对证人保护制度进行了完善。修改后的《刑事诉讼法》第 61 条规定:"人民法院、人民检察院和公安机关应当保障证人及其近亲属的安全。对证人及其近亲属进行威胁、侮辱、殴打或者打击报复,构成犯罪的,依法追究刑事责任;尚不够刑事处罚的,依法给予治安管理处罚。"第 62 条规定:"对于危害国家安全犯罪、恐怖活动犯罪、黑社会性质的组织犯罪、毒品犯罪等案件,证人、鉴定人、被害人因在诉讼中作证,本人或者其近亲属的人身安全面临危险的,人民法院、人民检察院和公安机关应当采取以下一项或者多项保护措施:(一)不公开真实姓名、住址和工作单位等个人信息;(二)采取不暴露外貌、真实声音等出庭作证措施;(三)禁止特定的人员接触证人、鉴定人、被害人及其近亲属;(四)对人身和住宅采取专门性保护措施;(五)其他必要的保护措施。证人、鉴定人、被害人认为因在诉讼中作证,本人或者其近亲属的人身安全面临危险的,可以向人民法院、人民检察院、公安机关请求予以保护。人民法院、人民检察院、公安机关依法采取保护措施,有关单位和个人应当配合。"第63条规定:"证人因履行作证义务而支出的交通、住宿、就餐等费用,应当给予补助。证人作证的补助列入司法机关业务经费,由同级政府财政予以保障。有工作单位的证人作证,所在单位不得克扣或者变相克扣其工资、奖金及其他福利待遇。"

据媒体报道,2015年11月6日,四川省绵阳市游仙区检察院与法院、公安、司法局多次召开联系会、研讨会,共同研究刑事案件证人保护制度,在对大量证人出庭作证案件分析研究基础上达成统一认识,决定从六个方面入手进一步完善刑事案件证人保护工作机制。**一是**,明确证人保护的适用对象范围。除依据修改后刑诉法将证人及近亲属作为证人保护对象外,还将证人特别请求的与证人及其近亲属有密切关系的人,经确认确有保护必要的,也纳入证人保护对象。**二是**,明确证人保护的适用案件范围。除了将修改后刑诉法第62条列举的案件纳入证人保护案件范围外,还根据实际情况将严重暴力犯罪、职务犯罪等重大刑事案件列为证人保护案件范围。**三是**,明确证人保护措施实施机构。明确规定证人保护措施在侦查阶段由公安机关实施(检察机关的自侦案件由检察机关实施);在审查起诉阶段由检察机关实施;在审判阶段由人民法院实施。有必要的由三家共同制订保护措施。同时还规定人民法院、人民检察院和公安机关在证人保护工作中应当分工负责,密切配合。**四是**,明确证人保护措施的采取条件。因在诉讼中作证,证人或近亲属面临危险时,可以向人民法院、人民检察院、公安机关请求予以保护,既可书面请求,也可口头请求,人民法院、人民检察院、公安机关应采取保护措施。同时还规定,案件承办单位在办案中发现证人的人身和财产安全存在隐患的,也应主动依职权采取保护措施。**五是**,明确证人保护措施的具体内容。规定了在办案中不得公开证人真实信息;不暴露证人外貌、真实声音;禁止特定人员接触证人及近亲属;对证人人身和住宅采取专门性保护等具体保护措施,同时还将"其他必要保护措施"作为兜底条款,以根据具体情况选择适用的保护措施。**六是**,明确证人履行作证义务的经济补偿机关。对证人因履行作证义务而发生的交通、住宿、就餐费用,人民法院、人民检察院、公安机关应当给予补助。在侦查阶段由公安机关补助;在审查起诉阶段由检察机关补助;在审判阶段由人民法院进行补助,将证人经济补偿落到实处,进一步保障和激励证人履行作证义务。

检方提前介入：效率优先还是公平优先？[*]

四川省检察院对原四川省副省长李达昌涉嫌滥用职权案的侦查工作已然接近尾声。日前，最高检已明确指定该案在侦查终结后移交北京市检察机关审查起诉。北京市一分检起诉二处近日成立了办案组，提前介入李达昌案。根据《刑事诉讼法》的规定，最高检有权指定异地起诉。但是检方在侦查工作尚未结束之时就提前介入案件，是否合理合法呢？

目前，检察机关审查起诉部门提前介入到侦查阶段，是检察系统内部的一种工作方式，被默认甚至是广为接受。这通常适用于大要案和关注度高的案件，目的是熟悉案情，为下一步审查起诉打好基础，同时也可以起到指导侦查的作用。很显然，检方提前介入是

* 本文发表于《法制日报》2005 年 5 月 27 日"法治时评"，发表时题为《检方提前介入有违公平优先》。2005 年 5 月 28 日《法制日报》发表商榷文章《检方提前介入兼顾公平效率》，作者为锦州市铁路运输检察院刘仕杰先生。

秉持了一种效率优先的思维方式。具体到本案而言，由于涉嫌滥用职权，属于检察机关自侦的范围，既然都是"一家人"，提前介入就有了更多的理由和更充分的正当性。

事实上，侦查和起诉是两个独立的诉讼阶段，无论是公安机关侦查还是检察机关的自侦，起诉提前介入都会导致侦查和起诉混同的"一锅煮"现象。法律制度设计中本应当分离的侦查权和起诉权在时间和阶段上被合一，尽管提高了办案的效率，但是案件质量却难以保证。检察机关所担负的不仅是单一的公诉职能，还有更为关键的法律监督职能。既然要监督，那么就必须在诉讼阶段上分离，否则提前介入之后再监督无疑就是自己监督自己，很难起到监督的效果。

公诉引导侦查等检察机关提前介入的方式尚未有法律的明确规定，因此在实践中的做法也往往是五花八门。客观地讲，这种方式的确可以强化单个证据的证明力，因为不同司法机关在审查案件时对事实、证据的掌握尺度有所不同，公诉机关提前介入侦查活动，能够及时融合侦诉分歧，梳理、分类原始证据，提高讯问、调查的规范性、准确性和针对性，从而提高证据质量。同时，可以减少程序上的文来文往，因为公诉机关提前介入后，用审查起诉的标准引导侦查取证，将会大大减少退查，促成尽早结案，提高办案效率，杜绝过去在退查问题上存在的互相推诿、互相不理解等现象。但是刑事诉讼不仅要追求效率和所谓的"政绩"，更要维护法治公平的精髓和实在的"人权"。

就如同人会"先入为主"一样，第一印象往往非常重要，以后很难扭转。司法人员作为司法机关的有机组成部分也是如此，尽管逻辑思维的能力更强,法治理念的理解也更深刻。公检法三机关办案,分工负责,互相监督,互相制约,看似增加了办案的成本,降低了办案的效率,但是却避免了先入为主的主观臆断。这不仅有利于保护犯罪嫌疑人的正当权利,而且有助于深化公平优先的法治理念。市场经济就是法治经济,是说市场经济要在法治的框架下运行,而非法治的任何层面、任何方面都要贯彻市场经济等价有偿效率优先的游戏规则。作为商人,讨价还价,追求效率,无可厚非。但是作为司法机关,首要的职责就是维护公平正义,哪怕付出更高的成本,否则社会正义最后一道防线将荡然无存。

从几年前我们质疑"公检法三机关联合办案",再到今天我们探讨"检方提前介入"究竟是应该效率优先还是公平优先,实际折射出我们程序理念的欠缺甚至是缺失,功利主义司法的思维依然深深扎根在我们的头脑中。"大案要案"是司法机关的重头戏,也是考验司法机关能力的重要标准;但是我们千万别把这场重头戏视为司法机关的"政绩",司法机关也完全没有必要把这场重头戏世俗化。效率优先还是公平优先,答案应当不言自明,只是希望"检方提前介入"这种不符合程序理念、将司法功能世俗化的所谓"创新"和"机制"能够少一些,再少一些,直至退出历史的舞台。

要"大侠"还是要警察 *

"江湖"是什么？读过武侠小说的人想必都不陌生。从文学的角度看，"江湖"是叙事的一个场景或背景，可以是崇山峻岭，也可以是江河湖海，可以是豪门深宅，也可以是世外桃源。只要是酝酿了纷争、发生了纷争、发展了纷争、解决了纷争的地方，都可能成为"江湖"。但是，从法学的视野看，"江湖"意味着秩序的颠覆和公权的缺失，道德的评判代替了法律的裁判，私力的救济取代了公力的制裁。在"江湖"中，不管是德高望重的"武林前辈"，还是初出茅庐的"少年侠士"，只要牢固掌握"正义"的话语权和解释权，并得到大多数"同道"的默认或支持，杀人也是合法，"以牙还牙，以眼还眼"成为常态。

---

* 本文发表于《新京报》2005 年 6 月 14 日评论版，发表时题为《要大侠还是要警察》。

"江湖"的背后是中国传统的"侠"文化。在官方的历史中,"侠"一直被作为政治的异己或不安定分子来对待,因为在冷兵器时代,"游侠""壮士"具有普通民众所不及的超常能力,他们思维活跃,信念坚定,行踪不定,好打抱不平,游离于统治的权威和国家的秩序。"王者之政莫急于盗贼",盗者即为今日我们说的小偷与强盗,贼者其实就是统治者最为忌惮的反抗者——"侠"。但是在民间的话语中,"侠"往往意味着正义的化身,在公力救济尚不发达、不及时的古代,"侠"所代表的私力救济,往往会获得民众的青睐和欢迎。

　　"私力救济"有其合理和积极的因子,但是我们必须看到这种救济方式是建立在对法治秩序不信任和不服从的基础之上的,所仰仗的并非是法律的权威而是个人的道德。因此,这种救济方式具有极强的随意性、任意性,既不稳固更不可靠,其结果往往落入"冤冤相报何时了"的怪圈:上一代的仇恨往往通过血缘在下一代身上延续。中国的赵氏孤儿,西方的罗密欧与朱丽叶,正是这种权利救济方式的牺牲品。然而时至今日,"侠"的情结往往使得我们无法释怀对"私力救济"的偏好。

　　《新京报》2005年6月13日所报道的民间反扒手苑国栋就是绝佳的分析标本。苑国栋在2004年7月来京的第一天,钱包在车站被窃,这一看似寻常的经历促使苑国栋成为了一名民间反扒手。苑国栋腰里别着一根自制的皮鞭,在西外大街抓小偷。因为抓贼,苑国栋成了无业游民,不得不依靠别人的救济生活。强烈的道德意识和正义感使苑国栋获得了"大侠"的美誉,但是苑国栋在饱受非议之余也面临着艰难的抉择:一边是他乐于帮助但无法支持他的市民,一边是视他为规则破坏者而不断威胁他的既得利益者。

苑国栋在道德上扮演的无疑是一位"侠客"的角色,仗义执言,好打抱不平,这份"古道热肠"的勇气和执著无疑反讽着现代人的冷漠和自私。但是,在行为方式上,苑国栋所行使的却是本应属于警察的公权,以至于"掏出皮鞭痛打小偷"被指"滥用私刑"。小时候常和伙伴一起玩"警察抓小偷"的游戏,其实从儿时起我们的潜意识就将抓小偷作为警察不可推卸的职责。西外大街一带小偷层出不穷,危害公民的财产权益和人身权益,究竟是谁的责任?难道不是警察的失职吗?如果警察行权及时、履职有效,还会有小偷生存的空间和苑国栋遇到的悖论吗?正是因为公力救济的不及时与不充分,给苑国栋的私力救济预留了存在的空间。苑国栋被尊称为"大侠",我们既可以解读为部分民众对他的支持,更可以理解为民众借此表达对公共权力的不满。势单力薄的苑国栋曾经也求助于警察,但是每天碰到小偷就打110招来了辖区派出所的不满:"珍惜警力,不要随意拨打110。"如此这般,"私力救济"就不仅仅是一种道德自觉,在一定程度上也是无奈之举了。

"私力救济"有其合理和积极的因子,可以弥补"公力救济"可能的缺位,满足普通民众善良的企盼,但是我们必须看到这种救济方式是建立在对法治秩序不信任和不服从的基础之上的。而公力救济则与之相反,国家干预社会成员的纠纷,以第三者的身份解决纠纷,用国家力量取代"私力救济"。尽管在历史上"公力救济"具有很大的任意性,国家注重强力裁判和社会稳定的维护,并不特别关注冲突主体的权益保护。但随着启蒙思想、法治思想的发展和弘扬,国家的公力救济逐渐具有了维护冲突主体权益、保障公民要求司法救济权利的根本性质。公民通过司法制度维护权益的要求成为一种权利,而国家的裁判是一种义务,而不是国家赐予公民的恩惠。

抓小偷是见义勇为,这种私力救济的方式无疑是对公力救济的合理合法的补充;但是以抓小偷为业,并且采取鞭打等极端的方式,却使私力救济走向了另一个极端。笔者赞赏苑国栋的"义举"与"勇气",但是不支持这种行为的方式。我们讨论"苑国栋现象",不应仅仅局限于这种行为是否合理合法上,更要积极反思这种现象背后更深层次的原因:既然公力救济比私力救济更为稳固,更加符合法治的原则,那么私力救济的存在甚至盛行是否意味着公力救济的不充分和不及时? 现代法治社会究竟是要苑国栋的皮鞭还是要警察,答案不言自明。但是既然出现了苑国栋,是不是需要促使我们的公共权力机关反思一下:公民权利救济的途径是不是不通畅? 成本是不是太高了? 效率是不是太低了?

补记:

2015 年 1 月 27 日,"反扒大王"苑国栋获评"2014 年度中国正义人物"。

正义事迹为:2004 年 7 月,苑国栋在去北京的第一天被小偷偷走了钱包,自此,他就与小偷"铆上了劲",一心专职抓小偷,从未曾间断。北京、上海、南京等十多个城市都有了苑国栋反扒的身影,十多年来,他一共抓获小偷三千多个,被老百姓称为"民间反扒大王"。

颁奖词为:他是一名快意恩仇的侠客,在善与恶之间展现正义;他是一名不畏生死的勇士,坦然面对生与死的轮回。"路见不平一声吼,该出手时就出手。"在反扒路上,无惧无畏,至死方休!

"球迷的狂欢"莫成"赌徒的盛宴"*

　　世界杯是全世界球迷的节日。四年一次,机会难得。球迷对世界杯的欣赏、狂热、迷恋丝毫不亚于球员在球场上的拼搏。随着6月9日德国队与哥斯达黎加队之间揭幕战的一声哨音,世界杯,这场球迷的狂欢节终于拉开了序幕,无数中国球迷开始了白天上班晚上熬夜看球的"不眠之月"。伴随着球迷们的激情,世界杯也成了赌徒的盛宴,屡禁不止的赌球再次浮出水面,激情四射的绿茵场很有可能沦为乌烟瘴气的赌场。而事实上,前锋球员鲁尼欠下70万英镑赌球债已经影响了英格兰队的士气和战绩;意大利队的日子也不好过,核心球员布冯尽管被帕尔玛法官特许参加世界杯,但其赌球行为仍要被"秋后算账"。因此,国际足联不得不吸取前车之鉴,历史上第

---

*　本文发表于《中国青年报》2006年6月15日"青年话题",发表时题为《警惕世界杯成为赌徒的盛宴》。

一次要求任何一个参加本届德国世界杯足球赛的球员、裁判员、教练员都必须在赛前签署一份"禁赌协议",不仅要保证自己不参与赌球,同时还要保证家属不参与赌球。一纸"禁赌协议"能否有回天之力,让世界杯真正成为球迷的狂欢节而非赌徒的盛宴,还有待实践的检验。但我们至少应该明白这样一个道理:面对人性的弱点和利益的刺激,道德自律远不如制度建设来得可靠。

这一点可以在中国得到印证。2006年4月10日,公安部与国家体育总局联合下发通知,决定在全国范围内开展针对足球赌博的专项整治,以加大对足球赌博活动的打击力度,为中国足球发展提供良好的环境。在此次专项整治中,三种违法犯罪行为被列为重点打击对象:设立投注站点,介绍、宣传赌球赔率,招揽群众参与足球赌博的行为;操纵、控制比赛,组织足球赌博的行为;利用网络组织足球赌博的行为。这项专项整治活动的效果也是显而易见的。截至2006年6月1日,全国公安机关共破获网络赌博案件317起,抓获涉赌人员1 137人,总涉案金额超过17亿元人民币。2006年6月2日,世界杯开幕前夕,浙江省台州市警方成功破获公安部督办的"1·26"网络赌博案件。该案涉及浙江、上海、山东、安徽等地,涉案人员400多人,涉案赌资10多亿元,现已查获台州籍涉案人员100多人,刑事拘留16人,批准逮捕4人。但是,我们也要清醒地看到,近年来,中国球迷越来越多,世界各赌博集团对中国投入力度最大、手段最多、吸引力也最强,赌球的人数之多更是居世界前列。据新华社记者调查,尽管教育与惩罚两种手段双管齐下,赌球在国内一些地方仍是屡禁不止,蔚然成风,世界杯期间大有泛滥成灾之趋势。而香港警方也被赌球弄得头大。2003年香港将赌博合法化之后,并未能如其预期把赌球行为纳入正轨并借此打击非法外围赌球；相反正由于外围赌球成本低、赔率大、赌法多样化等优势，吸引力比合法赌球还高，至今禁而不绝。

为什么我们要如此坚定地反对赌球？不仅仅是为了世界杯，而是因为赌球亵渎了"fair play"的竞技精神，引发了犯罪率上升，危害了国家的金融安全。这是各国都认同的。但是为什么赌球仍是"百足之虫，死而不僵"甚至"春风吹又生""死灰又复燃"呢？与一味地加大打击力度相比，思索我们制度建设中的薄弱环节更有可能让世界杯真正成为球迷的狂欢而非赌徒的盛宴。

首先，《刑法》关于赌博罪的规定已不适应打击犯罪的需要。2006 年，涉案金额高达 6 亿元的京城"网络赌球第一案"的庄家顾联宝被判有期徒刑两年半；涉案赌资达 1.2 亿元的网络赌球案主犯王某被判处有期徒刑 1 年零 6 个月；利用电脑参与网络赌球的广西南宁市某学校教师施某，代理赌资达 150 多万元，被判处有期徒刑 1 年零 6 个月。与犯罪收益和危害相比，目前刑法对赌博罪的处罚偏轻，已经起不到震慑作用。而且，目前赌博罪量刑没有档次之分，不论情节多么严重，赌博金额多高，条款中只有一个量刑档次。再加上附加刑中没有没收财产、剥夺政治权利的规定，使得赌博的风险成本偏低，赌球的庄家和参与者为了获取暴利，往往铤而走险。

其次，《反洗钱法》正在紧张的制定过程之中，反洗钱工作机制尚须进一步明确和完善。赌球庄家为降低自身的风险，规避法律责任，往往通过地下钱庄等非法金融机构将赌资汇至境外，造成资金恶性外流，危害国家的金融安全。据北京大学中国公益彩票事业研究所调查，中国每年由于赌博而流到境外的赌资金额，相当于 2003

年全国福彩、体彩发行总额的 15 倍,也几乎等同于 2004 年全国旅游业的总收入,超过 6 000 亿元。虽然中国关于反洗钱工作的机构已经基本建立起来,由中国人民银行、公安部、国家外汇管理局等政府部门共同参与的反洗钱工作全面展开,但是由于《反洗钱法》尚未出台,反洗钱工作机制尚在磨合期,这些部门在跨境资金流动监测、可疑资金信息共享等方面仍然存在各自为政的情况,缺乏沟通协调,在一定程度上给了赌资外逃可乘之机。

最后,赌球的监控措施和防范手段尚显薄弱。相对于传统赌博,网络赌博给执法机关带来更大的难度。网络赌博公司的各级代理一般对下级代理和会员进行远程操控,成员间一般不直接见面,因此具有一定的隐蔽性。赌博公司在利用虚拟主机、托管主机发布赌博广告信息的同时,还不断动态变换网络地址和域名,具有一定的反侦查能力;且在抓捕涉案人员时,一旦赌徒断开网络连接或关闭电脑,服务器内的很多证据便会丢失,所以收集证据的难度相当大。这些难题的存在在客观上就要求执法机关加强赌球的监控措施和防范手段,将赌球的"星星之火"在蔓延燎原之前熄灭。世界杯期间,泰国警方在曼谷专门设立一个赌球控制中心,打击非法赌球活动,下辖九个分部,密切注视世界杯赛期间的赌球活动,尤其是密切关注和防范学校、教育机构的赌球活动。香港特区民政事务局为了防止世界杯期间赌风加剧,拨款 1 500 万港元用于戒除赌瘾服务及教育宣传,培养球迷"只看不赌"的意识。这些措施和手段无疑值得我们合理借鉴。

未成年人司法解释:保护权益还是纵容犯罪?[*]

2006 年 1 月 23 日,最高人民法院《关于审理未成年人刑事案件具体应用法律若干问题的解释》正式实施。与 1995 年的司法解释相比较,本次司法解释把未成年人犯罪和成年人犯罪明确区别开来,充分体现了全社会对未成年人加大保护力度,对未成年人犯罪"教育为主,惩罚为辅"的司法理念;对于未成年人犯罪的认定和量刑,也尽量在法定范围内从轻和减轻,彰显对未成年人犯罪的关怀和宽容。该解释还对很多司法实践中长期存在争议的问题作出了明确的界定,有利于人民法院在审理未成年人刑事案件中正确适用法律,最大限度地教育、感化和挽救违法犯罪的未成年人。但是,也有人提出了一些担心和疑问,认为把一些过去认为是未成年人的犯

---

　　* 本文系《法制日报》阮占江编辑约稿,发表于《法制日报》2006 年 2 月 8 日"法治时评",发表时题为《最大限度地挽救违法犯罪未成年人》。

罪行为不作为犯罪处理,会诱发、助长未成年人犯罪,不利于社会和谐稳定。笔者认为,这样的担心和疑问有一定的道理,但却是没有必要的。

首先,从犯罪的性质分析,未成年人犯罪与成年人犯罪存在本质的区别。一般而言,未成年人还处于生理、心理的发育阶段,各方面都很不成熟:思想幼稚单纯,缺乏辨别是非的能力,法律意识淡薄,自我控制能力差,对客观环境具有易感性,往往为一时的感性冲动所左右,丧失理智,不计后果,为满足一时之私欲而不惜以身试法。一些失足少年,既是危害社会和谐稳定的犯罪者,又是社会不良环境的受害者。如果对于未成年人这一特殊群体没有特殊的法律保护和司法措施,既不利于综合治理未成年人犯罪,也不利于未成年人的健康成长。正因如此,《未成年人保护法》第38条明确规定:"对违法犯罪的未成年人,实行教育、感化、挽救的方针,坚持教育为主、惩罚为辅的原则。"

其次,从刑罚的效果看,未成年犯罪人与成年犯罪人相比,社会危害性较小,更易于教育和改造。著名的生物学家巴甫洛夫曾说过:"用我的方法研究高级神经活动,经常得到的最主要最强烈的印象,就是这种活动的高度可塑性及其巨大的可变性:任何东西不是不可改变的,不可影响的。只要有相应的条件,一切总是可以达到的,并且向好的方面转化。"由于未成年人尚未形成稳定的思想意识,具有很强的可塑性,比成年人更易于教育和改造。同时,未成年人社会危害性不大,可以在量刑、缓刑、免予刑事处罚、减刑、假释等方面与成年人有所区别。因此,本次司法解释明确规定,对未成年罪犯适用刑罚,应当充分考虑是否有利于未成年罪犯的教育和矫正。对未成年罪犯量刑应当依照《刑法》第 61 条的规定,并充分考虑未成年人实施犯罪行为的动机和目的、犯罪时的年龄、是否初次犯罪、犯罪后的悔罪表现、个人成长经历和一贯表现等因素。未成年人犯罪只有罪行极其严重的,才可以适用无期徒刑。对已满 14 周岁不满 16 周岁的人犯罪一般不判处无期徒刑。

再次,从司法实践看,对于未成年人犯罪,"下猛药"的措施只能治标不能治本。近年来,我国未成年人犯罪总体上呈上升趋势,而且出现了手段成人化、年龄低龄化、犯罪暴力程度加剧等特点。2005年各级法院依法判处未成年人罪犯 70 086 人,上升 19.1%。在各类犯罪中,未成年人犯罪升幅最高。针对未成年人犯罪的高发态势,不少理论界和实务界的同志提出"降低刑事责任年龄""严厉打击、加重处罚"等"下猛药"的措施。事实上,这一思路是行不通的。从理论层面上讲,刑罚是最严厉的处罚,刑责是社会防卫的最后手段;从节约司法资源、弘扬人道主义的角度,应当少用甚至不用刑罚来预防和控制犯罪。

预防和有效遏制未成年人犯罪是一个复杂、系统的工程,是全社会的责任,需要多管齐下、综合治理。用"下猛药"的措施,试图"一竿子到底"遏制未成年人犯罪,其实是国家、社会和家庭在推卸责任。从实践层面看,未成年人进入监狱,易产生交叉感染,并不利于其改造;而一旦未成年人的人生履历上添加了犯罪的污点,很难避免家庭、学校、社会的排斥,教育、挽救、感化、威慑等措施将失去成效,继续犯罪极有可能成为唯一的选择。因此,我国对未成年人追究刑事责任的目的,并不是为了单一地惩罚未成年人,而是通过刑罚的合理适用来教育、感化、挽救未成年人,使其最终能够复归社会,以达到既保护社会的稳定有序,又保护未成年人健康成长的双重目的。

需要指出的是,保护未成年人权益、预防未成年人犯罪是一个系统工程,家庭、学校、社会、政府、司法机关都是这个工程中不可或缺的环节。要从根本上减少未成年人违法犯罪行为,减少因未成年人违法犯罪对社会造成的危害,最大限度地维护未成年人的合法权益,需要我们群策群力,共同努力。从这个角度看,本次司法解释的贯彻实施,不仅仅是司法机关应尽的职责,更需要整个系统的联动和互动,积极协助、密切配合,将维护社会和谐稳定与保护未成年人合法权益紧密结合起来。

电脑量刑与法官的理性局限*

　　从古到今，从东到西，很多法学家都孜孜以求这样一个理想社会：法律清楚、准确地体现着代表民众的立法者的意志；每个法官都是绝对理性的主体，像一台从不会出错的机器那样准确地把具体、清楚与连贯的法律条文适用到个案中去；每个当事人都服膺于法律的理性和司法的权威，积极认真地履行法官的判决。然而，这样的理想社会只能是乌托邦、桃花源，在现实中是不存在的。因为，立法无法预测未来，不可能包罗万象，规范人类所有的社会生活；法官是人，既不可能像神一样无所不知，更不可能像机器一样准确无误，法官的判断过程总是不可避免地受到自身的理性的局限，受到各种社会思潮和人为因素的干扰。

---

　　* 本文系《法制日报》凌锋编辑约稿，发表于《法制日报》2006 年 8 月 4 日评论版"法意"专栏。

传说中,中国古代的第一个法官皋陶是借助于獬豸来裁判事非,宋代的包公则是借助于他的天眼和往来阴阳两界的超常能力来明察秋毫。这正从一个侧面说明了无论多么聪明正直的法官,其智力和知识都是有限的。时至今日,我们对法官理性的局限和现实的困境有了更加深刻的体验和认识。"递条子""打招呼"让法官两面为难,公正形象大打折扣。社会转型时期的诉讼爆炸让法官不堪重负,身心健康严重受损。法律条文不清楚甚至互相冲突,给法官的自由解释和裁量留下余地的同时,也加重了法官的责任和风险。错案追究制尽管受到学界几乎一致的质疑和批判,但仍是悬在法官头上的一柄达摩克利斯之剑。中国城乡之间、各地区之间发展的差异,使得各地的刑事政策不尽统一,同罪不同判的案例屡屡发生,法官面临的社会舆论压力也越来越大。

　　或许是为了弥补法官的理性,拯救法官于"水火",或许是因为公正和效率成为司法审判的世纪主题,这些年各级法院都在探寻一种更加公正的量刑和裁判案件的方法,一些法院推出了不少改革创新的措施,来增强司法判决的稳定性和公正性,如淄博市淄川区法院的"电脑量刑"、北京市房山区法院的"法官联席会议统一判决标准"、郑州市中原区法院的"先例判决制"、江苏省高院公布量刑规则。这些新措施的共同点就在于,一群富于创造和探索精神的法官们,试图通过技术的手段或者制度的约束,统一判决的标准,排除外界的干扰,真正树立司法的权威和民众对法治的信仰。尽管这些措施在推行之初都不同程度地引发了社会争议,在实践中的效果还有待观察;但是这种弥补法官理性局限、解决法官现实困境的努力方向,值得我们鼓励、肯定和祝愿。

尤其值得关注的是当初备受争议的"电脑量刑"。2004年3月份，山东省淄博市淄川区法院开发出一套"规范量刑软件管理系统"，只要把被告人的犯罪情节输入电脑，几秒钟后，电脑就会根据储存的法律条文和有关细则，对被告人作出适当的量刑。淄川区人民法院的做法一经媒体报道，立即引起社会各界的强烈的反应，并被简单化地冠名为"电脑量刑"。不少人强烈质疑这种做法，有人认为量刑是一种去粗存精、去伪存真、由表及里的复杂、综合、高难度的脑力劳动，远不是一种可以通过电脑来完成的简单机械运动。有人认为要想杜绝法官办人情案，靠的是制度的约束和法官素质的提高，而电脑量刑不仅无济于事，还有可能滋长法官的懒惰情绪和依赖心理，无助于法官素质的提高。也有人认为量刑不是自然科学领域的标准化作业，是国家实现公正与公益的平衡和个案"法理情"统一的公权力决策，案件千差万别，电脑因无情而无私，也会无视广大"民意"和社会效果，不当量刑。

这些质疑都有合理的因素，但却忽视了一个关键因素：所谓"电脑量刑"，并不是说让电脑来替代法官，而是通过电脑来执行法官经过集体讨论、研究和借鉴所制定出的"规范化量刑细则"。在这个过程中，法官是主体，电脑是工具。从这个角度看，笔者认为所谓的"电脑量刑"至少解决了两大问题。一是适当限制了法官的自由裁量权，一定区域内统一了判决的标准，提高了司法的公信力。尽管自由裁量权能使法官根据各种情况，有针对性地量刑，实现个案公正，是一种比整体公正更高标准的公正，但法官的自由裁量权如果得不到规制，势必异化为权力的滥用。因此，著名刑法学家陈兴良认为"在制定量刑细则的过程中，法院有必要通过确定性的量化手段,将原来属于法官的一部分自由裁量权收到自己手里"。二是最大限度地排除了人为因素的干扰,确保正义以看得见的方式实现。尽管我们提倡法官要做孤独的圣贤、寂寞的高士,但理想与现实总是有差距的。毕竟,中国是个差序格局的熟人社会,"人情"往往高于"天理"和"国法",现实中法官脱下法袍之后,还必须在其亲朋好友中间生活、同人民群众打成一片。因此,法官不得不面临两难的困境:既想公正办案,又不想太得罪亲朋好友。电脑量刑的规范性程序设计,可以在最大限度上排除人为因素的影响,也为法官独立审判、公正审判提供一种程序上的借口。

法律是一门艺术。它要求长期的研究与经验,之后一个人才能了解它、运用它;从这一角度说,法律的生命在于经验而不在于逻辑。但法律的适用比法律本身要复杂得多,不仅需要经验和逻辑,还需要把握社会发展的趋势、传统文化的影响和民众的心理状态。长期以来,我国在司法实践中对法官经验关注得比较多,给法官的自由裁量权过大,这不利于司法权威和法治信仰的形成。不少法官认为,在刑事案件的量刑过程中,存在着大量的"张秉贵式判决"(张秉贵,全国劳模,特级售货员,练就"一抓准"和"一口清"的售货技术和心算法),"只要有足够审判经验,就靠个人感觉,只要不超出法定刑范围,应该都没错"。量刑必须以事实为根据,而犯罪事实具有客观性,因而量刑方法只是借助于一定的手段反映这种客观存在,并使之成为刑罚量定的基础。但这种估堆量刑缺乏应有的客观性,把量刑结果的公正性,委托于法官个人的判断,取决于法官道德是否高尚、对法律是否精通、经验是否丰富,具有很大的主观性,不可避免地出现"法官的一顿早餐,能决定被告的命运"的现象。

以量刑偏差、量刑不公等问题为代表的法官理性局限和现实困境,已经引发了理论界的思索和实务界的探索,我们期待在法治的框架内,类似"电脑量刑""先例判决"这样的探索更多一些,在法官的自由裁量权和判决的公正性之间找到更好的平衡点。

补记:

据《法制日报》2010 年 9 月 16 日报道,在量刑规范化改革即将在全国试行之际,最高人民法院刑三庭庭长戴长林就量刑改革中具有争议或模糊的几个问题,接受了记者访谈。

记者:2004 年,山东淄川法院在制定量刑实施细则的基础上开发出电脑辅助量刑系统,尝试利用电脑进行辅助量刑。很多媒体报道称,电脑取代法官成为量刑主体,您怎么看?

戴长林:这是媒体的误读。事实上,任何法院都不会糊涂到用电脑取代法官进行量刑的地步。法官永远是量刑的主体,量刑软件系统不过是量刑规范化的数字化表现,装载了量刑软件的电脑不过是法官量刑的辅助工具。量刑永远是法官的能动工作,电脑永远不可能取代人脑。电脑就好比纸和笔,过去,我们用纸和笔记录和反映量刑的全过程,现在,我们用电脑记录和反映量刑的全过程。电脑显示屏就是纸,键盘就是笔。因此,必须纠正对电脑量刑的错误认识,并且要充分利用现代科学技术为办案工作。目前,最高人民法院正在研究开发量刑规范化办案系统,量刑规范化工作全面试行后,将量刑规范化办案系统提供给下级法院使用,为广大基层法院办案提供方便,将有助于办案效率的进一步提高。

信访必须也只能在法治的框架内进行[*]

由于长期民族心理和传统文化的积淀,国民有着比较强烈的青天意识和政府万能意识,对政府首长和行政权力过分依赖,加上仲裁、诉讼等权利救济方式的门槛较高,信访因而成为公民权利救济的一个重要方式。信访是一种制度,更是宪法赋予公民的一项基本权利,在中国特殊的文化传统下,信访体现出党和政府紧密与群众相联系的路线方针,渗透着浓厚的来自法律本身的人文关怀,是对人民调解、行政复议、仲裁、诉讼等纠纷解决机制的一种重要补充。但在信访实际工作中,少数信访人抱着"法不责众""大闹大解决、小闹小解决、不闹不解决"的心态,非法集访、无理缠访、串访、闹访,损害了国家、社会、集体的利益和其他公民的合法权利,对社会公共秩序也造成了一定的影响。

＊ 本文系阮占江编辑约稿,《法制日报》2006 年 9 月 19 日特约评论员文章。

在改革、发展的过程中，遇到各种问题和产生社会矛盾是不可避免的。这些问题和矛盾，是发展过程中的问题，所以必须通过发展来解决，但是发展必须有稳定的社会环境和安定的社会秩序作保障。因此，任何权利诉求都必须通过合法形式、合法途径、合法手段来理性表达，不能损害社会、集体和他人的利益。采取妨害社会秩序的极端行为表达诉求，是世界上任何一个法治国家都不能容忍的：以极端方式表达的诉求扼杀了"合作"的空间，将"小矛盾"激化成"大矛盾"。这不仅增加了解决问题的社会成本，更严重的是破坏了社会秩序，阻碍了社会的发展和进步。采取违法的诉求表达方式妨害了社会秩序，即使诉求再合理，其本身的做法也是违法的。每个公民不仅利益诉求不能超越法律界限，表达诉求的方式和程序更不能超越法律界限。

信访必须也只能在法治的框架内进行。对信访群众而言，就是要以理性的方式反映自己的诉求，在维护自身权利的同时，不损害他人的权利和社会公共利益。对国家机关而言，就是要尊重信访人的合法权利，做到"有理上访热情接待，无理上访及时劝解，违法上访依法处置"；既要防止无理、非法压制或者阻挠人民群众依法信访，也要防止无原则地迁就信访人不适当或者违法的信访诉求，削弱管理、害怕管理甚至放弃管理，导致发生损害公共利益或者他人利益的情况。因此，2005 年修订的《信访条例》第 20 条明确规定了六种禁止的信访行为。2006 年 9 月 15 日北京市人大常委会审议通过的《北京市信访条例》在此基础上进一步细化，规定了十种禁止的信访行为，包括在国家机关办公场所及其周边、公共场所非法聚集、滋事，围堵、冲击国家机关，拦截公务车辆，堵塞、阻断交通，以自杀、自伤、自残相威胁,侮辱、殴打、威胁国家机关工作人员,非法限制他人人身自由等。深圳、太原、上海等地也相继根据《信访条例》,结合本地的实际情况,规定了禁止的信访行为。

这些规定,并不是限制公民表达利益诉求的权利,而是为公民实现自己的利益诉求创造更好的环境和更通畅的途径,也从根本上有助于维护社会秩序,节约社会成本,保护公共利益。但是,我们认为,要从根本上解决信访问题,把信访纳入法治的框架,不能光靠"堵",还要重视"疏":"堵"能把"桥梁"变"鸿沟";"疏"能把"天堑"变"通途"。

首先,通过公民听证会、专家论证会等形式,进一步推进政府决策的科学化和民主化。在源头上将民意融入法律法规和公共政策,防止事后纠纷的产生。

其次,根据《信访条例》的精神,推动将信访工作绩效纳入干部考核体系。完善信访工作责任追究制度,对因工作不力造成不良后果的单位和个人予以通报批评,直至追究责任,将信访工作的重心由以前对信访事项的"抄、转、报",转向信访问题的落实和解决。

再次,逐步规范和完善法律援助制度,扩大法律援助的点和面。一是针对热点侵权的事件(同时也是信访的焦点问题),如城市拆迁纠纷、农村征地纠纷、农民工工资拖欠问题等,组织律师法律援助团,免费为这些弱势群体提供法律援助,增强他们制度内解决问题的信心。二是制定相关的法律援助标准,对于生活水平低于标准的信访群众,免费或者低费用为他们提供法律援助,使得依法应当通过诉讼、仲裁、行政复议等法定途径解决的诉求,在法治的框架内得到合理、妥善的解决。

最后,在信访处理过程中引入社会力量,降低公民权利救济的成本,提高政府处理信访问题的法治水平。律师作为社会中介力量参与信访,可以更加专业地解释、解决涉法信访中的难题,有利于提高信访的效率,保障信访的效果,降低公民权利救济的成本,真正将信访纳入法治的框架,形成良性的循环。

解决信访问题是一项复杂的社会系统工程,绝非一朝一夕就能够解决。建立良好、正常、规范的信访秩序,形成文明、有序、理性、合法的信访氛围,促进信访更快更好地纳入法治的框架,确保信访在法制化和理性化的轨道上进行,迫切需要社会各方面形成合力,在具体进程当中为之付出持续、不断的共同努力。

创新"调解"这一利益协调的"东方经验"[*]

十六届六中全会召开前夕，"调解"成为构建和谐社会的"热门词汇"。山西省开展"矛盾纠纷调解年"活动，重视矛盾纠纷排查调处工作，把大量不稳定因素化解在了基层，有效防止了矛盾纠纷激化升级，有力维护了社会大局稳定。青岛市建立的"大调解"工作机制，突破了传统调解模式的单一和局限，建立了由党委政府统一领导，政法综治机关牵头组织，劳动、工商、民政、信访等有关部门主要负责，工、青、妇等社会团体和行业组织等社会力量共同参与，综合运用多种调解手段化解矛盾纠纷，促进不同社会主体之间和谐相处的新机制。上海法院系统将人民调解工作与诉讼制度紧密结合，创新诉前调解机制，充分发挥"社会稳定第一道防线"的作用，积极营

＊ 本文发表于《解放日报》2006 年 10 月 17 日观点版，发表时题为《创新利益协调的"东方经验"》。

造社会和谐,被称为"中国特色的 ADR 替代调解机制"(ADR,即替代性纠纷解决机制,是美国法院为应付诉讼爆炸局面而创造的,通过组织、利用律师和社会人员参与诉讼调解,把大多数涉诉纠纷解决在开庭前的一种制度)。

我国正处于社会转型过程中,经济成分、组织形式、就业途径和分配方式日益多元化,社会利益结构也随之分化重组,新的利益群体和阶层逐步形成,各种新的社会问题和社会矛盾不断涌现,我国已经进入了一个"矛盾凸显期"。正是在这样的现实背景下,构建和谐社会成为社会主义现代化建设的重中之重。但我们必须认识到,现实世界是充满矛盾的,矛盾和冲突也是社会所固有的,人们可以暂时压制、控制、缓解,而不可能一劳永逸地消除这些矛盾和冲突。和谐社会不是没有矛盾的社会,但和谐社会应当是一个能够妥善处理各种利益关系、有效平衡和科学调整社会利益的社会。因此,构建和谐社会的关键在于,如何有效地将社会矛盾和利益冲突控制在社会可以承受的范围内,以及如何最大限度地缓和甚至化解矛盾和冲突,使其造成的社会危害和损失降到最低。

这就需要我们总结经验,不断创新,建立健全社会利益协调机制。通过制度设计层面的利益表达机制和实践操作层面的利益整合机制,实现政府和社会的良性互动,增强社会自主的利益协调能力,促进社会主义和谐社会的建设。

"调解"并不是凭空创造出来的,更不是"舶来品",而是深深根植于中国的历史和文化传统中。追求和谐是中国传统哲学的特质之一,而建构和谐社会秩序则是儒家思想的最高目标之一,即"大同":"道之行也,天下为公,选贤与能,讲信修睦,故人不独亲其亲,不独子其子……是故谋闭而不兴,盗窃乱贼而不作,故外户而不闭,是谓大同。"在这种观念支配下,诉讼被视为一种消极的社会现象,因为它偏离、扰乱了和谐的社会关系。《论语》中,"听讼,吾犹人也,必也使无讼乎",奠定了儒家的"无讼观",在儒家看来,诉讼是一种追求个人的物质利益的行为,这与儒家提倡的追求道德的自律、个人修养和人格的成长是互相矛盾的。受追求和谐的哲学观念影响,传统社会"无讼"思想弥漫,调解过程成了说教过程,调解制度成了维护道德价值的工具。因此,双方当事人往往是牺牲自身的权益来接受调解的结果,信服的是调解者的道德权威而非服膺于正义的精神。

中国传统社会的调解制度在一定程度上与自由、平等、公正等法治价值相悖,曾经受到了强烈的批判。而西方文化传统中"为权利而斗争"的观念和意识受到高度的重视,甚至无条件的盲从。但调解制度是否真的就无法与民主法治的现代文明相融合,必须退出历史舞台呢? 答案是否定的。不少西方国家把调解视为"东方经验""东方一枝花",并借鉴其中的合理经验,创造了 ADR 这一替代诉讼的纠纷解决机制,及时应对了"诉讼洪峰"的社会压力,同时节约了国家的执法资源和公民的诉讼成本。在不同的社会制度下,受不同的文化传统的影响,一个社会的纠纷解决机制确实会存在明显的差异和不同的取向。但作为"东方经验"的调解在西方的文化背景下却得到广泛的应用并收到预期的效果,确实值得深思:我们应当如何冲破对传统文化批判和漠视的桎梏,积极吸收传统文化中合理的因子,在现实的社会背景下创新调解这一利益协调的"东方经验"。

从社会现实看,公民与法人及其他社会组织之间的利益纠纷大量出现,群体性纠纷特别是由土地征用、房屋拆迁和企业改制等引发的矛盾明显增多,并出现由个别向群体发展的新动向。这些社会矛盾纠纷没有解决在基层、解决在萌芽状态,最终以案件的形式集中到司法领域,成为各级法院难以承受之重。而片面强调或依赖诉讼,并不能从根本上平息矛盾纠纷,反而会加剧社会矛盾的对抗和紧张,影响到司法工作的权威性和公信度,不利于社会稳定。社会矛盾纠纷的复杂性、频发性与司法救济手段的局限性之间的冲突日益显现。因此,构建一个包括调解在内的多元化的矛盾纠纷解决机制,将大量的社会矛盾通过非诉讼手段予以分流化解,在当前显得十分迫切和必要。

首先,调解并不是单一的。司法调解、行政调解、人民调解、社团调解、行业调解、中介调解等方式在化解矛盾纠纷、构建和谐社会中都起着重要的作用;只有整合各界力量共同化解矛盾纠纷,积极进行利益协调,社会才能呈现出和谐的发展态势。

其次,调解要扎根于文化心理的认同。中国是一个重感情、更富有人情味的社会,中国文化崇尚和解,倡导并奉行"和为贵"。这是非常难得的文化心理,这也是调解在中国长期存在和发展的伦理和文化基础。因此,只要调解的制度设计考虑并充分反映中国人的文化心理,在实践中体现当事人平等主体的地位,发挥平等协商、平等对话的功能,就能增强社会凝聚力,创造和谐的气氛,接近实质正义的要求,达到既稳定了社会,又节约社会资源的目标。

再次,在构建和谐社会的进程中,我们在找到调解这把"钥匙"的同时,还必须不断总结、开拓创新,用好这把"钥匙"。在司法调解中,坚持"能调则调,当判则判,调判结合,案结事了"的十六字指导原则。在行政调解中,深入基层、深入群众、深入实际,加强矛盾纠纷的排查工作,及早发现矛盾,及时进行调处,推进矛盾纠纷调处工作的制度化和规范化建设。在人民调解中,积极推进人民调解的制度化和规范化,积极拓展调解领域,充分发挥化解民间矛盾纠纷的作用,认真做好矛盾纠纷的预防和排查,努力把矛盾纠纷解决在基层、解决在萌芽状态,引导群众以理性、合法的形式表达利益诉求。在社团调解中,发挥各级工会、妇联、共青团等社会团体在劳动争议、家庭纠纷、青少年维权等方面的调解优势。在行业调解中,发挥各类行业协会自治性、公益性、专业性的特点,利用自治力量对同行业间或与行业有关的常见矛盾纠纷进行调解,在特定范围内协调利益、取得共识、达成谅解。在中介调解中,建立有效机制鼓励律师事务所等社会中介机构发挥自身优势,对社会各界提供矛盾纠纷调解服务,有效化解社会矛盾,着力缓解诉讼压力。

警惕破产制度设计中的"腐败黑洞"*

据《新京报》报道,近期深圳中院一名副院长、三名庭长、一名退休法官先后被双规或逮捕,引起社会各界的广泛关注。耐人寻味的是,这几位法官都曾在破产庭工作过,而破产庭的三任庭长裴洪泉、蔡晓玲、张庭华更是悉数落马。媒体披露的消息显示,这些法官落马与其曾经审理的破产案件有着直接的关系。

腐败现象之所以屡禁不止,权钱交易始终暗流涌动,一个根本的原因就是权力不受制约。体现在法官腐败的实例中,则是自由裁量权的误用、滥用和私用。破产庭三任庭长悉数落马并不是偶然的事件,与我国原先破产制度设计中的"腐败黑洞"密切相关。在新《企业破产法》已经人大通过但尚未正式实施,最高人民法院的有关

---

* 本文发表于《中国青年报》2006 年 11 月 10 日"青年话题",发表时题为《警惕破产制度设计中的腐败黑洞》。

司法解释正在紧锣密鼓地起草中的节点上,反思这些"腐败黑洞"对于完善我们的破产制度设计、加强对法官自由裁量权的制约应该有所裨益。

首先,我们应当再次明确这样一个理念:破产是市场主体合法、顺利退出市场的权利,而非有关部门或机构恩赐的"资格"。在市场经济中,企业是产权社会化、交易集合化和财产人格化的产物,是最重要的资源拥有者和交易的主体,具有前所未有的经营规模和财富创造能力,在社会经济生活中举足轻重。但市场经济是残酷的竞争经济,市场如战场,没有常胜的将军。"物竞天择,适者生存"。对于技术落后或者经营不善的企业,如果没有有序的市场退出机制,势必降低资产的利用效率,影响资源的优化配置。对于已经符合破产条件的企业来说,不对其进行破产宣告,而允许其继续借贷用于各项支出,无疑是容忍其继续浪费社会资源,破坏经济稳定。因此,破产制度设计的出发点应当是一视同仁地对待亏损企业,确保这些企业顺利退出市场,同时保障有关债权人的合法权益。但在原先的制度设计中,不同所有制性质的企业退出市场的机制却是不同的,对国有企业采取的政策性破产无疑"待遇"更加优厚,"条件"更加诱人。更重要的是,不少以破产为名的"改制"往往成为国有资产流入个人腰包的遮羞布。正因为政策性破产的"与众不同",不少亏损的国有企业都想搭上这班船,僧多粥少的局面使得政策性破产有了名额的限制,而这些"宝贵"的名额正是掌握在破产庭法官的手中。退出市场的权利被人为演化成有限的"资格"或"名额",造就了权力寻租的空间,这就是破产制度设计中的第一个"腐败黑洞"。

其次,我们应当高度关注破产清算组和破产管理人这个特殊的群体。1986年《企业破产法》规定,清算组成员由法院从企业主管部门、政府有关部门以及专业人员中指定,清算组组长由法院在清算组成员中指定。在这种制度设计下,债权人会议对清算组很难行使监督权,从而使整个清算过程缺乏有效的制约机制。即使清算组行为不当,造成破产财产损失、破产成本过高或侵犯了有关债权人的利益,甚至出现了地方保护主义,债权人或投资者也很难追究清算组的责任。清算组掌握了破产企业的生死命脉,权力很大,约束却很少,因此一般"旱涝保收"。破产清算组,破产程序中这样一个"法力无边"的角色,唯一需要搞好关系的对象就是破产庭的法官,因为自己的饭碗掌握在他们的手中。让不让法官参与破产案件,担任破产清算组成员,直接决定了其收益。旧破产法中的破产清算组也好,新破产法中的破产管理人也罢,既不是债权人的代言人,也不是债务人的掘墓者,更不是法院的附庸,而应当是独立、自主、具有职业操守、对破产财团负责、公正执行破产法的职业群体。现实中,这种角色上的错位以及原先制度设计中债权人监督的乏力,使得不少破产清算组成为独立的利益群体甚至为了自身的利益沦为法官忠实的附庸和牟利的工具。这就是破产制度设计中的第二个"腐败黑洞"。

如果要细究起来,这样的"腐败黑洞"还能列举出更多。原因何在?就是破产程序中法官的自由裁量权太大,而对其所进行的约束太少,监督太乏力。挖掘并彻底堵住这些"腐败黑洞"的方法只有一个,那就是依赖于权利对权力的监督,而不仅是权力对权力的制约。通过扩大破产程序中当事人处分权对法院干预权的限制,从根本上减少法官滥用权力的机会。通过合理配置当事人的诉讼权利和法官的程序控制权,构成诉权与审判权相互制约的机制。新《企业破产法》实施在即,我们期待最高人民法院在起草破产管理人指定办法、破产管理人报酬确定办法等司法解释时,能够充分分析深圳中院三任破产庭庭长落马背后的制度原因,防止"腐败黑洞"在新法的实施过程中阴魂不散。

补记:

据全国律协透露,最高人民法院《关于适用〈中华人民共和国企业破产法〉若干问题的规定(三)》(征求意见稿)共 15 条,对破产管理人和破产费用的适用问题进行规定,内容涉及强制清算转破产清算中管理人的确定、管理人负责人的指定、管理人聘用工作人员和中介机构及费用支付、债权人推荐管理人、无产可破时破产费用及管理人的指定、追加分配时管理人的指定、诉讼费用、管理费用、履职费用、破产前费用问题、破产费用清偿中的特殊问题以及税费免除等。

从"女儿举报父亲"谈"亲亲相隐"[*]

2006 年 6 月,女儿举报父亲"包二奶"一度成为新闻热点。一个原本属于家庭内部的恩怨情仇,由于"女大学生""包二奶""反腐败""中纪委"等诸多吸引人眼球的"卖点",在媒体的推波助澜下成为公众话题,引发了热烈的讨论。有人赞之,称其为"大义灭亲"。有人贬之,认为其有违"伦理纲常"。亦有人惜之,对其"偏激的性格、极端的做法"唏嘘不已。8 月 14 日,举报父亲"包二奶"的济南女大学生王静,被其所指的"二奶"李翠莲告上了法庭。近日,法院一审判决认定王静构成侮辱罪,判处管制两年,并要求王静在判决生效后 5 日内删除其开办的"父亲不如西门庆"网站、"反包二奶"网页上所有侮辱李翠莲的文章。

---

* 本文发表于《解放日报》2007 年 2 月 1 日观点版,发表时题为《从"女儿举报父亲"谈"亲亲相隐"》。

无论王静是否提出上诉,这个判决在法律意义上已经给这场争论画上了一个句号。但法院理性的判决不能替代民众感性的拷问,需要我们作出反思的是,究竟是什么原因酿成这出"家破、妻离、子散"的人伦悲剧?

　　家家有本难念的经,古今中外,概莫除外。同在一个屋檐下生活,抬头不见低头见,难免会有些矛盾和纠纷。那么家中的这本经该怎么念才好呢? 是公之于众,检举揭发,还是动之以情,晓之以理? 这不仅是一个简单的选择,更是一种生活的智慧。由于处在矛盾中的家庭成员存在程度不同、性质各异的沟通问题,此时的心理抗拒取代了心平气和的平等沟通,"冷战"、语言暴力、肢体冲突屡见不鲜,打官司、写举报信亦不少见。俗话说,清官难断家务事。家庭成员之间的纠纷不同于一般的社会纠纷,往往有着复杂的背景和特殊的原因,没有绝对的对错之分。从心理学的角度看,家庭矛盾的外化只会加剧心理抗拒,更加激化家庭人际矛盾,催化"家庭暴力"。"家丑不可外扬"从这个角度来理解,也才更加准确。王静的悲剧,正是在于没有用亲情来唤回父亲,没有用温情来安慰母亲,而是让仇恨充满了自己的胸膛,最终选择了用一种极端的矛盾外化的方式来解决原本可以在家庭内部通过沟通协商来解决的问题:她的偏激行为加深了家庭的裂痕,不但没有促成父母关系好转,连父女之情也岌岌可危。

　　从法理的角度看,女儿举报父亲的行为也不妥当。十年砍柴先生极力不赞成女儿告发父亲之"恶",认为"亲亲相隐"的原则至今也不过时,女儿举报父亲对社会最基本道德——家庭伦理的伤害是巨大的,远远超过举报一个腐败分子可能带来的社会正效益。这一论点引起了很多人的不快或者不理解。不少社会公众认为，"亲亲相隐"的原则建立在人格禁锢的基础之上，是"三纲五常"的礼教束缚的产物，应当被视为糟粕被扔进历史的垃圾堆中。事实上，即使在现代文明社会，"亲亲相隐"也有其积极和合理的成分，值得我们吸收和借鉴。

首先，"亲亲相隐"是法律人性化的具体体现。人类社会最基本的组成单位是家庭，在众多的社会关系中，使家庭关系得以维持和延续的最基本的因素，无疑应当是家庭成员之间的亲情关系。亲情，是人类一切感情联系的基础，是一切爱的起点。亲情联系是人类最基本的、最不可逃脱的联系。"亲亲相隐"维系了信任，稳固了亲情，是法律人性化的具体体现。而立足于人情，不强人所难，不悖逆民心的法律，有利于形成公民亲法、服法、守法的和谐氛围，这也正是国家长治久安的保障。

其次，"亲亲相隐"符合文明社会的伦理法则。家庭是人们安身立命的社会细胞，亲情是人们走向外部社会的先天支撑。家是中国人伦理道德的核心所在，人人都是父母所生，家人之间的相互情感流露、相互保护是最自然不过的行为。如果家庭得到了最精心的呵护，社会就有了和谐稳定的基础。正如恩格斯所说："父亲、子女、兄弟、姊妹等称谓，并不是简单的荣誉称号，而是一种负有完全确定的、异常郑重的相互义务的称呼。"一旦破坏了彼此的亲情，必然造成家庭细胞的破裂，影响到整个社会的秩序。我们可以说，一个人性扭曲、六亲不认的人不是个健康的人，同理，一个人伦颠覆、亲情泯灭的社会也绝对不是法治的社会。

"法缘人情而制，非设罪以陷人也。"（《盐铁论·刑德篇》）中国传统法律大都继承了"亲亲相隐"的原则,不少西方国家也大多采用了相类似的司法原则,正是充分考虑了伦理道德中的亲情关系和人性的本质特征。"女儿举报父亲"的个案是我们理性反思"亲亲相隐"原则的一次契机,我们期待更多的人能够抛弃成见,在现有的制度框架内逐步吸收和借鉴"亲亲相隐"原则的合理成分,不再支持主动的、偏激的"大义灭亲"。同时,通过"作证豁免权"等具体制度的建构,防止破坏亲情,伤害伦理,危害人与人之间的信赖关系,使得我国的法治建设更加温情,更加人性,更加和谐。

补记:

2012 年 3 月 14 日修改后的《刑事诉讼法》第 188 条第 1 款规定:"经人民法院通知,证人没有正当理由不出庭作证的,人民法院可以强制其到庭,但是被告人的配偶、父母、子女除外。"2015 年 5 月 29 日,最高人民法院公布《关于审理掩饰、隐瞒犯罪所得、犯罪所得收益刑事案件适用法律若干问题的解释》,其中对近亲属间因初犯、偶犯掩饰、隐瞒犯罪所得、犯罪所得收益罪可免予刑事处罚,实行宽大、人道原则。这体现了立法与司法对传统文化的扬弃和对人伦常情的有条件认同。

"裸聊"案撤诉的法治理性[*]

　　说到网络聊天,我们并不陌生:最早只能靠打字,网络那头是男是女全然不知,后来能听到了声音,再后来,只要一个小小的摄像头,即便是远隔千山万水,也能和完全陌生的网友面对面。近年来,"裸聊"似乎成了一种时尚,渐渐流行起来。有人是为了追求自身的感官刺激,获得生理、心理的满足,填补精神的空虚;有人是为了吸引网站人气和点击数,通过广告费或会员费,牟取非法的收入;更有人是以"裸聊"为诱饵,实施诈骗、敲诈、卖淫等网络犯罪,获取非法的利益。

　　"裸聊"在法律上如何定性,一直以来都存在争论。有人认为是传播淫秽物品罪,有人认为构成聚众淫乱罪;也有人认为纯属个人行为,参与者不具有现实接触的可能,具有一定的私密性,予以行政

　　*　本文发表于《晶报》2007 年 4 月 19 日"法眼旁观"专栏。

处罚即可。"裸聊"定性的争论,同样影响到了司法。近日,北京首例网上"裸聊"案就被检察机关撤诉。2005年9月15日,36岁的家庭主妇张立立(化名)在家中用视频与多人共同进行"裸聊"时被民警抓获。检察机关以涉嫌聚众淫乱罪提起公诉,但考虑到我国的立法并未对"裸聊"的定性作出明确规定,且"裸聊"不符合聚众淫乱罪的行为特征,于2007年年初又撤回了起诉。

一石激起千层浪,检察机关的撤诉引发了激烈的争论。有的评论认为"裸聊"这种网络色情活动是随着互联网的普及而出现的一种社会丑陋现象,具有较大的社会危害性,应当动用刑罚予以严厉打击,检察机关的撤诉放纵了犯罪。有的评论认为,"裸聊"虽具有一定的危害性,但如果不是以牟利为目的,对一般的参与者和组织者不宜动用刑罚。检察机关对"裸聊"案的撤诉是"罪刑法定原则"在司法实践中的具体践行。孰是孰非,莫衷一是。

其实,检察机关一开始并不想放弃对"裸聊"这颗"网络毒瘤"(检察官语)开刀,因此尽管备受争议,经过请示仍然以聚众淫乱罪提起公诉。但受制于"罪刑法定"这一刑法的帝王条款,在法律和司法解释都没有扩大适用的可能的情况下,虽然争论不断,也只能撤回起诉。由此观之,问题的症结并不在于"司法",而在于"立法"。因为"立法"的是非评判直接决定了"司法"介入社会生活的广度和深度。

什么行为应当被视为犯罪,通过刑法追究,适用刑事处罚,对于立法者而言确实是一个难题。封建专制时期,刑罚作为专制工具与道德、宗教不分,统治者把刑罚作为调整社会关系的最主要手段,任意干涉社会关系的方方面面,肆意介入国民个人的内心世界和生活的各个角落。刑法的干涉性、不平等性、恣意性与刑罚的残酷性勾连在一起,罪刑擅断、出入人罪,严刑峻法、践踏人权,引发了社会民众各种形式的抗争和启蒙主义思想家的理性思考。他们立足于理性主义不断呼吁、抗争,提出罪刑法定、罪刑均衡、刑罚人道三大原则,使得刑法谦抑性的思想逐渐深入人心。正如孟德斯鸠所说,"过于严酷的法律,反而会阻碍法律的实施。当刑罚残酷无度时,则常常被人们放弃施行"。贝卡利亚也指出,"刑罚越公正,君主为臣民保留的安全就越神圣不可侵犯,留给臣民的自由就越多"。

对立法者而言,确定刑事立法介入社会生活的范围,必须有效地预防和打击犯罪,保持社会稳定有序;但立法者同时也要考虑,必须力求以最小的支出获取最大的社会效益。刑法应当作为社会控制违法行为的最后一道防线,刑罚是最严厉的法律责任,对公民基本权利的伤害和给国家带来的负担往往都是最大的,是一种最昂贵的处理犯罪的方法。因此,对于任何一个法治国家的理性立法者,能够用风俗、习惯、道德、宗教等社会规范来调节的社会关系尽量不用法律手段调节,能够用民事制裁、经济责任、行政处罚等手段来引导、调节和规范的违法行为尽量不用刑法手段处理,能够用较轻的刑法手段调整的违法行为尽量不用较重的刑法手段调整。我国法律体系尚在完善之中,加上人治传统的影响、社会急剧转型的特定时代背景,新的犯罪形态与犯罪种类层出不穷。长期以来,我国在刑事政策上一直存在刑罚依赖思想和重刑主义倾向,对于一些"越轨"行为,重"严打"轻"善理"。但是,公共权力介入公民私生活,应以必要为限度。因为公权力尤其是刑事司法权介入的越深越广,公民的生活空间就会越来越狭窄局促,不仅提高了执法的成本,而且遏杀了守法的动力。从这个意义上讲,对待"裸聊"行为,无论是立法者还是司法者,都不应成为道德的审判者,而应从公民权利、生活空间和社会安定、公共利益之间寻求最佳的平衡点。

首先,对待"裸聊"应该有所区分。公民私密空间中的"点对点""裸聊",是为了获得个人的生理心理的满足,我们可以在道德上否定这一行为的正当性,但不能在法律上予以强制性地规制,对于公民的基本权利而言,执法机关闯进私宅对公民隐私的伤害远远大于"裸聊"对社会的危害。但网络公共空间的"裸聊",可能是网站的"摇钱树",也可能是犯罪的诱饵,对社会的危害是显而易见的。因此有必要完善立法和司法,顺应时代发展和技术进步的需要,将其纳入到规制的范围。

其次,根治"裸聊"应当重点突出。从目前披露的"裸聊"案件看,对一般裸聊参与者追究较重的法律责任甚至提起公诉,但对于裸聊平台的提供者——网络服务商,仅仅是关闭涉案的聊天室或数额较小的罚款,而忽视了其对"裸聊"的疏忽、纵容甚至组织。这种舍本逐末的治理方式,不利于根治"裸聊"。笔者认为,对于"裸聊"的参与者或一般组织者(如临时管理员),根治"裸聊",莫过于加强网络自律,丰富公民的精神生活,提升公民的审美标准和道德水准。对于"裸聊"的组织者和支持者,尤其是网络服务商,应当加强执法,对于情节严重的,应该及时完善立法,纳入刑事规制的范围。

对轻微犯罪不捕不诉：放纵还是宽容？[*]

据《法制日报》报道，河南省郑州市人民检察院刚刚出台的《关于贯彻宽严相济刑事司法政策的若干规定》，引发了有关轻微刑事案件执法标准的激烈辩论。反对者认为，对轻微犯罪不捕不诉降低了执法标准，嫌疑人会因此心存侥幸，同时过于宽泛的裁量权容易导致腐败滋生。赞成者则认为，对轻微犯罪不捕不诉可以提高诉讼效率、节约司法资源，还可以使行为人充分体会社会的宽容和温暖，有利于他们改过自新、回归社会和自身发展。

笔者认为，检察机关对轻微犯罪不捕不诉的做法，是对宽严相济刑事司法政策的落实和细化，不仅没有降低执法标准，而且充分反映出执法思想和认识观念上的转变。

---

* 本文系阮占江编辑约稿，《法制日报》2007 年 7 月 19 日特约评论员文章，发表时题为《对轻微犯罪不捕不诉并非无底线的放纵》。

长期以来,一些地方一直把撤案率、不捕率、不诉率、无罪判决率等指标作为检察业务考核目标中的重要内容。由于不捕率、不诉率的束缚,当遇到罪行轻微,没有逮捕必要的案件时,往往因考虑不捕率压力而批准逮捕;当遇到证据不够充分的案件时,有可能为降低不诉率而与法院协商,提起公诉,勉强判决。一味强调"提高批捕率,降低不捕率""提高起诉率,降低不诉率",甚至把"控制不捕率""控制不诉率"作为审查逮捕、审查起诉工作的重点,提出量化指数和警示指数,作为考评工作,评比先进的依据——这种唯"率"是从的数字依赖症,使得逮捕、起诉的法定必要性规定被虚置,影响了审查批捕、审查起诉工作质量,审查批捕、审查起诉工作不能体现宽严相济、惩罚与宽大、打击与挽救并重的刑事政策,从而导致当事人合法权益虚化、司法资源浪费以及超期羁押屡禁不止等后果。这不利于最大限度地增加社会和谐因素、最大限度地减少社会不和谐因素、最大限度地缓解社会冲突、最大限度地防止社会对立。郑州市人民检察院明确列举了九种不予批准逮捕决定的情形和十种不起诉的情形,细化了宽严相济刑事司法政策,明确了各项标准,增强了其可操作性;同时也从根本上扭转了以不捕率、不诉率为指挥棒的倾向,真正以权利保障、社会和谐为批捕、起诉的指针。

同样需要扭转的是公安机关的执法理念。对郑州市检察院"轻微刑事案件不捕不诉"的规定提出质疑声音的,很大一部分是来自公安机关。当地一些基层派出所的民警就认为,"如果检察机关对一些轻微刑事案件不捕不诉,会令公安机关工作陷入尴尬境地"。道理很简单,如果检察机关对一些轻微刑事案件不捕不诉,就会影响公安机关办案的批捕率和起诉率;而批捕率和起诉率的变化,直接影响上级公安机关对下级公安机关和民警的考核。这种担心背后，一定程度折射出办案机关过分依赖"以捕代侦"、重口供证据的传统观念。这不仅不利于公民权利的保障，同时也容易导致过高的羁押率；既耗费了国家大量司法资源，加重了关押场所负担，又增加了羁押中交叉感染的几率。因此，落实宽严相济刑事司法政策是一个综合性的系统工程，执法理念只有同步转变、实现联动，相应的制度才能得到有效地执行和实施。

检察机关对轻微犯罪不捕不诉的做法，既是制度的细化，又是观念的进步。但在实践中还需要注意两个问题：

第一，制度上贯彻、细化宽严相济政策，必须坚持严格依法。宽，绝不是法外施恩；严，更不是无限加重。宽要有节，严要有度，宽和严都必须严格依照法律，在法律范围内进行，做到宽严合法，于法有据。这既是宽严相济政策的内在性质，也是罪刑法定、罪刑相适应、法律面前人人平等原则的必然要求。严格限定在法律范围内的"宽严相济"，不但不会使法律的警示效应大打折扣，丧失法律的严肃性和公信力，弱化司法权威，加大社会管理成本；而且确实会降低和节约诉讼成本，减少社会的对抗性。

第二，制度上贯彻、细化宽严相济政策，不能滥用自由裁量。"宽严相济"的关键是结合法定情节和酌定情节作出正确的自由裁量。一方面，虽然法律条文中已经对法定情节有了具体的规定，但由于我国刑法存在量刑幅度，所以仍需要司法者根据具体情况对从宽从严幅度进行综合裁量。另一方面，酌定情节隐含在刑法条文里，相对于明确规定于刑法条文里的法定情节来说，其考虑更多的是犯罪的手段、时间、地点、对象、动机、造成的危害结果，以及犯罪后的态度、犯罪人的一贯表现、前科等情节。酌定情节相对于法定情节更注重对社会效果的考量，其运用就更离不开自由裁量了。正所谓"法有限、情无边、事无穷"，这就需要司法者运用法律赋予的自由裁量权，对"可捕可不捕，可诉可不诉"的案件作出正确的自由裁量。因此，落实"宽严相济"的政策，还需要一系列配套的制度，如案件风险评估制度、裁量的程序和标准公开等，从而防止个别执法者借着宽严相济政策滥用自由裁量、进行权力寻租。

私力救济式的暴力维权为何层出不穷？[*]

这些天，我所居住小区的周边连续发生了好几起小区业主"暴力"维权的事件。有两起由于赶上了"现场"，更是给我留下了深刻的印象。一起发生在小区东边的××花园，开发商为了强迫业主购买或者租赁高价的地下车位，在周边可以停车的道路两侧安放了路障，百余名业主忍无可忍，自己动手，砸毁了400多根路障，以示对高价车位的抵制和抗议。另一起发生在小区南边的××苑，由于邻近的另外一个小区"以邻为壑"，以维护治安为名擅自在通往二环路的市政道路上筑了一道墙，××苑1 000多户居民每天上班得绕道一两公里的路；多次沟通无果的情况下，百名业主轮番上阵，连砸带敲，硬是推倒了横亘一年多的"柏林墙"。

小区的冲突在大城市中已经屡见不鲜，随手 Google 搜索一下，

---

* 本文发表于《晶报》2007 年 8 月 16 日"法眼旁观"专栏。

竟然有13万多个相关网页。但耐人寻味的是,在法制意识逐步深入人心的今天,为什么小区业主选择了这种私力救济式的"暴力"维权?

社会文明进步的重要标志之一就是纠纷解决机制的演进,公力救济逐步替代私力救济,成为权利救济方式的主流;一个社会有序发展的重要表征就是国家替代公民定分止争。私力救济是被历史证明为落后和不合时宜的,由于不具有权威性,并且没有国家政权如此高的公信力作为后盾,私力救济往往落入"冤冤相报何时了"的怪圈。而公力救济则与之相反,国家干预社会成员的纠纷,以第三者的身份解决纠纷,用国家力量取代"私力救济",尽管在历史上"公力救济"具有很大的任意性,国家注重强力裁判和社会稳定的维护,并不特别关注冲突主体的权益保护。随着启蒙思想、法治思想的发展和弘扬,国家的公力救济逐渐具有了维护冲突主体权益、保障公民权利救济要求的根本性质。公民作为纳税人,向政府寻求公力救济的途径,更是理所应当。

但不少小区业主在遭遇冲突纠纷之后,并没有寻求公共安全部门、居民自治组织、市政规划部门的介入,而是在出于愤怒的怨气之下出现集体无理性,甚至用"暴力"形式来维权,试图通过私力救济来平息冲突。原因究竟是什么?难道仅仅是一种憋屈心情的宣泄或者是法不责众的心理?恐怕并不是这样的简单。

本应优先选择的公力救济在实践中并不如"私力救济"更为有效,恐怕是一个重要的原因。**一是公力救济的途径不畅通。**小区的事,似乎很多部门都可以管,但真的要管,还真不知道找哪个部门更合适。政府只有提供一个明确的救济途径,才能指引民众选择公力救济而非暴力维权。**二是公力救济成本比较高。**人是具有经济理性的,买东西也好,解决纠纷也罢,当然不选贵的,只选对的。**三是公力救济效率比较低。**正义不仅要以看得见的方式实现,更要在合理的期限内实现;迟到的正义不仅不是正义,而且是对正义最大的嘲弄。但小区的冲突和纠纷,居民自治组织往往没有能力管,行政机关往往没有动力管,司法机关的诉讼机制往往又是远水解不了近渴。正因如此,业主才会放弃寻求公力救济,自己动手,解决问题。

随着市场经济的逐步深化,各种生活要素的主要提供者渐渐从组织、机构转变为市场,而人也慢慢从各种形式的束缚中解脱出来;包罗万象的"大院""新村"渐渐在消失,五脏六腑俱全的社区成为现代城市人主要的生活空间。一种旧的生活方式退出了历史的舞台,但新的秩序并没有立刻建立起来,正是这种缺失,引发了很多新的矛盾和冲突。作为城市的一员,我们自愿或者被动地接受社区这样一种新的生活方式,但自治、谈判、妥协、沟通的能力并不是与生俱来的。建立业主委员会无疑是构建新秩序的第一步。我们试图通过建立业主委员会形成集体的力量,抗衡无良的开发商和霸道的物业;但却时常事与愿违,最后不得已还是全体上阵,暴力维权,私力救济。一切又回到了原点。我们似乎忘记了,新的秩序并不意味着抗衡,更多的应该是自治的水平、谈判的艺术、妥协的技巧和沟通的能力。

我们生活在钢筋水泥的城市中,要想诗意地栖居,看来既要依靠公力的适度介入,更要靠社区精神的形成和自治能力的提升。否则,无休止的纠纷,无止境的冲突,一肚子的憋屈和怨气,会慢慢磨灭我们生活的情趣和诗意。

返航事件的法律考量*

在全国各大媒体的"口诛笔伐"下，东航云南分公司21个航班集体返航的原因终于从"天气原因"变成了"人为因素"，而涉事飞行员也从4月7日开始全部被暂时停飞。东航发布致歉声明，并表示将对受航班返航影响的旅客给予补偿。东航能够尽快公布调查结果并勇于承担错误，舆论监督功不可没。这也促使每一个国企大佬都不得不珍惜自身的公信力，不能再利用信息不对称来蒙蔽公众，必须以实际行动来取信于民。

对于"返航"事件的另一主角——飞行员，问题尚未解决，仍要继续关注。

公众在道德层面上质疑飞行员的职业操守是必然的。返航事

* 本文发表于《晶报》2008年4月9日"法眼旁观"专栏，发表时题为《"返航"飞行员该当何错》。

件的背后原因是飞行员的劳资纠纷,一纸终身合约捆住了飞行员自由流动的步伐,体现了航空业人力资源行政管制与市场定价之间的激烈冲突。但无论飞行员是在争取自己的权益,还是在发泄自己的不满,都不该公然绑架乘客的利益。将乘客劫为人质,将自己驾驶的航班作为要挟筹码,不但是对职业操守的背叛,还是对他人生命的不尊重。

从法律层面看,参与"返航"事件的飞行员也难辞其咎。根据民航总局2004年发布的《航班延误经济补偿指导意见》,航空公司因自身原因发生航班延误时,延误时间超过4个小时要给予一定的经济补偿;但如果是"天气原因"等不可抗力造成的,航空公司就不需要对乘客进行经济补偿。航班延误的原因直接决定是否给予乘客补偿,这也是东航在返航事件的一开始为了防止"内忧外患",始终咬定"天气原因"的缘由所在。既然已经承认了集体返航的原因并非"天气原因"而是"人为因素",东航在承担经济补偿责任的同时,还可以追究直接责任人——飞行员的责任,因为安全准时地运送乘客正是飞行员的职责所在。

3月14日,上海航空40余位机长同时报请病假;3月28日,东星航空11名机长集体"告假";3月31日,东航云南分公司14个航班因飞行员闹情绪,在飞到目的地上空后又全部返航……系列罢飞事件发生后,无论是监管机构,还是营运公司,甚至是社会公众,都开出了"禁飞"的药方,以此来警示惩戒,杀鸡儆猴。但在笔者看来,这并非是法律层面的好办法。

罢飞返航事件的发生,飞行员管理体制是关键原因;再加上利益表达和博弈机制不通畅,才最终演变成为一场严重的公共事件。

飞行员确实有错,但面对垄断集团,飞行员自身也是弱势群体,极端的举动也是无奈之举。加上飞行员职业技能单一,就业面狭窄,一旦被"终身禁飞",无疑在经济上被判了"死刑"。"禁飞"这种苛刻的处罚只能表明,飞行员起于弱势地位、不满于被剥夺感的行动,依然不得不因其弱势地位无果而终。因此,以"禁飞"来惩戒飞行员,不仅罚之过重,且板子没有打准地方——问题不解决,罢飞返航仍会重演。况且飞行员本来就已经稀缺,"禁飞"只会使得监管方、运营方和消费者"共输"。比较适合的办法,是追究飞行员的民事责任,分担航空公司给予乘客的经济补偿;既让飞行员对自己的行为负责,也给予他们改过自新的机会。在此基础上建立平等对话的平台和利益沟通的机制,尽快解决"计划经济式"、带有垄断性质的飞行员管理体制与市场经济化、适度竞争的航空营运机制之间的激烈冲突。

"人肉搜索"必须接受法律规制[*]

　　"人肉搜索"，一个听起来有些诡异的词汇，近年来频频出现在我们的视线中。从"虐猫事件""铜须门"，到"很黄很暴力事件""天价理发事件"，一系列网络事件的发酵，"人肉搜索"都脱不了干系。"人肉搜索"的典型推进模式就是，锁定现实生活中的一个人或一件事，树为网上的一个标靶，然后发动亿万网友，曝光与其相关的信息，姓名、年龄、电话、住址等，甚至其亲属也不能幸免。更有甚者，还发布所谓"网络追杀令"，让网络声讨、道德审判演变成现实的暴力。

　　由网络事件而上升到司法案件的"死亡博客"案，亦称"人肉搜索第一案"，近日也在北京开审。正是因为"人肉搜索"，"死亡博客"作者的丈夫王菲及其家人的个人信息，包括姓名、照片、住址以

---

　　* 本文发表于《晶报》2008 年 6 月 27 日"法眼旁观"专栏。

及身份证信息和工作单位等全部披露。王菲不断收到恐吓邮件；网上被通缉、追杀、围攻、谩骂、威胁；被原单位辞退，其他单位不敢聘用。他毅然将"北飞的候鸟"网站管理员张乐奕、大旗网、天涯社区经营者悉数起诉，要求赔偿7.5万元损失及6万元的精神损害抚慰金。这一极端事件提醒我们，"人肉搜索"不能再游走于道德的边缘，必须要接受法律的规制。

从起源上看，"人肉搜索"只是一种人工参与的信息搜索机制，但随着大量网友的自发参与，信息来源越来越多，信息梳理越来越快，从而大大提高了搜索效率，网友们便有意识地以人肉搜索为工具求解某一热点事件的背后真相。可以说，"人肉搜索"是网民参与公共事件的重要方式，也是一种以互联网为平台的言论表达。但"人肉搜索"作为民间自发的调查行为，网友无需对发布信息的真实性负责，更没有人进行监督，理性就有极大的可能偏离正常轨道。网民对未经证实或已经证实的网络事件，发表具有攻击性、煽动性和侮辱性的失实言论，原本正常的争议和批评就有可能演化为言论暴力和道德审判，造成当事人及其亲属名誉和隐私受损，正常生活受到干扰。

作为法治社会的公民，我们必须意识到，任何权利都伴随着义务，任何自由都附带着责任。行使言论自由的前提，是不妨害其他公民的合法权利，尤其是他人的隐私权和名誉权。基于人生理念、道德水平的不同，任何社会都会存在人与人之间的冲突和纠纷，而冲突与纠纷解决的制度化而非任意化，正是法治社会的最基本特征，也是文明与野蛮相区别的根本标志之一。如果网络上的道德审判替代了现实中的纠纷解决，那么我们每个人都将生活在不稳定与不安全的社会之中,因为我们随时随地都要面对网络背后的某一个群体对自己言行的评价乃至是现实生活中的骚扰、谩骂、诽谤,却丝毫没有辩解的机会,更不知道是谁在操控、以什么标准来"审判"。

我期待"死亡博客案"成为我们反思"人肉搜索"利弊的一个契机:如果"人肉搜索"加以有效引导和法律约束,会发展成为一种非常高效有益的网络互助模式,同时成为一种舆论监督武器。但如果过度放任,甚至纵容针对个体的暴力行为,必然会恶化网络环境。同时,也期待"死亡博客案"给"人肉搜索"的爱好者们一个警醒:言论自由的边界就是他人的合法权利,发表言论的同时必须要承担起相应的责任,"道德审判"必须止步于个人隐私,让位于公力救济。

补记:

2014 年 6 月 23 日,最高人民法院审判委员会第 1621 次会议通过《关于审理利用信息网络侵害人身权益民事纠纷案件适用法律若干问题的规定》,自 2014 年 10 月 10 日起施行。第 12 条规定:"网络用户或者网络服务提供者利用网络公开自然人基因信息、病历资料、健康检查资料、犯罪记录、家庭住址、私人活动等个人隐私和其他个人信息,造成他人损害,被侵权人请求其承担侵权责任的,人民法院应予支持。但下列情形除外:(一)经自然人书面同意且在约定范围内公开;(二)为促进社会公共利益且在必要范围内;(三)学校、科研机构等基于公共利益为学术研究或者统计的目的,经自然人书面同意,且公开的方式不足以识别特定自然人;(四)自然人自行在网络上公开的信息或者其他已合法公开的个人信息;(五)以合法渠道获取的个人信息;(六)法律或者行政法规另有规定。网络用户或者网络服务提供者以违反社会公共利益、社会公德的方式公开前款第四项、第五项规定的个人信息,或者公开该信息侵害权利人值得保护的重大利益,权利人请求网络用户或者网络服务提供者承担侵权责任的,人民法院应予支持。国家机关行使职权公开个人信息的,不适用本条规定。"

网络侵权的认定应"公私分明"[*]

我们生活的世界,充满了各种危险,比如高楼上掉下的一个花盆,奶粉里的三聚氰胺,无故发怒的宠物狗。帮助我们应对这些危险的,除了各种安全措施和公共服务,最为重要的则是侵权行为法(Tort Law),以明确的侵权认定标准和适当的责任承担模式,从而指引每个社会主体的行为——谨慎从事,小心应对,分散风险,承担责任。因此,近期正在最高立法机关二审的《侵权责任法(草案)》就引发了社会的热议:一方面,这部法律草案与每个公民的社会生活和切身利益息息相关;另一方面,最高立法机关在一审的基础上,对"网络侵权""医疗纠纷""产品质量""精神赔偿"等热点问题一一作了回应。由于网络侵权的认定,与近年来网民最为关注的"人肉搜索""网络暴力""舆论监督""公共参与"等话题密切相关,更再次引

---

* 本文载《长江商报》2008 年 12 月 27 日评论版"一家之言"。

发了热议。

笔者早在今年 6 月 27 日的专栏文章《"人肉搜索"必须接受法律规制》中,就曾明确提出,如果"人肉搜索"加以有效引导和法律约束,会发展成为一种非常高效有益的网络互助模式,同时成为一种舆论监督武器。但如果过度放任,甚至纵容针对个体的暴力行为,必然会恶化网络环境。从《侵权责任法(草案)》二审稿的规定来看,这一观点得到了最高立法机关的认可,发布所谓"网络追杀令""人肉搜索令"的网民不能再以"道德卫士"自居而规避法律责任。草案最大的亮点还在于明确了网站的侵权责任:"网络服务提供者明知网络用户利用其网络服务实施侵权行为,未采取必要措施的,与该网络用户承担连带责任。""网络用户利用网络服务实施侵权行为的,受害人有权向网络服务提供者发出要求删除、屏蔽侵权内容的通知。网络服务提供者得到通知后未及时采取必要措施的,对损失的扩大部分与该网络用户承担连带责任。"在网络侵权和"人肉搜索"侵权的案件中,许多网站确实可谓是"助纣为虐"。无论是 2006 年的"铜须"事件、"虐猫"事件、2007 年的"辱师"事件,还是 2008 年的"很黄很暴力"事件,一些网站对于个人隐私信息的传播、扩散有着不可推卸的责任。因此,明确网站的侵权责任对于净化网络环境和避免对公民名誉侵权具有相当重要的意义。

近期宣判的"人肉搜索侵权第一案"——"死亡博客"一案中,法院判定,大旗网与"北飞的候鸟"创办人张乐奕侵权成立,赔偿王菲精神损失并在网站公开道歉,而天涯网因在合理期限及时删除了相关内容,被判免责。这无疑是此次"网络侵权"立法的司法热身。言论自由的边界就是他人的合法权利,发表言论的同时必须要承担起相应的责任，"道德审判"必须止步于个人隐私，让位于公力救济。网络把这个世界变成了地球村，给我们的生活带来了意想不到的便利，但我们无法接受的是，网络一次次被人所利用，个人的窥私欲一次次被纵容，普通人的隐私一次次曝光在阳光下，私人问题一次次放大为全社会的公共事件。

但我们同样不能忽视，网络是柄双刃剑，在让每个人的隐私无处可逃的同时，也以其信息优势，给普通网民提供了舆论监督和公共参与的平台。从去年的厦门 PX 事件、上海散步事件、到今年的"年画虎"事件、"天价理发店"事件，我们都可以发现网络的巨大优势和威力。"人肉搜索"也是网民参与公共事件的重要方式，是一种以互联网为平台的言论表达。就拿最近的事来说，如果不是网友的持续追踪和报料，恐怕抽天价烟、戴天价表的最牛房地产局局长也不会浮出水面。

因此，如果《侵权责任法》对"人肉搜索"一禁了之，则可能妨碍公民行使宪法权利，即对任何国家机关和国家工作人员提出批评和建议；对任何国家机关和国家工作人员的违法失职行为，向有关国家机关提出申诉、控告或者检举。尤其对于网站而言，判定网民的行为究竟是"侵权行为"还是"正当监督"，几乎是无力承担的任务。为了避免"连带"责任，保险的做法或许就是"见则删之"。如此一来，网民舆论监督的平台和公共表达的空间将愈发萎缩。再加上公民在网络上批评、控告官员的内容并不一定完全符合事实，很可能游走在"正当"与"侵权"的边缘。倘若这些官员还根据《侵权责任法（草案）》的有关规定，要求网站删除有关监督和举报的言论，那么，今后大小官员是不是都进入了保险箱？与普通公民相比，掌握了公共权力的官员作为"公众人物",其对于公众的批评、控告是不是负有更高的容忍义务？但容忍的限度是什么？官员的名誉权与公民的监督权又该如何协调？

网络侵权的认定，不仅是一个简单的民事问题，更是一个复杂的宪法问题。这些可能出现的悖论将成为摆在立法者面前的一道难题：对"人肉搜索"，究竟是一禁了之还是合理疏导？网络是柄双刃剑，"人肉搜索"也具有多面性，滥用必然导致隐私荡然无存，引导则可能推动公共参与。因此，笔者认为，网络侵权的认定应该"公私分明"：立法应该在网络中给普通公民留下隐私的空间，在道德和法律之间划出清晰的界限，尽量避免网络过度介入公民的私生活。但立法应该通过适当的侵权标准和责任认定，打消网站和网民的合理担心，鼓励网络成为公民参与和舆论监督的公共平台。

补记：

2009 年 12 月 26 日，十一届全国人大常委会第十二次会议通过《侵权责任法》，自 2010 年 7 月 1 日起施行。第 36 条规定："网络用户、网络服务提供者利用网络侵害他人民事权益的，应当承担侵权责任。网络用户利用网络服务实施侵权行为的，被侵权人有权通知网络服务提供者采取删除、屏蔽、断开链接等必要措施。网络服务提供者接到通知后未及时采取必要措施的，对损害的扩大部分与该网络用户承担连带责任。网络服务提供者知道网络用户利用其网络服务侵害他人民事权益，未采取必要措施的，与该网络用户承担连带责任。"

第七辑

公民问政

一个激进、好强的小孩,在碰壁后往往有三种表现:一是百折不挠,继续冲撞;二是愚公移山,移石开路;三是吃一堑长一智,绕道而走。第一种小孩是激情主义者,第二种小孩是理性主义者,第三种小孩是现实主义者。我心目中的法律人应该是一个理性主义者,既有百折不挠的勇气,又有指点江山的豪情。最关键的是,从书斋空谈中走出来,与民众同呼吸、共呐喊,发出理性声音,参与法治实践,做一只法治漫漫长路上的"蜗牛",永不放弃,永不懈怠,每日负重前行。

别拿"不知法"推卸责任[*]

　　法律的价值追求是调整人与人之间的社会关系,规范社会政治、经济和文化生活。在社会转型期,为了满足现实的需要,大量的立法性文件层出不穷。不要说一个没有学过法律的普通人,即使是具有多年实务经验的法律工作者,也不敢说熟知中国所有的法律,因为内容实在太多,层次实在太复杂,部分法律专业性太强,普法还有待进一步深入。但是现实生活中,很多人却仍然把不知法作为理由,推卸应当承担的责任,实在让人大跌眼镜。《新京报》2004年11月30日报道,内蒙古清水河县医院非法采血致使11人因输血感染传染病,而该医院的工作人员竟然以5年后才知道《献血法》和《内蒙古自治区临床用血规范》为理由,推卸责任;并认为,如果《献血法》能早点传达落实,完全可以避免这次"意外"事件的发生。

------

　　* 本文发表于《深圳法制报》2004年12月1日评论版。

这样的理由和逻辑看似理直气壮,实际上却暴露出法律宣传和执行的盲点:法律的确很重要,但是我不知法你也不能要求我守法。"不知法"成为很多部门和有关责任人员推卸责任最好也是最有效的借口。事实是这样吗?

根据《献血法》的有关规定,卫生行政部门作为卫生事业的主管部门,在献血、用血工作中负有监督管理的重要职责。而医疗机构在应急用血时,应对供血者做丙肝、梅毒、艾滋病检测化验,以确保临床用血安全。事实上,这样的规定即使没有通过法律的形式予以确认,对于医务工作者,是最基本的职业常识;即使对于没有学过医的人,也属于生活常识。法律之所以作出特别规定,完全是为了强调这一常识对公民身体健康有着重大的影响;没有想到的是,作出了规定却成为某些医务人员推卸责任的借口。刑法理论中也有"自然犯"的说法,对于强奸、偷窃、抢劫等行为,即使不熟悉刑法条文,也可以从生活常识和道德经验推断出属于犯罪。因此,即使对于没有系统学过法律的人,拿"不知法"作挡箭牌没有任何合理性可言,因为法律本身就是实践经验的总结、升华,然后通过立法机关的调查研究、可行性分析进而作为正式的制度通行全国。立法本身也是个双向的过程,而非单向的"要求"和"命令",公民通过生活经验和职业常识同样可以做到知法守法。

当然,我们反对以"不知法"为理由推卸责任,并不代表国家对普法不承担任何责任。在普法过程中,我们更要有所针对性,把公民不容易理解的概念术语讲清楚,重在传播法治的理念。如果仍然把这些生活常识和职业常识作为普法的重头戏,只能说明全社会法治的意识尚不健全,也不可避免出现拿"不知法"为理由推卸责任的怪现象。

"新闻发言人"不是"政策传声筒"*

    2004 年 12 月 28 日下午 4 时,北京昆仑饭店,国务院新闻办公室主持召开了一个小型的新闻发布会和记者交流会。国新办主任赵启正在会上公布了国务院 62 个部委 75 位新闻发言人的名字和联系电话,并表示:"从现在起,国务院将每年公布发言人姓名及通讯方式等信息。"

    2003 年非典肆虐期间,由于掩盖或披露真实信息带来的社会效果昭然若揭,成为推动政府设立新闻发言人的直接推动力。新闻发言人制度是政府的正确选择,契合中国入世以后"透明原则"的贯彻,使政府面对紧急事件能够化被动为主动,通过与媒体的双向交流和合作,正确引导社会舆论,既保证工作的有序开展和接受监督,又满足了公众的知情权和参与权。但是据《新京报》1 月 10 日报道,

---

  * 本文发表于 2005 年 1 月 11 日"国际在线""管窥天下"栏目。

在公布新闻发言人联系方法后,能够正确对待媒体采访并履行新闻发言人职责的并不占多数。我们虽然建立了发言人制度,但是目前的发言人仍旧停留在"政策传声筒"阶段,还没有真正成长为现代意义上的"新闻发言人"。

"政策传声筒"是单向的,仅仅只是将官方的决策和意见向媒体传达,所起到的作用与政府公告、报纸报道无异。而我们所期待的"新闻发言人"则是双向的,不仅能够向社会公开官方的决策和意见,更能起到政府与民众、媒体互动交流的平台作用,将舆论的评介和民众的诉求及时、准确地向本部门反馈,并能够成为部门决策的重要参考。建立社会与政府的良性互动,新闻发言人可以发挥极其重要和关键的作用,通过诚恳的交流,尽责的沟通,在满足公众的知情权的同时,促进政府决策的阳光化和科学化。

"政策传声筒"所传达的信息是事先设定好范围的,是经过"圈定"的,"说什么""说多少"不仅无法界定,即使是发言人自己也无法把握。在这样的情况下,发言人只能沦为一般的传声筒,照本宣科地传达有限的信息,根本无法充分满足媒体和公众的知情权。"新闻发言人"则要求诚实有信地面对媒体和公众,凭良心和良知说话,而不是看上级的脸色,按上级的指示说话,全面、及时、公开、坦诚地揭示事实的真相,介绍决策的过程。

"政策传声筒"意味着媒体只能单向听"政策传达",无法发问,更无法追究发言人发言不实或信息发布不全面的责任。而现代意义上的"新闻发言人"不仅意味着一种荣耀,更蕴涵了一种责任,对自己每一句话的真实性负责,对自己发布信息的全面性负责,如没能合理履行这样的责任,即意味着失职。

"新闻发言人"一般身兼要职,在此次公布的75位新闻发言人中,最高级别为副部级,一般都是厅局级。高级别的官员担任新闻发言人,从形式上保证了所公布信息的权威性和准确性,但实际操作中却由于工作繁忙和身兼要职,往往无暇应对媒体和公众,承担起发言人的重任。同时,也容易使得新闻发言人制度染上浓厚的官本位,把发言人的职责理解为"讲话",将发言视为政策的宣讲,从而滋生特权思想,背离设立发言人推动政务公开的初衷,远离媒体和公众。只有逐步培养专业化的"新闻发言人"队伍,推动新闻发言人的专职化,才能转变"政策传声筒"的角色定位,真正发挥新闻发言人沟通社会的功能。

在现代社会,信息是一种有用的、稀缺的资源,其大部分掌握在政府手中,因而社会要求政府信息资源的自由流动,以保障公民的知情权,促进社会公正的实现。信息的失真和不可获得性,由此可能造成决策的失误和引发连锁反应,损失难以估量。而建立"新闻发言人"制度正是为了推动政务公开和透明,增进政府与公民的联系,保障信息及时、公开、全面地公布。仅仅停留在"政策传声筒"的定位,很明显是无法承担起这样的重责的,我们呼唤"新闻发言人们"能够早日走出"政策传声筒"的低级阶段,在保障公民知情权、打造透明政府的进程中作出自己应有的贡献!

"双重国籍"不是引进人才的筹码*

    在近日举行的留学人员代表座谈会上,国家科技部副部长刘燕华透露,为了吸引更多的优秀海外人才,中国准备考虑效仿印度,为海外人才实行"双重国籍"的优惠政策。(《新京报》2004 年 12 月 30 日)

    国籍是什么? 是国家公民的身份,意味着可以享受与某个国家国籍地位相称的荣耀,即使飘零在外也能受到自己"母国"无微不至的关怀和保护。但是,"国籍"并不仅仅意味着权利,同时也是一种责任。为了自己"母国"的经济发展和社会进步,需要纳税;当自己"母国"的主权受到挑战,领土受到威胁时,听从召唤效忠祖国抵抗外敌是不可推卸的法律义务和道义责任。而"双重国籍"所带来的

---

    * 本文发表于《中国新闻(星期刊)》2005 年 1 月下期,发表时题为《慎以"双重国籍"作为"优惠政策"》。

正是"权利"的交叉和"责任"的冲突：一个具有双重国籍的人士，无疑可以享受两个"母国"的双重保护；但是反过来说，也正因为国籍是双重的，"双重"的保护却可能都落空，变成无人保护。当这"双重"的"国籍"是友好国家时，还好说，当两个"国籍"成为不友好国家甚至敌国，"双重国籍"人士该效忠哪个"母国"？无论效忠哪个"母国"，都会被另一个"母国"视为叛国通敌。

这么看来，作为"双重国籍"的优惠政策并不天然就是吸引人的"香饽饽"，仔细思索一下，其背后也是问题多多，烦恼多多。正是由于双重国籍在"权利保护"与"责任履行"上存在的诸多悖论和冲突，我国一向反对"双重国籍"。建国之后，我们对待归国的华侨也是采取了鼓励加入我国国籍，但尊重个人自由选择的合理政策，并没有采纳很多国家通行的"双重国籍"。即使在改革开放之后，我们打开了国门，鼓励外国的投资，吸引海外的华人，但是我们所用的优惠政策只是停留在"税收""待遇"层面。"双重国籍"这份丰厚的大礼从来也没有送出过，为什么呢？为了避免民商事管辖的冲突和政治层面国民忠诚义务的悖论。1980年颁布实施的《国籍法》更是明确规定："中华人民共和国不承认中国公民具有双重国籍。"

而时至今日，为什么我们又要效仿印度，把不合法的"双重国籍"拿上桌面，作为吸引海外人才的优惠政策呢？一言以蔽之，不同国籍对人才的吸引力是不一样的，即使是"血浓于水"的海外侨胞报效祖国，也不愿意放弃好不容易才加入的美国籍、日本籍等"有吸引力的国籍"。这种选择是人之常情，我们没有必要也没有理由苛求这些海外的华裔人才，放弃多年的奋斗成果，重新"背井离乡"。但是我们需要反思：为什么在中国逐步和平崛起的今天，中国国籍对海外人才的吸引力就如此不足呢？"待遇""收入"这些硬性的条件我们已经具备，国内知名高校引进人才动不动就开出千万的高价就是一个明证。问题在于我们的"软环境"跟不上，我们的科研体制、考评标准、实验设备离国际的标准还有很大一段距离。或而言之，在这样的"软环境"中，即使引进了人才，其作用的发挥和优势的体现，是要打折扣受限制的。这也正是为什么许多华裔科学家接受了国内的聘请，但就是并不愿意放弃海外的教职。对于这些海外人才而言，"有吸引力的国籍"的背后是科学的评价标准和人才体制、先进的科研设备和充足的科研队伍，而不仅是丰厚的待遇和高额的收入。

这种选择固然让我们唏嘘不已，但是也要对我们有所触动："待遇"和"收入"已经不足以吸引高端的人才，加强我们自身的"软环境"建设比提供这些"优惠政策"可能来得更有效果，对海外人才的吸引力也会更大一些。因此，我们与其把不合法甚至有短板效应的"双重国籍"作为吸引人才的优惠政策，不如扎扎实实沉下心来，把软环境建设好、发展好。所谓"筑巢引凤"，正是这个道理。只有在一个科学的体制下、高效的环境中，人才才会有发挥才能施展才华的空间。如果连"巢"都没建好就盲目地以高收入、高职位来吸引人才，那么最终的结果可能会适得其反，不仅引不来凤凰，即使引来了凤凰不久也会高飞。

我们为什么难以培养"学术大师" *

    复旦大学博士生导师周振鹤教授 2005 年 2 月 20 日在《新京报》撰文指出：研究生教育的收费将使得优秀人才越来越向热门专业集中，愿意从事文史哲等基础训练的学生越来越少，今天在文科方面难以出现大师级人物。周振鹤教授的担忧未免有些"杞人忧天"，难道研究生收费真的就是扼杀"大师级人物"的元凶？

    从古至今，从中及西，任何国家在任何时期，从社会导向上都存在"活学活用，急用先学"的"短视"倾向。周教授所推崇的"为科学而科学与为艺术而艺术"并不完全是中国没有产生近代科学的原因，更不是西方科技领先的妙方。天才之所以是天才，大师之所以是大师，是因为有其特殊的过人之处。我们不能奢望每个人都成为

---

   * 本文发表于《中国青年报》2005 年 2 月 22 日"青年话题"，发表时题为《"研究生收费"不是扼杀"大师"的凶手》。

天才和大师,因为社会的分工不会允许。一个人人都是爱因斯坦或人人都自认为是爱因斯坦的国家,不仅达不到预期的科技领先全球的目标,甚至正常的社会发展乃至维系都会成为大问题。因为这种美妙的理想违背了社会发展的规律,也破坏了社会运行的生态。

从社会运行的效率上看,"活学活用,急用先学"的"短见"可能比"为科学而科学与为艺术而艺术"的"高见"更为高效。创造性人才毕竟是少数,虽然我们鼓励人人都有创造性并不断产生灵感,但这个社会更为关键的是运用天才和大师"灵感""发明"和"思想"的人才。如果人人都"为科学而科学与为艺术而艺术""躲进小楼成一统,管他春夏与秋冬",那么谁来维系、发展、促进社会的发展?停留在纸面上的思想和图纸上的发明并不能单方面地推动科技的进步和文明的繁荣,更多的工作需要应用型的人才把"思想"和"发明"转化为社会思潮的推动力、高新技术的改变力。经济、法律、金融、管理等热门学科吸引优秀人才是社会发展的常态,哪怕出现了周教授所说的"高考咨询现场家长赤裸裸地问哪一个专业将来赚钱多""需要深刻思考的哲学专业只能吸引低分的考生",也没有必要过多的忧虑,因为社会分工决定了没有必要鼓励人人都成为"大师"和"大家",社会效率客观上要求应用型人才具有更高的素质,哪怕应用型人才追求的是丰厚的待遇。

这么说并不是要否认"大师""大家"在社会发展中举足轻重的作用,而是我们要头脑更为清醒地去认识难以再培养出"大师"和"大家"究竟是什么原因所造成的。是不是因为社会舆论导向的倾斜使得人们的逐利性凸现,基础科学难以吸引优秀人才?研究生收费会不会使得本来愿意坐冷板凳的优秀学子放弃自己的学术志趣?

李约瑟的难题反过来是不是说因为西方社会崇尚"为科学而科学与为艺术而艺术"才得以科技发达、经济繁荣、法治昌盛？答案无疑是否定的，因为这一目标永远无法放之全社会而皆准，即使是在科技最发达、经济总量最高的美国，全社会追逐的目标永远是利益。这种与生俱来的逐利性或许正是社会发展的元动力。君不见，法学院、商学院、政府管理学院永远都是最大的热门，真正到美国从事基础科学研究的大部分反倒是外籍人士。然而，这个如此"世俗""追求热门"的美国，却诞生了世界上最多的诺贝尔奖获得者。

那么，什么因素使得一个如此"逐利性"的社会依然"大师"不绝、"大家"不断呢？或许这可以成为我们借鉴的经验。有一点是首先可以肯定的，靠"不收学费"作为优惠条件来吸引优秀人才并不是什么上上策。因为享受了"不交学费"待遇并从事了基础科学研究的冷门人才并不一定就会因此而感恩戴德，从此就扎根基础科学研究。现实中更多的情况往往是冷门专业的优秀人才改行、跳槽，走进了所谓的热门行业，跳出了基础科学研究的圈子。

"大师"与"大家"都有不同于寻常人的智识，但更重要的是其人生发展和学术研究的环境尤其是制度环境。试想，接受了十多年的填鸭式"应试教育"，大学期间学英语考四六级比专业学习更重要，读研期间给导师"老板""打工"的时间比待在图书馆的时间还要长，这样一条路子培养出来的人才，即使是天生的爱因斯坦，也会"泯然众人矣"！如果说"大师"的后天养成比先天智力更为重要，那么学术界无休止的内耗、屡禁不止的学术腐败、僵化单一的科研评价机制、为人诟病的学术近亲繁殖，也会窒息一个真正的学术苗子成长的空间。

普林斯顿大学并没有因为疯癫的纳什几十年没发表过一篇论文或主持过一项科研成果而解聘其教职,这样的宽容在当今的中国有制度空间吗?暂时培养不出"大师"与"大家"并不是教授与博导们的过错,更没有必要担忧与自责过甚。因为我们欠缺的不是吸引人才的优惠条件,而是实实在在的制度环境,一个让天才可以充分发挥想象力与创造力,让普通人可以通过后天努力成为天才的制度环境。而在没有这种制度环境的时候,把一切的责任都推给社会舆论对热门专业的推崇和导向、推给"研究生收费"这一不可逆转的市场化趋势,无疑是不合时宜的,更无益于学术环境的净化和改善。"研究生收费"并不是扼杀"大师"的元凶,那么谁才是呢,这才是需要我们好好反省和深思的。

政府官员不能市场化[*]

2005 年 1 月 21 日,浙江省委省政府下发《关于严禁向党政干部发招商引资奖金的通知》,规定今后在党政干部参与引进资金项目过程中,一律不得向党政干部发放任何形式的招商引资奖金等物质性奖励。这一"潜规则"不仅仅风靡浙江政界,在全国各地都有其市场,成为招商引资的热潮中激发党政干部干劲的"法宝"和"高招",且屡试不爽。这一"招商政策"在十年前就悄然现身,即按招商引资数额的一定比例来奖励有关的党政干部,一般的奖励比例在 3‰以上,个别地方最高甚至达到实际到位资金的 1%,当时甚至被作为某些发达地区促进经济发展的典型经验而广为宣传。十年之后,风水轮回。这一"典型经验"被浙江省紧急叫停,也让我们和地方政府在

---

* 本文发表于 2005 年第 6 期《法治与社会》,发表时题为《政府官员市场化的逻辑困惑》。

发展经济的热潮中把头脑冷静下来,再次反思官员在市场经济中的定位。

一名党政干部引进外资 100 万美元,以奖励 3‰计算,就能获得 3 000 美元的奖励;以 1% 计算,就能获得 1 万美元的奖励。对于工资水平普遍不高、不愿更不敢踏足腐败高压线的党政官员而言,这的确是难以抵挡的诱惑;如同旧金山发现黄金的新闻引发了北美的"黄金潮"。这一充分调动官员内心欲望和潜能的政策发挥了当初某些决策者预期的作用,招商的数量和引资的金额不仅成为衡量一个官员政绩的标尺,也成为官员创收的"合法"的便捷途径。搭便车,挣大钱,位子有了,票子也有了,何乐而不为? 不可否认的是,这种游离在法律边缘的"擦边球"政策一定程度上调动了官员的积极性,带动了地方经济的发展,在 20 世纪 90 年代更是造就了一批"百强县"。但是这一政策背后的深层次问题,也不得不引起人们的忧虑。

奖励的金额来自何处? 如果来自引进的资金,无疑是从投资者的口袋里拿钱,投资者不知不觉成了"冤大头":在这个地方还没挣到一毛钱,倒要先向牵线搭桥的官员支付一笔不菲的"奖金"。这样的地方经济发展环境能够真正吸引吃了哑巴亏的投资者吗? 当然不可能! 如果前一种推断不太现实,那么唯一的可能就是这笔奖金来自财政的支付。什么是财政? 财政是取之于民、用之于民的纳税人缴纳的税款,一名公职人员在享受了纳税人的钱支付的工资、奖金、补贴之外,履行了自己分内的职责,竟然还敢从纳税人的钱袋子里往外掏钱?! 这不仅是让人匪夷所思了,更是让人愤慨了。

政府是人民的政府,决定了政府必须是服务的政府。官员作为政府的有机组成部分,应当以服务作为第一要务,发展地方经济,提供公共服务;只有在充分履行了自己的职责的前提下,才能享受纳税人支付的工资待遇以及体制内的合理晋升。招商引资是中国市场经济发展中的特殊现象,也是地方发展不得不依赖的手段。因此,对于地方政府的党政官员而言,招商引资与农业发展、社会治安、医疗保障一样属于"分内事",不仅干不好要追究责任,干好了也不能伸手要额外的奖励。教师教得再好,升学率再高,也不能向学生索取报酬;士兵训练再刻苦,任务完成得再漂亮,也不能向将军要求加工资。因为把书教好是教师的天职,维护国防是士兵的职责;同样,官员招商引资再出色,也不能多拿一分钱。等价有偿的市场规则,适用于商人,但不适用于官员;在交易中通用,但在公务活动中断不可行!

取消了党政干部招商引资可以"提成"的政策,会不会影响他们的工作积极性,进而影响地方经济的发展?浙江省出台这项政策之后,有这样的担心是很正常的。前一个问题是个伪问题,因为本来就没有必要为官员履行义务而支付额外的报酬,现在取消这一"优惠政策","一夜回到解放前",没有经济驱动的官员对于自己的"分内事"却失去了积极性?! 一项不合理的政策竟然培养了一群被市场化的、被惯坏了的"懒汉官员""商人官员",实在是始料未及的。党政干部不适用地方政府对引资金、项目的物质奖励政策,但党政干部为引进资金、项目作出重要贡献的,可作为年终考评的参考条件,予以鼓励。我们需要一段时间,逐步将招商引资的评价标准"去市场化",回归其政府经济发展职能的本色。

第二个问题触及了招商引资讨论的核心:招商引资是不是地方

政府发展经济的唯一手段或是最重要的手段？如果说改革初期地方经济的发展来自外部性影响，如资金注入、企业进驻等，那么随着改革的深入，地方经济的发展越来越要借助于"内力"，即软环境的建设，聪明的政府及其官员应当更加注重本地投资环境的建设，在引进来的同时更要做到能够筑巢引凤。如果没有好的投资环境，招的商再多引的资再多，最终也会孔雀东南飞，经济发展将成为一句空话。

政府官员招商引资要分成，廉洁奉公退休后可以领取廉政保证金。这些怪现状都存在一个共性：即政府官员将属于自己职责的事如发展经济，属于最起码任职要求的事如不搞腐败，作为了一项可以交易的筹码，在公共职权的行使过程中不恰当地引入了市场化的规则。要知道，对于官员而言，这些"分内事"是官员资格的底线；如果无法或不愿完成或达到要求，那么唯一的后路就是被辞退，没有讨价还价的余地。

别让"听证会"异化为"恳谈会"*

2005 年 3 月 25 日晚,中国政法大学学生委员会维权工作委员会组织了"维权听证会",学生在听证会上各抒己见,部门负责人到场"答学生问"。(《新京报》2005 年 3 月 26 日)听证制度是一项带有浓郁的现代民主色彩的社会管理制度,1990 年,深圳市成立了全国第一个"价格咨询委员会",开听证会风气之先。1996 年,《行政处罚法》将听证制度纳入了行政执法程序,听证会制度真正在全国普及。1998 年,《价格法》将听证制度引入了价格决策领域。2000年,《立法法》又将听证制度引入到立法领域。2004 年施行的《行政许可法》,更是将听证制度的适用范围极大化。听证会这一公正的决策程序,已经在全国范围内、在很大程度上介入了我国经济和社会生活,已经成为政府与民众双向沟通的桥梁,成为公民依法参政

---

* 本文写于 2005 年 3 月 27 日。

议政、参与社会管理的重要载体。但是,大学校园作为社会的有机组成部分,却鲜有听证会这种形式,不得不说是一种遗憾。中国政法大学将听证会引入校园管理和师生沟通,的确是一种进步;遗憾也有,就是"更像是一个恳谈会"。

长久以来,我们的大学存在着严重的行政化倾向,大学生是作为被管理者而非大学的主体来看待,因此校园管理的方式也极其单一和简化。这种现状,一定程度上造成了校方与学生关系的紧张,不仅不利于校园管理的科学化和民主化,也压抑了大学生作为主人翁参与校园管理、维护自身权益的积极性和主动性。2003年,华东政法学院召开了历史上第一次的听证会,一名在考场上被发现作弊并可能被记过处分的学生争取到了申诉的权利,尽管申诉并没有达到预期的结果,但是却从此形成了校方给予学生处分之前,学生只要申请就可以召开听证会进行申辩的惯例。一个细节的进步,使得大学生权利得到了切实的维护,校园管理更加人性化和法治化。

然而,无论是华东政法学院的"处分"听证,还是中国政法大学的"管理"听证,都存在一个致命的缺陷,极可能陷入"只听不证"的泥潭,听证会被异化为"座谈会""恳谈会"。首先是程序没有制度化的保障,什么事情可以开听证会,什么时候开听证会,什么人参加听证会,听证会怎么个开法,没有制度规范,过于随意,程序的不合理很容易导致结果的不科学。其次是后续处理办法没有跟上,开完听证会,学生的申诉、批评、建议记下了许多,但是具体如何落实呢?如果没有及时落实,责任又该怎么追究呢?最后就是听证的范围过于狭窄,学生作为大学的主人翁,不仅仅是涉及具体切身利益时有权要求召开听证会维护自身权益,在学校就重大事项如搬迁新校区、建设校园网等作出决定之前,也应当及时召开听证会,充分吸纳学生的意见,促使决策的科学化。

　　大学不再是纯粹的象牙塔,而是一个小社会,大学生在校园生活中能否受到公正对待,权利是否得到有效救济,有无机会参与校园管理和决策,直接影响着大学生公民意识的养成和权利意识的提升。我们期待着"听证会"这一广泛嵌入社会的民主形式能够早日在大学校园中生根发芽,成为校园管理的常态和程序,而不是被人为地异化或变更为"座谈会""恳谈会"。如此,理想中良性互动、利益均衡、权利救济和决策民主的大学自治才能真正成为现实!

安全感上升引发的思考[*]

　　2006 年 1 月 10 日,国家统计局发布了第五次全国群众安全感抽样调查结果:91.9%的被调查者认为社会治安环境"安全"或"基本安全",与上次调查相比上升了一个百分点。对于所在地的社会治安状况,被调查者选择"好"的占 34.1%,比上次调查上升了 2.9个百分点;选择"一般"的占 59.8%,下降了 2 个百分点;选择"差"的占 6.1%,下降了 0.9 个百分点。民众安全感的上升,从一个侧面反映出社会治安综合治理在进一步加强,社会治安防控体系建设在积极推进,犯罪的高发态势得到了有效的遏制。2005 年第四季度,杀人、爆炸、放火、强奸等严重暴力犯罪案件,"两抢一盗"等多发性案件,交通事故,火灾等数量显著下降,进一步提升了民众的安全感。

---

　　* 本文系阮占江编辑约稿,发表于《法制日报》2006 年 1 月 16 日"法治时评",发表时题为《积极赋予民众安全感更多内涵》。

安全感是居民对社会治安状况的主观感受和评价,是公民在一定时期内的社会生活中对人身、财产等合法权益受到侵害和保护程度的综合心态的反映。安全感的形成是民众对社会治安的感性认识、对自身安全风险的自我评估及采取相应防护措施的复杂过程。因此,安全感不仅是衡量社会治安状况的"晴雨表",而且是体现个人生存质量的重要指标,直接关系一个地方的人居环境、投资环境乃至公众对政府的信任度、满意度。

与流行的 GDP、物价指数等"理性"的经济指标不同,安全感是民众对社会稳定性、秩序性的一种感性认识,更加注重人的心理状态和精神需求,蕴涵着"人本主义"的执政理念。物质生活和精神生活再丰富,如果没有较高的安全感,民众的幸福感是要大打折扣的。从这个意义上讲,建设以人为本的和谐社会,关键就是社会政治稳定、治安秩序良好、防控体系健全,民众具有安全感,从而为个人的发展、社会的进步、民族的繁荣和国家的强盛提供坚实的保障。

尽管民众的安全感在逐年上升,但是我们发现,安全感仍然存在上升的空间:一是如何将"基本安全"提升为"安全",提高民众安全感的含金量和满意度;二是如何扩展安全感的内涵,将安全感的评测范围从社会治安领域拓展到行政政策、自然灾害、食品安全、信用经济、疾病预防等领域,最终将广义的民众安全感作为准确反映民众心理状态、合理评价政府行政效能、有力促进政府职能转变的"方向标"。笔者认为,进一步提升民众的安全感,应从以下三个方面着力:

首先,进一步推动立法民主、执法透明、司法公正。阳光是最好的防腐剂,也是老百姓最渴望的"定心丸"。怀疑、揣测、谣传、恐慌,往往源于信息的不公开和不对称。相反,立法、执法、司法与民意实现互动,不仅可以有效地消弭社会矛盾,化解公众之间、公众与政府之间、公众与社会之间的纠纷,消除他们之间的隔阂,而且可以切实增强公众的安全感。2005 年,最高立法机关向全社会公布《物权法(草案)》征求意见,召开立法听证会确定个人所得税的起征点,民意前所未有地在立法中得到了充分的体现。哈尔滨水危机的顺利解决、湘江镉污染的及时治理,信息公开和民众参与起到了重要的推动作用。最高人民法院也主动回应民间呼声,死刑复核很快就被提上议事日程。2005 年民众安全感的上升,无疑与这些点滴的进步紧密相连,因为民意得到了高度的重视、信息公开成为发展的趋势。

其次,进一步理顺利益分配关系。每一次重大的社会变革,都会引发社会成员对正在或即将变革的社会结构产生个人的重新定位和诉求,重新评估自身的安全指数和寻找新的认同。目前我国正处于转型期,各项改革渐渐步入"深水区",利益调整和阶层分化正在不可避免地发生,这必然会在社会成员的安全感指数上反映出来。利益分配是否公平合理直接涉及社会成员的切身利益,影响社会成员的心理状况,因而对于提升民众的安全感尤为关键。城乡能否尽快结束二元化的割裂状态,贫富差距会不会得到有效控制,东中西部能否实现协调发展,最终将决定每一位社会成员在转型期的利益调整和重新定位。归根结底,"发展为了人民,发展依靠人民,发展成果由人民共享",利益分配理顺了,社会保障完善了,个人才能有进一步施展的空间,积极性才会充分调动起来,民众的安全感才会有质的上升。

再次,进一步鼓励民众在法律框架内的积极参与。毫无疑问,提升民众的安全感是政府不可推卸的职责,但是民众的积极参与同样不可或缺。对于诸多影响安全度的问题,民众往往是最先的发现者和体验者。面对这些问题,民众不应是被动的"权力客体",而应当是主动的"权利主体",通过正当的程序和合法的途径,在法律框架内捍卫自己的权益,维护公共的利益。圆明园湖底防渗工程听证、"官煤勾结"的举报、个税起征点的提高,这些公共事件的背后都闪耀着公民理性的光芒。的确,全体社会成员的民主意识、法治意识、权利意识、责任意识的普遍生长与觉醒,自治能力、参与能力、合作能力、对话能力的普遍养成和提升,是现代市民社会的主要特征,是现代国家真正走向文明、强盛的重要前提。这种主人翁的参与精神和法律框架内解决问题的理性,有助于我们的社会真正实现稳定和和谐,切实提升民众的安全感。

及时叫停"拍卖狩猎权"是明智之举 *

在一片质疑和反对声中,国家林业局新闻发言人曹清尧近日就"拍卖狩猎权"召开紧急新闻发布会,宣布原定于在四川成都举行的"2006 年秋季国际狩猎野生动物额度"试点性拍卖活动将延后举行;在充分听取各方意见之后,该活动将继续推行,以使狩猎权审批更加"阳光"。

公众和舆论的持续关注和讨论已经取得了"阶段性"成果。尽管不无遗憾的是,这一"阶段性"成果只是"有限的胜利",狩猎权的拍卖会并没有如不少环保人士之愿被"永久搁置",而是在听取并统一意见后继续推行。但这在一定程度上反映出政府有关部门对民意的重视、对舆论的尊重和对决策的慎重。这种及时主动的回应有

---

* 本文系凌锋编辑约稿,发表于《法制日报》2006 年 8 月 16 日特约评论员文章,发表时题为《暂缓"拍卖狩猎权"是明智之举》。

助于化解猜疑和误解,争取共识和支持,推动行政权力运行的阳光化,满足公众的知情权,因而是建设法治政府、阳光政府、透明政府的大背景之下的明智之举。

事实上,国际狩猎通过"内部审批"的方式已经在国内运行了20年之久,之所以没有引起公众的关注,是因为这种行政审批完全在权力系统的内部封闭运行,造成了严重的信息不对称:行政机关没有发布信息的义务,社会公众更没有获取信息的渠道。但在行政许可法通过之后,这种"内部审批"失去了合法性的基础;为了促进对自然资源的合理利用与保护,兼顾经济、社会和生态环境的协调发展,必须通过行政许可制度调整人与自然的关系,采矿、狩猎、排污等影响生态环境的行为必须获得行政许可。从这个意义上讲,狩猎权从行政审批到行政许可,从内部操作到外部拍卖的嬗变,是对行政许可制度的一次检验,打破了行政权力暗箱操作的惯性,维护了的公众知情权。

但这一明智之举,也有不明智之处。《行政许可法》第12条明确规定直接涉及生态环境保护的特定活动需要按照法定条件予以批准的事项"可以"设定行政许可,但并非是"必须"为狩猎设置行政许可。《野生动物保护法》第16条规定因科学研究、驯养繁殖、展览或者其他特殊情况,需要捕捉、捕捞国家一级保护野生动物的,必须向国务院野生动物行政主管部门申请特许猎捕证;猎捕国家二级保护野生动物的,必须向省、自治区、直辖市政府野生动物行政主管部门申请特许猎捕证,那么此次"拍卖狩猎权"的目的究竟是什么呢?显然不是科学研究、驯养繁殖和展览,"其他特殊情况"这一兜底条款成了有关部门为狩猎争取合法空间、谋取部门利益的幌子和遮羞布。

我们认为,要让这一明智之举更加明智,有关部门应当通过中立的科研机构对设置狩猎许可的必要性进行论证。最近二十多年来,环保意识、法治意识逐渐普及并深入人心,不能猎杀国家保护的野生动物是公众道德和法律意识的底线。一个在保护野生动物上负有职责的权威部门拍卖狩猎限额,无疑是在挑战这一底线。尽管有关部门的负责人解释"狩猎并非乱捕滥猎,狩猎本身就是保护",并言之凿凿"有计划有针对地狩猎,淘汰老弱病残,人为净化动物种群,减少疾病传播和动物间的无谓竞争,从而实现野生动物种群及其生存环境的可持续发展"。但这种说法仍然缺乏说服力,无法得到公众的认同,尤其是此次拍卖的狩猎额度中竟然包括国家一级保护动物白唇鹿、二级保护动物藏原羚、马鹿等,更是引发了社会的普遍质疑。一些研究人员和民间动物保护组织针锋相对地提出,真正科学的自然的保护野生动物方式,应该是适度调控食物链间种群数量的平衡,比如食草动物多了,应该引入其上一级的适合的食肉动物进行自然调节,而不是非得靠枪来维持"生态平衡"。

既然行政部门的解释得不到公众的认同,民众的意见也没有被行政部门采纳,那么比较谨慎妥帖的做法应当是引入中立的科研机构,对设置狩猎许可的必要性进行论证,向民众交代清楚中国的野生动物资源分布;根据野生动物自然死亡率和调控野生种群数量的需要,对狩猎野生动物种类和数量实行科学评估,从而得出这样的结论:应不应该允许狩猎,在什么时间什么区域允许狩猎,狩猎的范围是什么。同时,我们还要明确一个道理:国家林业局作为野生动物保护的主管部门,承担保护野生动物的职责,但野生动物并不是国家林业局的部门资源,而是属于全民所有的公共资源。因此,狩猎许可的收益如何分配,还应当听取专家的建议,征求民众的意见。既要促进野生动物的保护和生态环境的改善,又要对野生动物所在地进行适当补偿,调动其保护野生动物的积极性。尤为关键的是,收益的分配方式应当公开明示,接受公众、媒体和审计部门的监督,防止公共资源部门化,部门资源个人化。在及时叫停"狩猎权拍卖"的基础上,有关部门把野生动物资源分布变动和狩猎许可的收益分配这两笔账再算得更清楚一些,才是更为明智之举。

补记:

2015 年 12 月,十二届全国人大常委会第十八次会议审议野生动物保护法修订草案。草案第 19 条规定:禁止猎捕、杀害国家重点保护野生动物。因科学研究、种群调控、人工繁育、疫源疫病监测或者其他特殊情况,需要猎捕国家重点保护野生动物的,必须向省、自治区、直辖市人民政府野生动物保护主管部门申请特许猎捕证,国务院有特殊规定的除外。草案第 20 条规定:猎捕非国家重点保护野生动物的,应当按照国务院有关规定取得狩猎证,并且服从猎捕量限额管理。草案第 21 条规定:猎捕者应当按照特许猎捕证、狩猎证规定的种类、数量、地点、工具、方法和期限进行猎捕。持枪猎捕的,应当依法取得公安机关核发的持枪证。草案第 22 条规定:在自然保护区等保护区域和禁猎(渔)区、禁猎(渔)期内,禁止猎捕和其他妨碍野生动物生息繁衍的活动。法律法规另有规定的除外。草案第 23 条规定:禁止使用毒药、爆炸物、电击或者电子诱捕装置以及猎套、猎夹、地枪、排铳等非人为直接操作的猎捕工具,并禁止使用夜间照明行猎、歼灭性围猎、捣毁巢穴、火攻、烟熏、网捕等方法进行猎捕,因科学研究需要网捕的除外。

莫让爱心为法所伤[*]

寿光义工成立三个多月来,由几个人发展到一百五十余人,慰问孤寡老人、救助失学儿童、给交警送水、巡河防学生溺水……大大小小十余次的活动,倾注了他们满腔的热情和纯洁的爱心。但近日,未经注册的寿光义工被寿光民政局以"非法团体"为由依法解散,对这个爱心团队来说无疑是个沉重的打击。类似于寿光义工这样"名不正,言不顺"、没有合法地位的义工组织十分普遍,由于国家相关政策法规的不完善,不少义工处境尴尬,爱心为法所伤。

西哲有云,世界上有两样东西最能震撼人们的心灵:头顶上灿烂的星空和内心里崇高的道德。扶贫济困、乐善好施,这样的善行义举,正如星空中不灭的星斗。毋庸讳言,善事义举、奉献爱心在眼

---

　　* 本文系《法制日报》凌锋编辑约稿,发表在《法制日报》2007 年 9 月 14 日评论版"法意"栏目,发表时题为《莫让爱心为法所伤》。

下还是一种"稀缺资源"，当人们遇到困难而得不到帮助时，很多人都会谴责别人没有助人情怀，不肯伸出援手。然而当助人为乐的团队出现在人们身边时，人们看到的却是它与非法组织画上了等号。

寿光民政局根据《社会团体登记管理条例》作出解散"寿光市爱心义工"的决定，这本身在法律层面上无可挑剔。毕竟，"寿光义工从来没有和民政局联系过，开展活动也从来没有和他们打过招呼，更别说注册了"。但从情理和执法效果上看，寿光民政局协同城管等多部门当着百余名市民的面，在活动正精彩进行的时候，禁止寿光义工募捐并中止了演出，不仅有悖情理，而且执法效果也不佳；尽管事后在《寿光日报》上作出了特别说明，但是仍然不能得到绝大多数市民的理解。对于寿光义工这样一个出于爱心和公益所组织起来的慈善组织，民政部门为何不能低下身段、更加贴近民众一些，主动给予帮助和指导，并适时提醒或督促有关组织者进行合法登记，而是要在寿光义工受到民众普遍欢迎之后，才予以简单化的禁止和粗暴化的解散？民政部门为何要当着民众的面去解散一个受欢迎的爱心团体，为什么不能等到节目表演结束再作出适当的处理？出于公心的执法活动，如果没有顺应情理人心，没有严格程序考量，注定不会取得预期的效果。而太多的付出更是让义工们觉得"爱心"这两个字太过沉重，不少人已经心灰意冷。

爱心是人的向善之心，是社会和谐乃至人自身全面发展的核心和基石。很难想象，一个冷漠的民族会成为伟大的民族，一个缺乏爱心的国度会成为人民安居乐业的家园。从这个角度看，爱心，比简单追求的所谓"社会稳定"要重要得多；丢掉了爱心，失去了向善的动力，社会还会真正的稳定和谐吗？哀莫大于心死。如果公民的向善之心因为立法的不合理或者执法的不人性而受到伤害,会不会对法治失去信心?我们追求法治究竟是为了什么?是为了让民众充满信心还是为了让民众心灰意冷?是为了有关部门管理的便利还是为了整个社会运行的和谐?

无论是立法层面的建言献策,还是司法层面的诉讼突破,我们都可以看出包括慈善公益组织在内的民间组织管理体制上的"僵局":一方面,现阶段部分政府业务主管部门对民间组织还不是很信任,抱有一种本能的警惕,不太放心民间组织的活动,不愿意承担"挂靠"的政治风险。另一方面,民间组织旺盛的生命力和参与社会治理的热情受制于"双重管理体制",不得不打擦边球,要么改换门庭,变身为工商登记的企业法人;要么委曲求全,无奈沦为没有合法身份的"地下组织"。这种"僵局"的存在,不利于降低行政成本、提高行政效率、转变政府职能、建设服务型政府;不利于发挥民间组织在社会治理中不可替代地提供服务、反映诉求、规范行为的功能和作用;更不利于在我国社会结构和社会体制双重转型的过程中,对社会成员和社会群体进行有效的整合,以理性、合法的方式,满足他们经济、政治、文化和社会生活多方面的需求。

民间组织具有非营利性、民间性、公益性、自愿性与组织性的特征,在社会管理和社会服务方面与政府及企业相比有其独特优势,在构建和谐社会中担负着独特的使命。我国政府正在向公共服务型政府转变,逐步把一些社会管理职能交给社会组织;民间组织形成了连接企业、个人和政府的桥梁,承担"无限政府"所不应承担、所无力承担的职能。同时,在国家与分散的社会成员之间形成了一个中介力量,一方面下情上达;另一方面上情下达,进行不同群体的利益协调和对话。因此,民间社会组织可以起到矛盾缓冲带的作用,为人们的利益表达提供多种渠道与合法的表达方式,从而减少社会成员的失范行为和对抗性社会冲突。而慈善公益组织不仅具有一般民间组织的优势,更是引导民众奉献爱心、树立良好社会风尚的途径和平台。如果向善之心因法所限、为法所伤,伤害的不仅仅是民众奉献爱心的热情,还有对法治的信心,对未来的期待。

可能伤害到爱心的不仅仅是制度设计的不合理和制度运行的不规范,还有团体信任机制的建立和财务监督机制的完善。慈善爱心等公益性民间组织,与公司等企业组织形式不同,并不是以利益为纽带、以红利为目的,更多的是因为共同的价值目标和人生追求而组合在一起。因此,慈善爱心组织中人与人之间的信任机制以及财务监督机制尤为重要。从近年来不少义工团体从出现到消失的实例看,信任机制的解体和财务监督的乏力是不可忽视的原因,这也正是行政主管机关不放心的地方。《公司法》为保障股东的权益而设立了公司章程、监事会等一系列的制度,但以公益为目标的民间慈善爱心组织却因无章可循而导致分崩离析。团体信任机制和财务监督机制的缺乏,源头正是相关立法的不完善、不健全,如果说爱心可能为执法所伤,爱心更可能为立法所伤。

补记:

2016 年 3 月 16 日,十二届全国人大四次会议审议通过了《中华人民共和国慈善法》。该法规定了慈善组织的定义、设立条件、设立程序、行为准则和内部治理等，尽最大限度便利慈善组织的设立，鼓励全体公民的义行善举；同时，还为基金会、社会团体、社会服务机构以外的组织从事慈善活动提供必要依据和发展空间：城乡社区组织、单位可以在本社区、单位内部开展群众性互助互济活动；慈善组织以外的其他组织可以开展力所能及的慈善活动。

为大龄女青年鸣不平[*]

最近这几天，大龄女青年的日子不太好过。不知道招谁惹谁了，被房地产开发商指责为房价过高的替罪羊，盖因女青年们眼光高，无房无车绝不下嫁，逼得本来就被性别失衡、物价上涨、工作压力折磨得筋疲力尽的王老五们纷纷超前消费，推动房价上涨。此论一出，舆论哗然，男女青年一齐上阵，痛斥房地产商无良，得了便宜还卖乖。

这是未婚的大龄女青年。已婚的大龄女青年烦恼也不少。身边几位在律所、外企工作的姐姐快奔三了，结婚也好几年了，但就是不敢要孩子，细聊起来，更是一肚子苦水：一旦怀孕，少说也要隐居休养个大半年，案源客户可能不保、职位变动也有可能；最大的影响就是收入下降，再加上现在抚养一个小孩天文数字般的费用，你说

---

* 本文发表于《中国青年报》2007 年 12 月 18 日"青年话题"。

為大齡女青年鳴不平 | 419

这么一来,还敢生孩子吗?

都说女人怀孕时是最美的,怀孕是女生向女人转变的标志,从此母性的光辉将伴随一生。谁又能想到这背后的烦恼和无奈呢?近日《新京报》就报道了北京一位孕妇在现实中遇到的烦恼。这位准妈妈是北京某家居建材连锁公司的职员,10月被公司发现怀孕,不仅被免除了导购的职位,还被调任为保洁员,收入也从3 000多元下降为几百元。悬殊的反差已经使她产生强烈的挫折感,加之怀孕之后妊娠反应强烈,每次进厕所打扫,刺鼻的气味都让她呕吐不止,上窗台擦玻璃等体力活儿更是让她的身体严重透支。

得知此事,心里不由得一阵紧。十月怀胎,一朝分娩,母亲的伟大不仅在于身体上经受的阵痛,更在于心理和生理上承受的考验甚至是煎熬。心痛之余,有点出离愤怒了。怀孕是女性天赋的权利,更是人类繁衍、生生不息的基础,这一赋予每个人生命的神圣的权利难道要让位于企业牟取利润的冲动?人类的发展、人权的保护,和短期的利益相比,究竟哪个更重要?

我国的法律确实也给怀孕的女性提供了特殊的保护,除了《妇女权益保障法》中的原则性规定,国务院颁布的《女职工劳动保护规定》第4条明确规定:“不得在女职工怀孕期、产期、哺乳期降低其基本工资,或者解除劳动合同。”但是,这位准妈妈的老板只是调换了其工作岗位,没有降低“基本工资”,也没有解除劳动合同,看起来似乎是完全合法、无懈可击的。如果没有劳动保障部门的积极介入,或许就被企业钻了制度的漏洞,幸好经过调解,这位准妈妈最终被调整了工作岗位。但后续的保障如何,是否还会有变数?我们只能默默祝福。

是的,再完备周延的制度也无法应对变化多端的现实,更是难于应对偏激偏私的人心。但尊重人权、尊重人性,是每个公民的道德底线,也是每个企业的社会责任。而如何保护女性怀孕的权利,正是道德底线和社会责任的风向标。

同时,制度也要有所作为,发挥应有的作用。一是强制规定孕期女职工工作岗位调整的,企业与职工必须进行协商,同时充分考虑身体状况和岗位特点;二是强化生育保险制度,《社会保险法》已经国务院常务会议原则通过,即将送全国人大常委会审议。这也为进一步强化生育保险制度提供了有利的契机。毕竟,生育保险制度可以从根本上解决问题,均衡企业负担、改善妇女就业环境、切实保障女职工生育期间的基本权益。

公布领导电话能否承载民众诉求[*]

　　《昆明日报》四个整版公布党政领导联系电话和职务分工的新闻近日受到社会舆论广泛的关注。究其原因,无非有三:一是公布的范围广,从市委书记、市长到 5 区、1 市、8 县及市直各部门党政领导班子成员,尽在其中;二是公布的力度大,远远突破了此前"市长热线"流于形式的层面,不仅公布了电话号码,更是将职务分工等"敏感"信息全盘"爆料";三是主政者的名气响,个性官员仇和从江苏调任昆明,昆明的官场风气是否能够为之一变,更是民众关注的焦点。

　　虽然政府信息公开、打造阳光政府已经为社会各界所公认,公众的知情权、监督权、参与权写进了执政党的报告,各种形式的听证会也层出不穷,但对普通老百姓来说,还是很难找到与政府之间日

---

　　* 本文系凌锋编辑约稿,发表于《法制日报》2008 年 2 月 22 日评论版。

常的对话沟通机制。而非正式渠道的沟通,既在无形中增加了公民的表达成本,也给政府创造了权力寻租的机会。昆明公布党政领导联系电话和职务分工,是以壮士断腕的勇气彻底打破了政府与民众之间横亘的权力篱笆,为政府与民众之间的互动解决了技术上的难题,提供了制度上的依据;更是突破了高层官员与普通民众之间无数人为的障碍,从而"沟通无极限",使得每一个官员都成为直接面对民众、对民众负责、失去行政屏障的"裸官"。

但是,昆明此举的进步似乎仅仅停留在了价值层面,因为在操作层面存在不少疏漏之处。

任何权力的运行都是有一定内在规律的,行政权也不例外。民众与政府打交道,主要是与一线的工作人员打交道,比如基层派出所、工商所、城管队等。现在大张旗鼓地公布一把手的名单,是希望民众打电话给领导解决什么问题呢?是自身事务吗?应该不是。因为行政权力的运行有层级之分,领导主要是负责决策并推进相关决策的执行,而大多数涉及民众的事务都是由一线人员具体解决;让领导处理具体的问题,既超出了其职责的范围,也违反了行政的规律,在一定程度上还加大了行政的成本。或许有人会说,是要下情上达,向领导举报违法违纪的行为。这也不尽合理。一方面,纪检、监察、检察、信访等,都已经向民众提供了表达诉求、监督政府的平台和渠道;尽管这些渠道有时不尽通畅,但另行开辟一条"民意直通车"就能从根本上解决问题吗?另一方面,中国社会长期存在的人治传统和清官情结,使得民众信任高层而戒备基层,总是认为越高级别的领导越能解决自己的问题。昆明公布领导的电话,消除了领导与民众之间的隔阂，但势必使得大量基层的事务和权利的诉求集中到各级一把手之处。当各级一把手对这些海量的事务和诉求招架无力的时候，再次在电话机与自身之间增加一道人为屏障，既是情理之中，也是可以预测的结果。从媒体的调查就可以看出，不少电话无人接听，不少电话的接听者并非领导本人。

总而言之，领导贴近民众、政府与民众沟通，都是应该的；但让领导直接接听民众的电话，既缺乏可操作性，也额外地增加了领导的工作负担，最终只能是沦为新形式的"市长热线"或者信访渠道。不仅增加了行政成本，而且会增加民众对政府的不信任感，使得主政者的一片苦心起到适得起反的效果。

昆明此举确实是用心良苦，或许对于当地的官员有一定的触动，但"密切联系群众"的好思路没有找到适合法理社情的好途径。笔者认为，如果真心要加强与民众的沟通，至少可以作这两方面的努力：

一是公布政府所有办事机构的联系方式，注重各种事项的分门别类与程序上的详细指引，尽量提供高科技、人性化的服务方式。充实基层力量并加强作风建设，使每个层级的行政机关完成各自分内的工作，是依法行政的应有之义。试图让各级领导尤其是一把手在繁杂的宏观决策与综合协调之外，直接处理民众的事务或者听取民众的诉求，在操作上难度大，既是职能的错位，也抬升了行政成本。公布领导联系方式只是在程序上、表面上提供了民众与政府沟通的途径，但不能从根本上消化减少社会矛盾，最后可能只是一种作秀。

二是真正需要公布联系方式的,不是政府官员,而是人大代表、政协委员。作为"民意代表",人大代表、政协委员天然地负有听取民众意见,反映民众诉求,监督政府行为的职责。公布民意代表的联系方式,使民众与政府通过民意代表保持畅通的沟通渠道和广阔的博弈平台,才是回归民意代表职能、革新本地官场风气、建设政治文明的必由之路。

为立法解禁小商小贩叫好[*]

近日提交浙江省人大常委会初审的《浙江省城市市容和环境卫生管理条例(草案)》明确提出,政府对待小商小贩不应一味堵截驱逐,而应该给他们提供适当的空间。设区的市、县、镇人民政府应当给从事农产品、饮食等经营活动的经营者提供合适的临时经营场所。经营者应当在规定的时间、地点从事经营活动,并保持周围市容环境整洁。从笔者的观察来看,这应该是地方立法第一次对小商小贩的权利诉求作出的正式回应,意味着地位超脱的立法者已经意识到小商小贩与市容市貌之间并不存在根本性的冲突,通过合理的制度安排,完全可以做到城市环境与商贩权利的共赢。这种观念,与以往对小商小贩"围追堵截"的做法相比,无疑是一个进步。

---

* 本文发表于《晶报》2008 年 6 月 12 日"法眼旁观"专栏,发表时题为《立法解禁小商贩:与围追堵截说再见》。

426 | 法治的底色

在许多城市,城市市容市貌管理者与小商小贩矛盾重重,由此引发的冲突甚至暴力事件亦时有发生,成为城市管理的一个难点。北京市海淀区发生的崔英杰事件,就是一个极端的案例。这种冲突主要来源于施政者的盲目与自负:难道杜绝了小商小贩的城市,真的就是市容整洁、环境美好的城市?城市是用来住的,不是用来看的。没有热干面摊的武汉,少了龙抄手摊的成都,缺了麻辣烫摊的重庆,还是我们所想诗意地栖居的城市吗?还是充满生活气息和传统风貌的居住地吗?

在城市化进程逐步加快的过程中,相关的公共设施比如商业网点却没有及时跟上,无法延伸到每一个居住点,从而使得居民的基本生活需求得不到满足,小摊小贩正是在这种前提下才应运而生的。社会学的理论告诉我们,政府任何一种公共职能的欠缺,必定会在社会上发育出相应的主体来满足公民的需要。当政府的公共职能未能及时满足居民的生活购物需求,城市管理者又千方百计阻挠小商小贩的存在,不仅在情理上说不过去,更是对居民选择权和商贩生存权的不尊重。

和谐绝不是大一统,而是各种意识、各种行为在合法前提下的融洽共处。对待小商小贩,"禁"已属传统管理,而"限"才是现代管理。只有将公民基本的谋生权利、普通居民的生活便利和城市管理的人性化结合起来,才能破解城市管理者与小商小贩之间的矛盾和冲突。从这个角度看,浙江省此次试行对小商小贩立法解禁,适度放开、有序管理的人性化措施很明显是值得肯定的,将有益于从根本上解决城市管理的这一顽症和难题。

同时,我们也建议,浙江的立法机关顺应民主立法、科学立法的潮流,在初审之后召开立法听证会,充分听取城市管理者、本地居民、小商小贩的观点,确保每一方的利益都在此次立法中得到全面的衡平和考量,最终使得禁与限的程度得到各方的认可,达到三方的共赢。而利益博弈与制度设计的过程,无疑也可以成为其他城市的有益参考。

补记:

2008 年 8 月 1 日,浙江省第十一届人大常委会第五次会议通过《浙江省城市市容和环境卫生管理条例》。该条例第 17 条规定:"任何单位和个人不得擅自占用城市人行道、桥梁、地下通道以及其他公共场所设摊经营、兜售物品。市、县、镇人民政府在制定城市、镇规划时,应当确定相应的经营场所,供农产品、日用小商品等经营者从事经营。城市、镇规划确定的经营场所不能满足本条第二款规定的经营需要的,市、县、镇人民政府应当依法及时修改规划。规划修改前,市、县、镇人民政府可以根据方便群众生活的原则,按照法定程序划定一定临时经营场所。临时经营场所的划定不得影响近期建设规划或者控制性详细规划的实施以及市容、交通、安全等。违反本条第一款规定的,责令改正;拒不改正的,可以处五十元以下的罚款。"

把文明的理念内化为文明的习惯[*]

  文明绝不是绅士的独享物与奢侈品,只要有恒心,同样也可以是每个普通人的理念和习惯。人人文明起来,社会才能进步。

  什么是文明？我以为,首先得有文明的理念。具体说来,包括这么几个方面:在处理人与自然的关系上,我们是无限度索取、无节制消费还是和谐相处、友好共存;在处理人与社会的关系上,我们是"人人为我、我为人人"的宽容与感恩还是"宁可我负天下人,不可天下人负我"的自私与狭隘;在处理公民与政府的关系时,我们是"不服从、不合作"的逃避与轻慢,还是"天下兴亡、匹夫有责"的责任与担当,以及"权力合法运行、权利有序行使"的理想与诉求。

  文明理念的普及是内化为文明习惯的前提,在这方面,我们一直在努力。比如普法教育,让每个人都认识到自身的权利与政府的

 * 本文发表于《晶报》2008 年 6 月 18 日"文明圆桌对话"。

义务,对待政府权力不卑不亢,行使个人权利尊重他人。再比如文明礼仪,让每个人都感受到文明的力量与礼仪的风采,用笑容面对生活、用笑容对待他人。

在现实生活中,把文明的理念内化为文明的习惯,既是普及文明的关键,更是文明生活的难点。保护环境、节约能源,已成为大家的文明共识,但要真的做起来,却不那么容易。分类扔垃圾,费时费力,坚持不久又恢复原先的习惯;限塑令公布,不符合要求的塑料袋仍在菜市场大行其道,卖主不加控制,顾客也不拒绝。遵守秩序、尊重规则的文明共识也是如此,说起来容易做起来难。黄灯当前,不少车还是一马当先冲了过去;雨天驾驶,不少车甚至是公交车,既不减速也不注意,溅得道旁骑自行车的人一身泥水。

文明其实在每个人的心中,只要有心,并不难做。改革开放 30 年,让每个人都以极度饱满的热情投入到市场经济的大潮中,对效率、对成本、对产出看得过重,匆忙的步伐让我们内心浮躁、狂热、静不下来,更不用说与心对话,平和待人与处事。现在我们要做的,就是找回心中失落的东西,思考自己应当以什么样的姿态、什么样的态度面对人生、面对他人、面对社会,从而收获内心的充实与安宁。我坚信人性的美好与伟大,悖逆只是偶然,向善才是常态。文明生活,快乐的是他人,收获的是自己。

驻京办该不该撤？[*]

最近京城清理、裁撤"驻京办"，大大小小近万家"驻京办"都风声鹤唳，惶惶不可终日。由于李真案、"慕马"案等大案要案中都有驻京办长袖善舞的身影，再加上从领导秘书成功转型为知名作家的王晓方那部近乎口述实录、真实得让人有点喘不过气来的小说《驻京办主任》的推波助澜，"驻京办"的名声这几年一直都不好，一度被某中央领导叱责为"蛀京办"。政声颇好的前任审计署审计长、现任全国政协副主席李金华说到不少驻京办前赴后继地"跑部钱进"时，还有个很形象的描述："跑"字怎么写？"足"边上有个"包"字，那些驻京办的人都是夹着送礼的"包"、"足"上像抹了油一样来"跑"项目的！

和大家一样，我也对腐败恨之入骨，恨不得廉政风暴刮得更有

---

* 本文写于 2010 年 2 月 4 日。

劲、更持久一些，还咱老百姓一个风清气正、海晏河清的好环境。但是，说到腐败，也要找准症结，也不能把板子都打到驻京办的屁股上。就好像不能因为某个部门出过贪官，就必须让这个部门关门大吉一样。要是真的这么整，恐怕最后开门营业的也只有文史馆、档案馆这样的单位了。另外，腐败还有主动和被动之分，前者自不用说，罪大恶极，世界观和人生观早已改变，党性人性都已抛到脑后，不处置不足以平民愤。但这后者也得分清"行贿者"和"受贿者"的责任，难不成"受贿者"都是被"行贿者"推进火坑，三番五次推脱不成，最后才不得不"半推半就"，勉强收下的？

驻京办的首要任务是"服务家乡，繁荣首都"，最后为什么会变成"跑部钱进"的典型、在反腐热潮中被人人喊打呢？第一个原因自然不用多说，那就是"多行不义必自毙"，坏事干得太多，形象也就彻底烂了，上下左右都不满意，最后落得个被"妖魔化"的下场，如过街老鼠，被人人喊打。还有个原因不能忽视，那就是被跑的那些"部"为什么喜欢被"跑"，欢迎被"跑"，甚至"会哭的孩子有奶喝"：谁"跑"的多，谁拿的"钱"就多。如果中央各个部门的项目审批、款项分配、政策扶持、财政资金转移支付等，都能公开透明、公平公正，有细致的实体标准，也有严格的程序正义，怎么会给"跑部钱进"留下制度的空间呢？那些夹着"包"带着当地领导到处跑项目、跑资金的驻京办主任，真的就那么愿意"跑"那些"门难进、脸难看、事难办"的大小衙门吗？

再往深了说一句，如果中央与地方关于财权、事权的权力划分，由法治的原则来进行规范，如果在中央的主导性与地方的积极性，在中央集权和地方自治之间找到一个平衡点，如果大量的资源并没有云集京城,或者有透明的程序来分配,驻京办又怎么会有"跑部钱进"的机会呢? 应该早就关门歇业了。

驻京办的前身最早可以追溯到汉朝的"邸",近点的就是清朝的"会馆"。其实不管名称是什么,都包含着为在京同乡服务的功能。无论是来京述职办事的官员、经商营业的商人,还是应试待考的举子、观光旅游的平民,都应该平等享受"驻京办"提供的各种便利和协助。既然"驻京办"的经费是从当地财政中支出的,本着"取之于民、用之于民"的政策,就应当对在京同乡一视同仁、不离不弃,真正做到"服务家乡"兼带着"凝聚人心"。只可惜,这些年不少驻京办只是围着领导转,面目变得着实有点可憎。如果能转变一下思路,眼睛从"向上看"变为"向下看",切切实实地为本地在京的农民工、高校学子做点得人心、暖人心的好事,或许命运还能有一线转机。

城市如何让生活更美好?[*]

　　交通拥堵、房价高企、人口膨胀、资源短缺、环境污染、生态恶化,这些,都是近年来集中暴发的"城市病"。(《人民日报》2010 年11 月 25 日)首都变成了"首堵",被戏称为世界上最大的停车场;前不久一场突如其来的大火,让整个上海陷入了悲痛,也烧出了城市的安全隐患。现在,越来越多的年轻人发觉城市似乎并没有想象得那么美好,甚至离"宜居"越来越远,因此不少人开始逃离"北上广"。

　　的确,不断推进的城市化进程是一柄双刃剑,在消弭城乡差距、便利民众生活、不断带来新的经济增长点的同时,也不可避免地会集中产生一些深层次的矛盾和问题,诸多的"城市病"也就相伴而生。要医治好这些"城市病",既要靠持之以恒的经济社会发展,更

---

　　[*] 本文发表于《晶报》2010 年 11 月 30 日"法眼旁观"专栏,发表时题为《市民能话事的城市才能让生活更美好》。

要靠管长远、管根本的制度完善。

凡事预则立,不预则废。城市的可持续发展,有赖于科学的、有先见之明的城市规划。城市规划水平的高低,直接决定着城市功能的发挥和广大市民的生活质量,因此它不仅仅是一项引导和管制土地发展与用途的工作,还考验着一个地方政府的施政出发点——城市规划,究竟是给"上面"看的政绩工程,还是让市民生活更加健康、安全、方便与舒适的民心工程,答案不言而喻。当前最为紧迫的,就是提高城市规划的科学性和民主性。

首先,公众参与城市规划不仅是"主权在民"的具体体现,也是实现好、维护好、发展好人民群众根本利益的必然要求。城市看似只是一座座建筑、一条条道路的集合体,但更是一个个居民赖以生存的空间、实现梦想的乐土。因此,他们才是城市的主人和主宰——城市的样貌,由他们来决定;城市的文化,由他们来塑造;城市的品质,由他们来提升。对他们来说,城市化并不意味着大拆大建,并不意味着流离失所,并不意味着钢筋水泥,并不意味着消灭记忆。他们的利益诉求,他们的各种期待,理应在城市规划中得到充分体现。

其次,公众参与城市规划是避免决策失误、降低决策风险的重要保障。现在一些城市规划往往是政府有关部门根据主要领导意图,"闭门造车"造出来的。由于制定程序不民主,规划的科学性不高,往往导致换一任领导,改一次规划,造成资源的大量浪费,贻误发展的大好时机。有人形象地把这种决策过程概括为"四拍"——"拍脑袋决定,拍胸脯保证,拍大腿后悔,拍屁股走人",这种决策之下的城市规划,缺少预见性,难免会出现失误、暗藏风险。党中央不断强调,发展是为了人民,发展依靠人民,发展的成果由人民共享,牵涉社会公众切身利益的城市规划,就更需要公众来参与、来把关。

再次,公众参与城市规划还是降低行政成本、化解社会矛盾的有效途径。在城市化过程中,拆迁引发的惨剧频繁发生,从直接原因看是公共利益界定不清楚、财产征收征用的程序不完善;但追根溯源,其实是公众对城市规划的知情权没有得到充分的保障。因为城市规划决定以后,土地交易、征地拆迁等一系列步骤就自然而然地启动了,等到老百姓看到自家房屋上写上"拆"字为时已晚,只能"被接受""被同意",有人选择了做钉子户、群体上访甚至以生命为代价作最后抗争。拆迁,拆不出和谐社会,也拆不出真正的城市化,反而可能拆出不和谐、不稳定,拆出上访,拆出流血,拆出市民对政府的不信任。此外,在城市垃圾填埋场的选址、可能产生污染的重大项目的引进中,一些地方政府在规划阶段没有一个主动的公众参与安排,不少市民事前都不知情,但在项目建设开始后知情的市民强烈抵制,以至于最终被迫改变决策。其实,我们与其通过野蛮拆迁来实现城市改造,与其在事后花费巨额费用来维稳,与其在事后更改决策导致巨大损失,不如在城市规划的制定过程中就充分听取民意,平衡好地方经济发展和环境承载能力、城市改造和市民意愿之间的关系;不如在人大审议城市规划的过程中,充分发挥代表社会各阶层利益的人大代表的作用,通过讨论、询问甚至辩论,让诉求得到充分表达,最终形成利益共识,使得各阶层的利益在城市发展中都获得相应保障。让公众参与的决策模式,看似费时费力,效率不高,却可以在最大程度上避免经济损失,化解社会矛盾,缓和社会冲突,维持社会稳定,最终实现社会和谐。

其实,早在 2008 年 1 月 1 日新《城乡规划法》开始实施时,公众参与城市规划就有了法律保障。而新《城市规划编制办法》更是强调了公众参与城市规划编制的权利。总理也曾多次强调,城市规划要做到"政府组织、依法办事、专家领衔、部门合作、公众参与、科学决策"。但目前我国城市规划的公众参与基本上处在"事后参与""被动参与"的初级状态,规划制定过程中公众参与很少,或者仅有极少数的专家参与了制定过程。导致出现问题后,公众为了维护自身的合法权益而上访的"被迫参与"。这足以证明,从良好的理念、科学的制度,到行动的自觉,还有很长的一段路要走。

截至 2009 年,中国的城市化率已经达到 46.6%,且以每年一个百分点左右的速度增长,在几年之内城市化率就将过半,未来绝大多数的中国人都不得不选择定居在城市中。如果我们想在城市的钢筋水泥中"诗意地栖居",希望"城市让生活更美好",还应该学习不仅要热情关注,而且要积极参与到自己城市的定位、规划和发展中去。

补记:

2015 年 12 月 22 日召开的中央城市工作会议提出:城市工作要树立系统思维,从构成城市诸多要素、结构、功能等方面入手,对事关城市发展的重大问题进行深入研究和周密部署,系统推进各方面工作。要综合考虑城市功能定位、文化特色、建设管理等多种因素来制定规划。规划编制要接地气,可邀请被规划企事业单位、建设方、管理方参与其中,还应该邀请市民共同参与。要在规划理念和方法上不断创新,增强规划科学性、指导性。要加强城市设计,提倡城市修补,加强控制性详细规划的公开性和强制性。要加强对城市的空间立体性、平面协调性、风貌整体性、文脉延续性等方面的规划和管控,留住城市特有的地域环境、文化特色、建筑风格等"基因"。规划经过批准后要严格执行,一茬接一茬干下去,防止出现换一届领导改一次规划的现象。抓城市工作,一定要抓住城市管理和服务这个重点,不断完善城市管理和服务,彻底改变粗放型管理方式,让人民群众在城市生活得更方便、更舒心、更美好。要把安全放在第一位,把住安全关、质量关,并把安全工作落实到城市工作和城市发展的各个环节各个领域。

第八辑

香江札记

在"一国两制"的宪法框架之下，观察香港、理解香港，既有历史价值，又有现实需要。香港在社会治理、腐败预防、环境保护、古迹保育、推动平权等方面走过的坎坷曲折路以及积累的经验教训，值得内地细细探寻和琢磨。我无意于简单地"比较"，更不愿意盲目地"移植"。只有亲身体验香港的制度运行和社会生活，深入到街道上全神贯注、行色匆匆的人流中，走过天星码头和中区警署，走进中环的高档写字楼和天水围的悲情城市，才能真正体会到香港在法治运行中的社会基础和内在逻辑，才能真正感受到各种不同文化奇特融合在香港所产生的活力与激情。

闲话香港立法会二三事[*]

香港立法会是我毕业实习的第一站，也是收获最多的一站。虽然只有短短三周，但已经比较完整地体验了一次立法会的所有程序。除了决定日程的内务委员会和负责管理的行政委员会，我几乎旁听了各种类型的会议，比如法案委员会讨论版权条例、新界村代表选举条例的修改，福利事务委员会听取29个社会团体对综援制度的意见，政制事务委员会讨论分拆平等机会委员会主席和行政总裁职位，工商事务委员会讨论深港合作议题，财经事务委员会传召财政司长曾俊华说明"委任金融管理专员的程序"，以及梁展文事件专责小组传召前房屋署副署长作证，雷曼事件专责小组传召证券期货委员会主席作证等。而每周三的全体大会，看点则是咄咄逼人的议

＊　本文发表于《法制日报》2009 年 9 月 22 日"香江札记"专栏，发表时题为《闲话香港立法会二三事》。

员质询和毕恭毕敬的官员应答。

立法会是议事堂,无论是法例还是预算,都要在这里接受最挑剔的审议和最严格的检验。立法会也是一个大秀场,香港的政治图谱、社会生态、文化心理、人物百态,在这里展露得最为彻底,因而这里发生的"趣闻轶事"也就格外的多。单单是立法会大楼,就有不少可以说道的"故事"。

透明开放的议事堂

立法会大楼已有百年历史,前身是最高法院大楼,位于香港中环昃臣道 8 号,是香港法定古迹之一。它的高大立柱和圆形拱顶,曾经见证了香港从一个小渔村发展为今天的国际大都会的峥嵘岁月。三角楣石刻上矗立的泰美斯女神,无声地告诉人们什么是香港社会的坚强柱石。大楼采用了新古典主义的建筑风格,仿效了古罗马及希腊的建筑设计,四周筑有高约 17 米的爱奥尼式圆柱,中央为圆顶建筑,外观十分雄伟。大楼的核心部位是圆顶正下方的议事大厅,特区区徽下方是立法会主席的座位,正面和左手边是议员的席位,右手边是官员的席位。两侧的正上方,是公众和媒体旁听席,高高在上,仅有矮矮的扶手栏杆阻隔,下方主席的主持、议员的表现、官员的应答,一览无余。

在民主社会,议事大厅中任何一处设施的布置,任何一个细节的安排,都蕴含着深厚的政治理念。高高在上、无缝对接的旁听席,选民在上,议员和官员在下,没有任何秘密,一切尽在眼中。立法会的工作人员不无自豪地介绍说,这里是香港最公开、最透明、也是最没有秘密的地方。为了便于民众的知情和监督,立法会大楼为民众旁听会议提供最大的便利,只要出示身份证件,就可以进入旁听席,亲眼看看自己选出来的议员,有没有"做好呢份工"。

这座大楼还是忙碌的新闻集散地。香港传媒每日报道的内容,无论是政坛的八卦、官场的耳语,还是重要法案和预算的争论,大多数就从这里传出来。立法会召开各类会议时,不时有议员起身向主持会议的主席鞠躬,尔后离开会场,有时他们是"中场休息",大多数时候都是到会场外接受记者的采访,将讨论的议题和自己的政见通过媒体传递给市民。立法会里设有专业的新闻发布厅和记者工作室,只要有会议进行,就能看到记者们在这里忙得不亦乐乎。在媒体旁听席附近,还有一整面墙的柜子。每家媒体都能分配到一个,上面注明了各家的名号;整整齐齐地很是壮观,似乎在无声地提示着立法会的访客:正是我们在这里驻扎,议事堂才能真正做到透明开放。

不设防的立法会

在香港立法会实习,旁听全体大会时,我曾经历了一场"暴力流血上访事件"。

先说说事情的来龙去脉。在议员正在质询时,一位中年男子突然起身抛掷传单,随后又掏刀自残,声称遭受不公,申请法援又未被批准;保安人员担心伤及无辜,只好不断安抚。情急之下,一位议员走上旁听席,收下该男子的请愿书;一阵安抚之后,该男子最终放下了刀,被带往警局接受调查。

庄严的议政殿堂,怎么会发生这么极端的事件? 难道事先没有安保措施? 民众和议员怎么会离得如此之近? 原来,为了便于民众的知情和监督,立法会大楼为民众旁听会议提供最大了的便利。只要出示身份证件,就可以进入旁听席,亲眼看看自己选出来的议员,有没有"做好呢份工"。在全球都在加强安保的大背景下,立法会大楼甚至还没有安装任何金属检测装置。

　　开放、透明的议事堂固然值得赞许,但安保漏洞却是客观存在的。较早前,旁听的市民就曾乱抛纸屑扰乱议事秩序;前不久的特首答问大会上,雷曼女苦主也在旁听席上以刀架颈,威胁自杀。

　　但是否要采取必要措施,避免同类事件重演,在立法会中产生了很大争议。有的议员认为,综观世界各国和地区,立法机构都守卫森严,公众要参观国会,事先必须经过严格的安检。因此,有必要引进金属探测仪、以玻璃幕墙隔离议事厅和旁听席,至少要加高围栏到合适的高度,以备不测。但也有议员认为,公职人员确实存在受袭的风险,但立法会开放透明的形象更重要,过多的安全措施将不便利公众的旁听,会削弱公众的监督。立法会行政管理委员会经过激烈讨论,最终决定在入口添置金属探测仪,并要求公众寄存包裹,但其他动议并没有通过。

　　其实,在民主社会,议事大厅中任何一处设施布置、细节安排,都蕴含着深厚的政治理念。高高在上的旁听席,使市民在上,议员和官员在下,没有任何秘密,一切尽在眼中。异曲同工的是德国的国会大厦,议会大厅的天花板是一个巨大的玻璃穹顶,不仅用作采光和装饰,更是普通游客旁观议会辩论的观景台。议员们开会时,都能感觉到头顶折射下来的阳光中的人影婆娑。也许这就是议事大厅的设计者有意或无意地传达的政治理念——"所有政治家都必须时刻牢记,虽然被赋予了管理国家的权力,但真正掌握权力的却是'他们头顶'上的人民。"

在香港,随着街头斗士晋身立法会,个别议员使用粗言秽语,乃至向特首"掷香蕉"以示不满的行为已有出现。市民担心立法会有"台湾化"趋势,更怕闹哄哄的议事堂使立法会整体形象受损。加上全球经济危机,不少市民或投资受创,或被裁员减薪,难保有人为发泄不满,利用安保漏洞,在议事堂上伤及无辜。但在透明开放的议事文化与"铜墙铁壁"的安保措施的抉择之间,还是前者压倒了后者。

之所以如此,是因为民主的发展,必须要建立在信心和理性基础上。如果一个社会中,民众有较高的生活保障,纷争有公平的解决机制,民意有通畅的表达渠道,加上公正清廉的司法机构作为正义最后一道防线,就没有理由对民众持怀疑态度,因为他们根本没有必要以极端的方式表达诉求。民众的理性也很重要,但前提还是要建立在法治基础上,使整个社会趋向以理性平和的态度探讨问题。即使个别议员或市民以激进强硬的方式发声维权,也会因与香港的社会文化格格不入,失去多数市民的认同。

大楼"还"给法院

由于立法会2012年将搬迁至添马舰政府大楼,立法会大楼将作何用途,一度成为悬念。有人建议改建为博物馆,也有人建议辟为文化设施,莫衷一是。2006年1月,终审法院首席法官李国能公开建议将终审法院搬迁至立法会大楼，成为这座大楼最有分量的"争夺者"。2009 年 4 月 16 日，香港政府正式同意将立法会大楼改为终审法院大楼。

司法界终于松了一口气，内心应该也是暗喜：要知道，将终审法院迁回立法会大楼，可是不少法官和资深大律师的夙愿。因为现在的立法会大楼的前身其实就是最高法院大楼。大楼三角楣饰的顶部竖立一尊高 2.7 米，代表公义的泰美斯女神雕像，女神右手持着代表公正的天秤，左手持着象征权力的剑。女神蒙上双眼，表示法律精神不偏不倚，公正严明。从建立之初，这座大楼就是司法公正的象征；只是在 1984 年以后暂时被改为立法机关的议事殿堂。

1912 年 1 月 15 日，这座大楼由香港总督卢嘉主持揭幕。当时的首席按察司皮格（Sir Francis Piggot）曾表示："即使他日维多利亚城不复存在，海港被淤泥壅塞，香港会所坍塌湮没，这座大楼仍将巍然矗立，如金字塔，为远东的睿智留下见证。"由于英文的法院一词"Court"与粤语的"葛"发音相近，最高法院大楼至今还被不少香港人俗称为"大葛楼"。这么说来，寻根溯源，终审法院哪里是"搬迁"到立法会大楼，而是"重回老家"啊。

补记：

2015 年 6 月 16 日，在香港特区立法会对政改法案进行审议和表决的前夜，超过 200 名警察有序地进入香港立法会综合大楼，协助维持大楼内的秩序，防止可能出现的激进人士的冲击。

香港"接访"亲历记[*]

在香港立法会实习时,有一天法律部的秘书兴冲冲地过来说,明天议员要接待一个"规模很大"的申诉,你们要不要去看看? 怕我们不明白她的意思,又补充了一句:就是议员去"接访"!

香港也有"上访"? 这么难得的机会,怎么能错过!

"上访"就像话家常

接受香港居民申诉并作出处理,是《香港特别行政区基本法》所规定的香港立法会的职权之一。立法会秘书处下属的申诉部具体负责申诉事宜,为议员接受并处理市民申诉提供支援服务。由于立法会大楼办公场所紧张,申诉部设在不远处的花旗大厦中,和工商

---

[*] 本文发表于《法制日报》7 月 14 日"香江札记"专栏。

银行、巴克莱银行等金融机构同楼办公;透明的玻璃门,简洁的问询处,干净的办公室,和一般公司没什么两样。如果不是门口标识的提示,还以为走进了银行的大户室或律所的会客厅。

申诉部的接待室并不大,大概三四十平方,被一条长桌大致分割成两个部分,一侧是申诉团体代表座位,由正门进出;另一侧是议员和工作人员座位,从侧门进出。我们走进接待室时,申诉的市民已经到齐了,二十多人安静地坐在座位上,有的在小声交流,有的在翻看资料;坐在最前排的是推选出的4位代表,他们都是头花发白的老人,戴着老花眼镜,衣着齐整,面色平静,面前是厚厚一摞申诉材料;申诉团体这一侧的墙上还挂上了一幅他们自制的海报,上面贴满了照片,中间醒目的位置写明了他们的诉求。

这起"规模很大"的"上访",诉求其实并不复杂。近期由于政府正在推行观塘市中心重建项目,需要收购某大厦,市政局与住户已就补偿标准达成一致,存在争议的只是物业面积的认定。市政局认为应该按照屋宇署核批的建筑图则与合法业权转让契约内的建筑图则为准,但住户却认为当时购买房屋时,由于防烟廊等共用部分没有计算在实用面积内,因此建筑图则中记载的面积与实际不符。住户和市政局各自聘请了测量师,得出的结论自然大相径庭。

申诉部的同事们提前为议员、实习生和申诉团体准备了卷宗,第一份材料就是申诉事项概述。申诉团体的意见、政府当局与办事部门的回应,一目了然,便于大家提前了解来龙去脉以及进展情况。

申诉代表先发言,理性平和、彬彬有礼,没有过激的言语和行为,讲到街坊们的家庭情况,现场还不时有笑声,气氛一点也不紧张。发言的代表还各有分工,有的负责谈事实,有的侧重讲诉求,把申诉事项阐述得清楚。

接待申诉的3位议员分属3个政党,都十分耐心和负责,仔细询问争议的事实,核对相关的证据。这3位议员中两位是律师,另一位是前政府官员,因此对法律问题和政府运作都十分熟悉,提出的意见不时得到申诉团体的掌声。沟通技巧也颇为值得称道,既有理性的分析,又有轻松的玩笑,互动十分频繁,不知不觉间让申诉团体抒发了不满,缓解了紧张情绪。

最后是3位议员的总结发言。他们首先表明了态度,基本赞成申诉团体的意见;接着又强调,并不是因为申诉代表是自己的选民才"帮亲",而是独立判断,讲求公道。政府如果错了,绝不偏袒;市民诉求不当,也不纵容。3位议员决定先与政府部门召开闭门会议,了解政府的意见;然后组织申诉团体和政府部门对话,看双方能否达成妥协。如果谈不拢,就进入第二轮协商,涉及的政策问题将在立法会的质询环节和法案辩论中再次向政府部门提出。对这个安排,申诉团体代表都表示满意,一阵掌声之后陆续散去。一位老阿姨出门前没忘记取下墙上的海报,还把散落在地上的材料归拢好,装进了手提袋中。

轮流"执勤"的议员

其实,这只是香港一起非常普通的"上访"。

市民要向议员申诉并不是难事,只需向申诉部预约。议员会决定是否作出会晤以及会晤的时间。市民个人与当值议员的会晤,申诉部一般会在接到政府当局就申诉个案提供相关背景资料后的一个星期内作出安排。而申诉团体与当值议员的会晤,则一般会在接获申诉团体提交有关申诉事宜的具体资料后的 7 至 12 个工作日内作出安排。

香港立法会共有 60 名议员,接待市民申诉是他们的重要工作。即使是工作繁重的立法会主席也不例外,再忙也不能怠慢了"接访"。每周有 6 位议员在申诉部轮流当值,接见已预约的申诉人或申诉团体。每周"执勤"议员的名单,月初都会在网站上公布;市民可以"看人下菜单",挑选自己欣赏或信任的议员来申诉。这么一来,议员之间也有竞争——处理申诉公道高效的议员就像明星,总会被市民"热捧"。更有意思的是,有媒体还编制了排行榜,对各位议员的"接访"表现逐一点评。

议员直接处理申诉事项,是一种政治承诺,也是对选民负责的表现;同时,申诉内容大多与政府有关,也为议员监督政府提供了鲜活的第一手资料。比如,上周立法会全体大会的质询中,就有多个议题源于市民申诉,比如困难家庭儿童没有电脑补助、向长者发放综援(香港综合社会保障援助)不及时、导游不满续领导游证要重新考试等。

不可或缺的压力分担机制

香港市民有 700 万,每周仅仅 6 名议员能应付得了海量申诉吗?说实话,一开始还真有点担心立法会承受不了这么大压力。后来看到年报统计,立法会 2007—2008 年度受理的申诉只有 918 宗,才发觉这个担心是多余的。原来已经有其他机构和处理机制分担了"上访"压力。立法会的申诉守则就清晰地载明,私人纠纷、涉及提供法律意见或法律服务的个案、已进入司法程序的案件、独立机构处理的申诉事宜等,立法会议员都一概不受理。

如此"铁石心肠"地将诸多申诉拒之门外,会不会违背了申诉本意呢?答案是否定的。因为申诉不是终局的,更不是最佳的纠纷解决机制。如果把其他机构解决不了的问题都推向申诉部门,将使得申诉部门不堪重负;反过来,如果申诉部门不加区分地解决所有社会问题,将在客观上导致整个社会的争议解决、权利救济和权力监督机制出现权威流失。因此,顺畅运行的申诉机制必须建立在压力分担机制基础之上。

在香港,公正权威的司法制度是香港社会基石,司法是社会正义的最后一道防线。市民服膺于司法权威,对法院作出的任何裁决都会不折不扣地执行。因此,凡是进入司法程序的案件,立法会一律不再接受申诉,尊重并信赖司法机关作出的最终裁决。

举报官员贪腐也不是立法会申诉的范围。在香港,廉政公署是独立于政府的法定机构,专门负责贪腐案件的查处,在社会中具有很高威信。凡涉及官员腐败,市民已经自发形成了去找廉署的习惯;而廉署提供的材料也显示,实名举报比例大幅度上升,充分体现了市民对廉署的信赖。

投诉警察、律师、医生等特殊职业的事项,严格说来立法会申诉部也可以受理,但这些职业都各自建立了独立的监督机构,如警方有投诉委员会,律师会、大律师公会和医生行会都有纪律聆讯机构,负责处理投诉并作出决定。如果不涉及重大政策变更和法例修改，立法会一般也不会去干涉行业自治。更何况，对处理投诉的决定不满，还有司法复核作为最后的救济手段。

归根结底，申诉部门不应该也绝不能成为"什么都管，什么都管不了；什么都不能不管，什么也都可以不管"的机构。

申诉是一道"减压阀"

除去那些不予受理的申诉事项，我们发现，立法会申诉制度紧盯着的，其实是政府的政策检讨和法例修正。尊重法律已内化为香港政府和市民的习惯，一切依法按章办事，政府作出的行政行为极少出现明显违法的硬伤，市民一般也不会提出根本没有法律依据支持的不合理诉求。因此，大多数申诉事项其实属于政策考量和利益平衡的问题，换句话说，是合情合理但目前却没有法律依据的，在现有法律框架和政府酌定权限内很难得到解决。市民当然可以直接向政府反映意见甚至投诉，但往往得不到满意的解决。这时，市民并不需要通过极端方式来表达自身诉求，只须转向立法会申诉；由议员出面，通过每周三全体大会质询、事务委员会日常监察以及审核政府预算开支等方式，向政府施加一定压力，督促政府合情合理高效地解决申诉事项。但议员在处理这些具体诉求时，也有自己的技巧，既不能干涉政府具体运作，也绝不会强制政府全盘接受，只会慢慢加码，不断试探，直到触及底线，最终促成政府和市民的妥协，实现利益平衡。即使某项申诉暂时得不到解决，议员还可以在审议法案、质询官员的过程中促使某一项政策修改，避免类似事件再次发生。由于立法会申诉部也会定期向社会公布市民申诉内容，相关部门在舆论监督和民意压力之下，也会不断对成为申诉热点的政策进行评估和检讨，及时修正以适应社会发展和市民需求。

议员直接处理申诉事项，在政府和市民之间建立了一道"减压阀"。事前建立这道"减压阀"，比事后增添"灭火器"，来得更有效率，成本更低，动荡更小。

当"大花筒"遇上"看门狗"*

如果让我在粤语中选个最传神的"法律词汇",我会毫不犹豫地选择"大花筒"。这个词本义是形容花钱如流水的败家子,但引申含义更加丰富,指代那些胡乱挥霍"公帑"的政府部门或官员。在法治社会中,有"大花筒"存在的土壤,就必定有"看门狗"如影随形。谁是香港纳税人的"看门狗"呢? 当然就是特区政府的审计署和立法会的政府账目委员会。

是谁掀起香港的"审计风暴"?

香港审计署旧称核数署,具有 160 多年历史,是香港历史最悠久的政府部门之一。根据《香港特别行政区基本法》第 58 条的规定,

---

* 本文发表于《法制日报》2009 年 8 月 18 日"香江札记"专栏。

审计署隶属特区政府,独立工作,对行政长官负责。虽然审计署署长是由行政长官任命的主要政府官员之一,但法律规定确保了审计署的独立性。首先,审计署署长直接向立法会提交审计报告,不必经过行政长官及其他政府官员的审定和批准。同时,为了减少审计署报告在提交立法会前外泄的可能性,当局同意在报告书提交立法会前,立法会和政府都不会获发报告书文本。其次,审计署独立工作,依法安排和执行审计业务,无须听命于任何机构或个人。再次,审计署署长在提交报告时享有很大的自由,可以揭示对于政府部门和公共机构的审计过程中,发现的任何情况和涉及的财政问题。这些制度设计,确保了属于行政系列的审计署的超脱和独立,能够向政府当局和立法会提供独立、专业及优质的审计服务;在审计监督中不负使命,不偏不倚,无畏无惧,积极发现和揭示政府的财政问题,确保公共资源得以有效率及有效益地使用,以提升香港政府部门的问责性。

每年的 4 月份和 11 月份,是审计署最繁忙的月份。议员"兴奋",官员"惶恐",媒体摩拳擦掌等待"爆料",市民心态平和冷眼旁观。

4 月份,审计署署长要向立法会递交报告,内容涉及"衡工量值",即绩效审计,主要审核政府各部门履行职务时的节约程度、效率和效益。"衡工量值"报告每半年一份,除了 4 月份,11 月份审计署还要提交一份;这份报告有点像医院的体检,把各个部门的大小问题都点出来,再由政府和立法会对症下药来寻求整改的对策。近年来最为轰动的,是 2007 年的第 48 号报告。应用科技研究院(应科院)、房屋署、康文署、渔护署及渠务署等 8 个部门被审计署点名批评,其中对应科院的批评最多。审计署揭露了应科院一些令人惊讶的管理失当的事项,特别是4年间曾三度聘请风水顾问为办事处看风水,共花费逾18万元,令人大跌眼镜。此外,部分职员薪金较市场同类职位过高,行政总裁的薪金更成谜团;公事应酬及离港公干等开支不当,董事会议出席率偏低、部分会议无文件记录等,违反了高效、负责的公司治理原则,令人质疑高层管理的能力及责任心。2009年4月份公布的审计报告,则以重笔墨来炮轰"大花筒"平等机会委员会——28人晚宴花掉1.52万元,主席出差住3 000元一天的套房,在室内空气质量极佳的情况下,用7.8万元买空气净化器等,引发的问责风波影响深远。

11月份,审计署署长报告的主要内容则是审核政府账目,即传统的财务审计,通过审核会计账目等资料,确认财务收支的真实性与合规性。这份报告有点像医生"开刀",不仅仅是揭发问题,还要从制度设计、部门运作、长官责任等方面追根溯源。2007年11月发布的第49号报告就引起了轩然大波,香港旅发局被媒体炮轰为"大花筒"。审计署罕有地以两个章节,分别从"企业管治及行政"及"市场推广活动"两方面,狠批旅发局在前任主席周梁淑怡及总干事臧明华的主政下,除了大慷纳税人之慨,为局内职员提供优厚的薪俸及福利条件之外,一些过往举办的大型活动,成效不彰,浪费资源。

"审计风暴"如何劲吹?

审计报告公布后的那几天,被揭发出的那些"大花筒"总是街头巷尾热议的话题。但审计署并无权力对受审核机构下达具有法律约束力的文书,指出其存在的问题并要求改正。审计署的工作是发现问题,并在审计报告书中就发现问题提出意见和建议,以此发挥监督作用。那么,是不是"点名批评"就算了?如果那些"大花筒"拒不认错呢?即使认错,如果拒不改正呢?每半年一次的"审计风暴"会不会因为市民兴奋点和媒体关注点的变化,以及某些"大花筒"利用"鸵鸟策略"拖延回应、推脱责任而削弱了威力呢?

答案是否定的,让"审计风暴"劲吹、绝不纵容"大花筒"的是立法会的议员们。审计的作用在香港这样一个法制健全、行政公开的社会里,会因为议会和舆论的监督而得到加强和扩大。

政府账目委员会是立法会的常设委员会之一,由正副主席各1名及5名委员组成,大多数成员都具有会计、财经、法律的专业背景,其主要职责就是研究审计署署长提交的报告书,对政府的公共开支的合法有效和行政运行的成本效率进行审查。政府账目委员会根据立法会议事规则的授权,可以传召审计报告"点名"部门的官员到委员会席前应讯,说明情况、回答提问并根据委员会的要求提供相关资料、记录或文件。政府账目委员会对出席会议的官员有三个要求:第一,必须是审计署署长在报告里提及的直接负责批准使用财政资金的官员;如果所涉及的问题是跨部门的,或者涉及政策或原则问题,政府有关政策局的局长或其他适当人员必须被传召。第二,虽然可以由属下陪同出席,协助解释细节,但必须对回答的内容、提供的资料的真实性负个人责任。第三,必须亲身到委员会席前应讯,不允许书面作证。

比如2009年4月的审计报告公布后,普通市民和媒体都强烈指责平等机会委员会,整个香港都在盯着立法会的下一步动作。5月6

日,平机会主席邓尔邦就被召至政府账务委员会的首次聆讯上现场答问。议员们轮番上阵,接连提问,就连大型晚宴的出席人员、空气净化器的价格、出差所住套间的条件等细节也绝不放过。议员批评最为猛烈的是邓尔邦未得批准就购买价值 700 万元的人寿保险的做法。邓尔邦承认,其聘任条款并没有提及平机会可为主席购买人寿保险,但指有关安排由 1997 年沿用至今,"不是为主席而设,是为整个平机会职员而设"。邓尔邦先生虽然是律师出身,口才绝佳,但面对"气势汹汹"的议员们连珠炮般的发问,还是有点应接不暇;加上一味进行辩解,没有诚恳接受批评,回答问题时不时被议员打断,场面很是尴尬。公开聆讯是现场直播的,还有不少市民旁听,一切都在阳光下进行,出席会议的政府官员的压力确实不小,但这也从侧面给所有的官员提了个醒:公帑勿乱花,违规必被捉。

"审计风暴"能改变什么?

在公开聆讯结束后,政府账目委员会会闭门研究在公开聆讯中取得的证供以及有关方面作出的澄清,并就审计报告中的各事项依次作出结论及建议,并载入委员会的报告书内。委员会通常会在有关的审计报告提交立法会后的 3 个月内,就该审计报告向立法会提交审查报告。政府当局则必须在委员会报告提交立法会后 3 个月内,向立法会提交"政府覆文",就委员会审查报告中提出的意见及建议作出回应,阐明当局已采取或者建议采取什么行动,以纠正所发现的违规事宜或在衡工量值方面的不足之处,或在有需要时解释当局为何不打算采取任何行动。政务司司长作为特首之下政府的第一首长,通常会在政府当局向立法会提交"覆文"时发言,阐述政府立场,并回应立法会议员的意见。除了向立法会提交"政府覆文"外,政府当局还会在 9 月或 10 月初就尚未解决的事项,向委员会提交周年进度报告;审计署署长则会提交"须处理事项一览",列出各事项的最新情况,汇报政府的回应和已有的进展。委员会则会以锲而不舍的态度跟进"政府覆文"和进度报告所载的事项,直至审计署署长证实政府当局已采取所需的一切行动为止。

平机会的后续风波就印证了这一点:"审计风暴"不仅力度大,而且确实对监督官员、查补漏洞、完善制度有所裨益。2009 年 7 月 8 日,政府账务委员会就第 52 号审计报告向立法会提交了审查报告。报告措辞严厉地指出,平等机会委员会主席邓尔邦作为全职行政首长,未能提供所需的领导能力,使平机会能达到由公款资助的法定机构应有的企业管治及管理水平。委员会对此表示"极度遗憾",并认为邓尔邦主席"难辞其咎"。账委会的报告还指出,平机会主席和其成员于本年 3 月召开的会议上,认为审计报告对平机会的评论是"琐碎及微不足道",而在研究平机会对审查结果的回应时,他们却侧重于关注公共关系的角度。此外,在平机会的企业管治、使用公款的机构文化、内部监控、货品采购、管理等方面,账委会也作出了多项贬义的评价,如"强烈的不满""震惊"和"不可接受"等。

可别小看了政府账目委员会所使用的字眼,这不仅体现了被审计部门的问题的严重性,更决定了该部门下一年度预算乃至部门首长仕途的命运。据说,政府账目委员会有一份内部掌握的"口径",按照严重性,依次排列了 71 个可以使用的"字眼"。"知悉"(Notes)意味着几乎没有问题,议员不会主动"刁难";"强烈促请"(Strongly recommends）则表明了议员们的倾向性意见，如果政府当局不接受，很有可能导致议员的"责难"；如果用上了"认为难辞其咎并予以谴责"（Considers it inexcusable and condemns），相关部门的"一把手"最好不要再恋栈，还是主动请辞的好。

因此，邓尔邦先生回应账委会的报告称，自己会完全承担责任，并对平机会所造成的不良影响致歉。而特区政府发言人也回应称，平机会主席的任期将于明年1月届满，即将启动公开招聘程序，委任新一任的主席。为了优化平机会的管治，港府已建议分拆现行主席的部分职务，设立营运总裁一职。此外，也建议平机会聘请审计及管理顾问，以落实账委会和审计署的建议。

针对平机会的"审计风暴"，就此也暂告一个段落。审计署与账委会这两只特区财政的"看门狗"，为揪出"大花筒"、改善公共管理及节约公帑起到了关键作用，亦为提高香港的整体竞争力作出贡献。

细节之处的司法尊荣[*]

在香港司法机构的实习虽然只有短短几周,但在终审法院陈兆凯常任法官的悉心安排和精心指点下,我得以观摩了各种类型的庭审,了解普通法系不同审判程序的运作状况,还碰巧遇上龚如心遗产争议等热点案件的审理。实习结束时,陈官问我有何感受,我的回答是:给我留下最深刻的印象,是法官的尊荣和司法的权威。

称呼法官是门"大学问"

喜欢看港剧的朋友一定不会错过 TVB 的剧集《老婆大人》,女主角正是粉领裁判法院的一位裁判官。令我印象颇深的是,不仅是案件的当事人,哪怕是女主角的家翁提到她,也会尊敬地称一声"官"。

---

[*] 本文发表于《法制日报》2010 年 8 月 4 日"香江札记"专栏。

一开始,我也有点纳闷,为什么要在姓氏后面加上一个"官"字来称呼法官呢?请教了香港一些朋友后,我才明白,这个叫法其实是沿袭了清代的传统。当时行政与司法职能不分家,所谓"当官"也就意味着可以在明镜高悬下坐堂审案;后来,英籍法官来到香港,香港居民渐渐服膺于普通法系的程序公正,将法官视为正义化身、尊称其为"某官",也就不足为奇了。比如前香港最高法院首席大法官杨铁梁爵士就被港人亲切地称为"杨官",当初他为竞选特首主动请辞,竞选失败后再度从政,离任后还在香港电台主持"杨官信箱",从事英语、礼仪教育。

在法庭上,对法官的称呼更是门"大学问"。从字面意思上看,动词的 judge 意为"判断",法官的职能正是根据法律规则,运用理性,慎思明辨;法官尽管也是"官",但却不是依靠暴力强迫当事人服从,而是依据理性、依据社会普遍承认的天理,作出合乎情理的判断。香港法庭上对法官的称呼,承袭了英伦传统,十分庄重和典雅。不同层级的法庭,对法官的称呼也不一样。在高等法院(High Court),诉讼双方都会尊称法官为"My Lord""My Lady"或"Your Lordship";在区域法院(District Court),会把法官称为"Your Honour";而在裁判法院,会称法官为"Your Worship"或"Sir"。当大律师要向法官阐述一些法律观点时,常常会带着敬意说这么一句"My Lord, in respect of your queries, I would have the following submissions..."(法官大人,我就您的疑问,有以下的论点……)。

假发和法袍的"前世今生"

法官和律师在法庭上戴假发,是英国法庭最有特色的传统之一。根据历史学家和民俗学家的研究,英国人戴假发的流行时尚传统大约始于 12 世纪,当时并不只是法官和律师的专利,上层社会的人都将戴假发视为一种时尚,是出席正式场合或沙龙聚会时的正规打扮。但法律人士戴上假发开庭,则会给人一种非常庄重、礼仪化的感觉。法官穿上黑袍、戴上假发,被推认可以掩去本来面目,去除私心杂念,成为法治化身,公正无私判案。受英国司法文化的影响,香港法官的假发分为长的和短的两种,长的假发一直垂到胸前。香港回归那天,法官们集体宣誓,戴的就是长假发。这种长假发现在一般只在法律年度开幕典礼、法官晋升、任命资深大律师等重要仪式上使用,平时开庭时法官是不戴的。在高等法院旁听庭审时发现,大多数案件的主审法官都会戴上短假发。

再说说香港法官身上的法袍。中世纪史专家坎特罗威茨曾说,只有三种职业是有资格穿长袍以表示其身份的,这就是:法官、牧师和学者。长袍象征着穿戴者思想的成熟和独立的判断力,并表示直接对自己的良心和上帝负责。它表明这三种职业者在精神上的自主权;他们不应允许在威胁下行事并屈服于压力。英国法官和律师的袍服历史久远,对香港更是影响深远。在香港,不论是法官还是资深大律师,假发的颜色、款式基本相同,但袍子的颜色分为红、黑二色,其中黑袍又有不镶边、镶黄边和镶紫边三种区别。穿黄边黑袍的是香港高等法院上诉庭的法官,穿红袍的是高等法院原讼庭的法官,穿紫边黑袍的是区域法院的法官,他们都戴长假发;而香港最高审级——终审法院和最基层的裁判法院的法官都穿净色黑袍,但不戴假发。

在普通法系,假发和法袍这种统一的专业服饰,意味着穿着者们属于同一职业群体,要对集体声誉负责;同时还标志着穿着者的独立地位,无畏无惧,不偏不私地处理纠纷。这种服饰设计虽然有些仪式化,但还是有助于提高司法职业者的庄重感和权威性。

法庭设计和司法礼仪

香港法院和法庭的精心设计也为树立司法权威营造了良好氛围。当事人和旁听者一走进法院和法庭,就会迎面感受到一种庄严的法律氛围,肃然起敬的感觉油然而生。最令我印象深刻的是电梯,有 6 部供当事人和律师使用的宽敞电梯、3 部职员专用电梯、2 部法官专用电梯、1 部陪审员电梯和 1 部犯罪嫌疑人电梯,分工明确,各行其道。法官办公室与法庭仅隔一条走廊,法官经该走廊可直接进入法庭。这种特殊的设计,使法官活动区与律师、当事人的活动区截然分开。法官进出法庭和法院的通道都与其他人员的路径不同,且完全分离。只有在法庭内,众人方可一睹法官容颜。这种布局一方面尽显法官尊严,保证了法官的人身安全以及独立工作不受干扰,同时也让其他人员在法院内尽享自由和便利。

各个法庭的结构和装修风格基本相同:法官的正后方墙上悬挂着香港特别行政区区徽,旁听席在法官席的左手边,控辩双方并肩而坐,都面对法官,陪审团则坐在法官的右手边。证人的席位设计在法官席和律师席的中间,面朝陪审团,便于陪审员们察言观色、明辨是非。被告人的席位则设置在律师席的身后,与法官席遥遥相对,用坚固的玻璃栅栏隔开。每次开庭之前,法庭内总会听到"梆、梆、梆"三下清脆的敲门声,那是法官进入法庭的信号。每当此时,法庭内的所有人都自觉地全体起立。如果是刑事案件,惩教署警员还会高喊"Court"!接着身着法袍、头戴假发的法官才慢吞吞地走入法庭。等法官走到座位前站定,全体人员会向法官鞠躬行礼,而法官亦会鞠躬还礼,大家这才落座。在庭审过程中,任何离开法庭的人士也会向法官鞠躬致意。法官宣布休庭时,全体人员再次起立鞠躬。每次看着法官慢慢离去的身影,不由得让人感觉,这一刻,假发、法袍这些历史的遗迹与21世纪的现代化法庭构成了传统与现代交织的"公正与善良的艺术"。

无论是从对法官的称呼、法官的服饰,还是从法庭的设计和司法的礼仪,我们时刻都能感受到香港的社会公众对法官的尊重和敬仰,以及法官对自身使命的体认和期许。在高等法院实习时,我曾请教上诉庭杨振权法官:香港法官的尊荣和司法的权威从何而来?杨官没有正面回答我的问题,而是反问了我一句:如果法官都得不到尊重,法律又怎么会得到尊重呢?

一场盛典管窥香港法治[*]

一年一度的法律年度开启典礼（Ceremonial Opening of Legal Year）是香港社会的一件大事。典礼上，终审法院首席法官将检阅纪律部队，法律界4位核心人物（终审法院首席法官、律政司司长、大律师公会主席、律师协会会长）将作精彩演讲。

据香港律政司的刊物记载，举行法律年度开启典礼，目的是强化司法机构的形象，让市民大众更加了解其使命是维护法治、保障个人权利和自由，取得港人和国际人士对香港司法制度的信任。

2009年1月12日，我受香港终审法院邀请，有幸在爱丁堡广场和香港大会堂观摩了这一盛典。

典礼开始前，代表特区政府出席典礼的政务司长唐英年就已早早入场，与前任律政司长、现任基本法委员会副主任委员梁爱诗等

＊ 本文发表于《南方周末》2009 年 2 月 19 日评论版。

政府官员、各界人士一道,静候法官入场。

5点左右,香港警察风笛队开始奏乐,除了鼓点声外,音乐并不激昂,是婉转轻柔的苏格兰风格。演奏者身着白色上衣、大红色的格子纹裤,头戴蓝色贝雷帽,帽子上竖立着一根小旗杆,旗杆上蓝色的绣有徽标的小旗不时随海风飞舞。鼓乐声中,香港所有现任法官和资深大律师依次走进广场。

法官们身披法袍,大多头戴假发。袍子的颜色分为红、黑两种,其中黑袍又有不镶边、镶黄边和镶紫边三种。穿黄边黑袍的是香港高等法院上诉庭(CA)的法官,身着红袍的是高等法院原讼庭(CFI)的法官,穿紫边黑袍的是区域法院(DC)的法官,他们都戴长假发;而香港最高审级——终审法院(CFA)和最基层的裁判法院(MC)的法官都是穿净色黑袍,但不戴假发。资深大律师(SC)也身穿净色黑袍,平时开庭戴普通假发,在典礼上会戴长假发。

司法人员以华人为主,也有不少外国人士。根据《基本法》的规定,香港回归以后,保留原有的普通法制度和司法体制,更允许其他普通法司法辖区的法官(如英国上诉法庭首席法官沃尔夫勋爵)充任终审法院的非常任法官。尽管一度曾出现"华""洋"之争,但香港民众还是以开放的心态接受了这种制度安排:普通法源于英伦,却在全世界具有广泛影响,邀请其他法域资深法官担任非常任法官,有助于香港判例法的发展与成熟,同时展现香港作为全球最自由经济体的形象。

1868年,上海的英美租界出现了"会审公廨",成为中国司法主权受损乃至丧失的象征;而在130年后(1997年),香港回归,成为一个独立的司法辖区,不仅延任了殖民地时期的外籍法官,还在终审法院中设立非常任法官席位延请外国法官担任;中国更是变成了史无前例的"一国两制三法域四地"。

百年回眸,白驹过隙,对待"洋法官"的态度,也从"丧权辱国"转变成"展示自信",这既是普通法制度的特性使然,也是解决香港问题的政治智慧。

典礼正式开始,李国能首席法官检阅香港警察仪仗队。仪仗队长手举佩剑开道,典礼官肩扛权杖,一路跟随,陪同检阅。百余位法官和资深大律师站在警察仪仗队的对面,注目旁观。权杖象征终审法院首席法官的职权,也象征着司法权威。香港回归以前,权杖的顶端是皇冠,象征英国皇室的权力;1997 年 7 月 1 日之后,中华人民共和国香港特别行政区的区徽取代了这个皇冠标志,这是"一国两制"方针的生动写照。伯尔曼曾说,仪式、传统、权威和普遍性,决定了法律与宗教的共通性。旁观检阅,可以读出仪式中所彰显的司法尊荣。

警察权无疑是行政权中的典型,是一柄最为锋利的双刃剑,最应置于监督之下。在西方国家,立法、行政、司法这三权之中,司法是最为弱小的,因此也是"最小危险的部门"。司法权本质上是被动的、定分止争的"判断权",既不掌握"钱袋子"、也不能指挥"枪杆子",更无权行使管理权,其尊荣和权威并非与生俱来,只源于法官对法治的坚守和对人权的捍卫。加之遴选标准极其严格,法官享有很高的社会声望,同时坚持操守,勤勉敬业,为各界广泛尊重。正因如此,普通法系地区的民众才放心地让并非民选的法官行使"创设先例"的造法权力。

检阅之后就是法律界 4 位核心人物的演讲。演讲的主旨在于强调法治对加强人权保障、实现社会正义的重要意义,并对过去一年的争议作出回应,对新的一年的改革进行展望,因此不同年度会都有不同的侧重点。今年的主题是"司法公信力",这与去年发生的"乌龙"判决事件有关。

2008年,高等法院主审法官彭键基"一案三判"的"乌龙"判决,引起舆论哗然,更伤及民众对司法的信心。《香港特别行政区基本法》为保障司法独立,明确规定法官只有在无力履行职责或行为不检的情况下,行政长官才可根据终审法院首席法官任命的不少于3名当地法官组成的审议庭的建议,予以免职。因此尽管社会反响强烈,彭键基法官最终没有请辞。

但"乌龙"判决事件并未因此平息,反而牵出法官兼任司法机构以外职务是否合理正当的争论。彭键基法官是司法界有名的"公职王",除了选举管理委员会主席之外,还担任了多个社会和行政职务。法律界的立法会议员吴霭仪曾公开批评:"我觉得法官便是法官,法官应该专心审案,这些委员会、那些委员会的工作,对司法界的形象,对司法界的工作没有帮助。"这一批评得到了香港法律界不少人士的呼应。

典礼上,终审法院首席法官李国能就此代表司法界进行了回应:司法机构并没有主动要求由法官担当此等工作;如果政府当局基于社会共识而建议立法订明委任现任法官担任某一职务,只要司法机构认为在原则上并无不妥之处,便会在立法机关制定有关法例后安排法官出任。若社会的共识是有关职务不必再由现任法官担任,司法机构亦不会有异议。

从普通法系传统看,法官受委任兼任部分行政工作,并没有违背权力制衡的理念,反而是为了更好地确保行政权力地正当行使,避免行政权一权独大、失去控制;尤其是涉及选举程序、高官离职的问题,由行政机构自我审查审批显然不合适,司法机构的适当介入是必要的。但过犹不及,当过多的介入引发民众的质疑时,不卑不亢地表明司法机构的态度也是极其必要的——既尊重民意机关的制度安排,同时谨慎谦抑,绝不主动包揽权力。

4位法律人的演讲结束后,没有谁组织和指挥,所有来宾都自觉起立,目送法官们离席退场。100多位司法人员的退场足足用了10分钟。这10分钟,没有一个来宾抢先离场,也没有人大声喧哗,我们就这样安静地站在原地,回味4篇演讲中各自蕴含的法治精神,直到最后一位司法人员的身影消失在礼堂门口。

法庭不是解决政治问题的地方[*]

一年一度的法律年度开启典礼是香港法律界，也是香港全社会的一件大事。与往年相比，2011年的典礼显得有些与众不同。因为这是香港终审法院首席法官第一次更替后举行的首次典礼，新任首席法官马道立发表了主旨演讲，集中阐述自己的司法理念和未来若干年内司法机构的运作动向，尤为引人注目。因此，出席典礼的除了政务司司长、律政司司长、立法会议员等社会贤达，香港回归后终审法院第一任首席法官李国能、香港回归前最高法院最后一任首席法官杨铁梁也应邀出席。连续三任首席法官出席同一场典礼，这在香港法制史上也是第一次。

---

* 本文发表于《法制日报》2011年1月18日"香江札记"专栏。

法治仍是香港的核心竞争力

法治是香港的核心竞争力,不仅为香港营造了优良的法治环境,赢得了国际美誉,而且保障所有在香港生活、工作和投资之人的权利和自由。对香港市民来说,法治就是"人人依法享有的权利和自由获得保障,没有人可以凌驾于法律之上,人人都可获得平等对待和依法处理"。

因此,在演讲的一开始,马道立首席法官就重申了法治的意义及其对香港社会、香港市民的特殊价值。马道立首席法官在演讲中进一步强调,香港的法治有三大要素:第一,要有尊重个人权利及尊严的法律;第二,要有独立的司法机关,捍卫该等法律;第三,要秉持公正,简而言之,就是要恰当而有效率地秉行公义。归纳而言,即良善之法、司法独立和公平高效地实现正义。在这三个方面,都离不开司法机构发挥不可替代的作用。

法庭不是解决政治问题的地方

制定良善之法是立法机构的固有职权,但香港司法机构却有"司法审查"的重要职权:无论是立法会制定的法例还是政府制定的规例以及具体的行政行为,只要违反《香港特别行政区基本法》,司法机构都有权宣布其即刻无效或者暂停其效力。这有利于实现权力制衡,避免市民的各项权利受到非法的干涉和不当的限制。独立的司法机构也是法治的应有之义,如果司法机构时常受到其他机构、团体甚至个人的影响，则无法有效、公正地行使司法权力，也无法真正做到只对法律负责。因此，《香港特别行政区基本法》第85条明确规定："香港特别行政区法院独立进行审判，不受任何干涉，司法人员履行审判职责的行为不受法律追究。"在司法实践中，法官判案时必须经常顾及公众利益，但遵循法律的内容及其精神，至为重要。马道立首席法官就此鲜明地指出："根据司法誓言，法官须严格根据案件事实来考虑适用的法律，在处理所有案件时，由始至终，都是以法律为依归。"

香港回归以来，从总体上看，司法机构因其专业素质、职业操守和政治中立，受到社会各界包括立法机构、行政机构的普遍尊重。但近年来，不少敏感事件通过诉讼途径摆到了法官案头，也给司法机构带来了新的挑战，一些涉及"司法审查"的案件判决还引发了不少争议。比如，海外公务员协会诉公务员事务局局长案、海外公务员协会诉行政长官案、新界非原住村民选举权争议案、陈树英诉香港特别行政区行政长官案、公务员减薪案、香港特别行政区诉杨美云及其他人士案、梁国雄及其他人诉香港特别行政区案、梁国雄及古思尧诉香港特别行政区案、郑家纯及梁志坚诉香港立法会案等，涉及香港的公务员管理体制、香港政府的市政管理、香港的区域组织和基层组织选举、秘密侦查程序以及立法会的议事规则和特权条例等，与政府的管制权、立法会的调查权等息息相关。法庭的判决不仅直接或间接决定了有关事件的解决方案，而且还有可能影响到香港政制的发展以及基本法所确立的行政主导体制。对此，有人认为，司法审查应保持谦抑，有所为有所不为，避免泛政治化。也有人认为，司法审查应充分发挥对立法权、行政权的制衡作用，积极防止权力的滥用,保护市民的权利和自由。近年来,终审法院对这个问题也十分慎重,努力做到权力与权利的平衡,一方面,在有关案件中加重了政府的证明责任,要求对涉及基本权利的限制应当作狭义的解释,而证明有关限制合理性的责任在政府;另一方面,又将司法审查的标准由存在潜在的争议性(potential arguability)提高到存在争议性(arguability),避免司法权力过度扩张到立法和行政领域。

社会各界都十分关注新上任的终审法院首席法官对这个问题持怎样的态度。虽然首席法官的意见仅代表个人,不能直接决定某一案件的终审判决,但其表态具有十分重要的象征意义,可能影响到未来若干年司法机构在司法审查问题上的理念认知和角色定位。马道立首席法官在演讲中对此作了精辟的阐述:"法庭服务市民,并不是替他们解决政治、社会或经济问题。法庭没有权力这样做,宪法亦不容许法庭这样做。但如果是关乎法律问题,则法庭会处理,不论其背景内容或争议点为何,法庭和法官都会处理。"这是比较中立但同时也十分务实的态度。在香港的法治运行和社会治理中,司法机构既不能缺位,但也不能越位和错位。反过来说,我们也不能以法官的判决是有利于政府还是有利于市民,来判断法官是否"政治化",是否"亲政府"。无论案件的背景是什么,争议点是什么,对法官评价的标准只有一个,那就是是否严格依照基本法的条文和精神作出判决。

迟来的正义是非正义

公平高效地实现正义是法治的另一个核心要素,正义不仅要实现,还应以看得见的方式来实现;正义不仅要实现,还要尽可能高效地实现,迟来的正义从某种程度上来讲已经是非正义。香港回归后,保留了原有的普通法制度。普通法制度重视程序正义,但同时也存在法律程序繁复、证据规则复杂等缺陷,律师或大律师的表现直接或间接影响到法官的裁决,案件很容易拖长或复杂化,加上诉讼费用昂贵,使经济能力有限的市民常常处于不利的地位。因此,在李国能首席法官的力推之下,香港司法机构自2009年4月开始实施"民事司法制度改革",着力解决诉讼拖沓和讼费高昂两大挑战。但这一改革并没有在李国能首席法官任内彻底完成,不少改革任务延续到马道立首席法官任内继续推进。

对此,马道立首席法官提醒法官、大律师和律师,进行民事法律程序的基本原则是减少对促进公正解决纠纷没有作用的不必要程序,同时推动法院裁决以外的公正和解方式。2010年年底,司法机构向立法会的司法及法律事务委员会提交了《民事司法制度改革首年实施情况》,表示总体上满意目前的进度,比如说,调解制度得到业界广泛接受和认可,"附带条款付款"解决纠纷的实施情况令人鼓舞,旨在减少缺少法理依据上诉的"获批准方可上诉"制度取得明显成效。但"民事司法制度改革"仍有不少工作尚待进行,比如说如何保障无律师代表诉讼人的合法权益;不少改革措施还需要经过时间和实践的检验才能评估全面影响,比如说民商事调解。因此,马道立首席法官强调,将由"民事司法制度改革监察委员会"负责评估改革的进度,并在有需要时提出建议,以求作进一步改善。

解决司法机构的"青黄不接"

在普通法地区,法官的专业素质、职业操守和个人品德十分重要,直接关系到广大民众对司法机构的信心以及在此基础上树立起来的司法权威。香港的法官并不是终身制,裁判法院和区域法院法官的退休年龄一般为 60 岁,高等法院和终审法院法官一般为 65 岁。香港回归已近 14 年,回归时留任的法官和回归后新任命的法官,陆续接近退休年龄。终审法院现有 3 名常任法官及 15 名非常任法官,常任法官包括包致金、陈兆恺和李义,3 人年龄分别是 63 岁、62 岁和 61 岁,将先后在 2012 年 10 月至 2014 年 3 月期间退休。高等法院上诉庭现有 10 名法官,当中只有张泽佑和袁家宁较年轻,分别是 58 岁和 57 岁,其余法官都年过六旬。高等法院原讼庭现有 23 名法官,其中 10 名已临近退休年龄;余下 13 人当中,只有 5 人较年轻,包括 48 岁的潘兆初、49 岁的林文瀚和张举能,以及 50 岁的朱芬龄和冯骅。

马道立首席法官上任后首先要解决的是法官青黄不接的问题,因此在演讲中也多次提及新法官的遴选。今年,高等法院的两位上诉庭副庭长——罗杰志法官及胡国兴法官将要退休,这是他们最后一次以现任法官身份参与法律年度开启典礼。马道立首席法官向这两位法官表达了敬意和谢意,同时指出,今年将吸纳"既能干而又富经验的法律执业人士"加入司法机构,"致力保持司法质素、才能及品德的至高水平"。

常识的力量[*]

在香港高等法院实习时,有一天汤宝臣法官在审完一起刑事案件后,脱下法袍,换上西装,从高高的法官席走到公众的旁听席,与我们面对面交流。他问起我们学习普通法最大的感受是什么?我的答案是,普通法的精髓莫过于"常识"(common sense)二字。汤官颔首微笑,深以为然,还鼓励我去读一读圣经和原汁原味的英国小说,看看所谓的"常识"究竟是什么。

其实,我对"常识"的认识,是来自在香港大学法律学院一年的普通法学习。Common Law 说白了,就是 Common Person(普通人)的 Common Sense(常识)。

在侵权法中,判定一个人是否存在过失从而要承担侵权责任,关键就是看这个人是否"take reasonable care as a common person"。

---

[*] 本文发表于《晶报》2009 年 12 月 25 日"法眼旁观"专栏。

所谓的"reasonable care"，在我的理解，就是一个普通人，在当时的情境下，应当作出的正常反应。法官作判断的标准只有一个，就是"common sense"，即建立在日常生活经验基础之上的，对人的行为预测和利益衡量。

在刑事诉讼程序中，如果是高等法院受理的刑事案件，当事人有权要求组成陪审团审理案件。陪审员虽有一定的遴选标准，如必须是香港永久居民，必须熟练掌握语言等，但都是通过任意抽签产生的，来自社会的普罗大众、各行各业。法官把认定案件事实的任务交给陪审团，他们的任务也就是根据"common sense"（常识）来判断犯罪事实是否存在，犯罪嫌疑人和证人的供述是否可信。

法官运作的是缜密细致的判例，背后的支撑确是千百年来习以为常的"常识"。怪不得霍姆斯大法官要说，法律的生命不在于逻辑，而在于经验。但是，没有对世事人情的深刻体验和细致观察，没有自治的司法群体和良好的职业操守以及作为基石的司法公信力，法官又怎么能得心应手地运用手中的自由裁量权，辨别事实，运用判例，赋予"例外"，寻求个案的公平和正义？普通的民众又如何会信服于由法官认定的"常识"所作出的判决？如此说来，"常识"的背后还有深厚的文化心理根源和道德信任基础。但反过来说，建立在"常识"基础上的法律制度，才会增强民众的认受程度，避免机构的道德风险，真正做到程序正义。

其实，"常识"在我们的日常生活中更加重要。面对突发事件和矛盾纷争，绝不能一味标签化，有时只要想想常识，就会醍醐灌顶，茅塞顿开。比如，政府和普通公民一样应该有道德底线，不撒谎、不欺骗、说实话等对幼儿园小朋友的要求，必须要能做得到，否则就违背了"常识";执法不能"钓鱼",事故不能瞒报,这些应该都是"常识"之下的基本要求。

常识,真的不是件难事。当公民在为人处事、政府在决策执法时,能多想想"常识",或许就不会有那么多侮辱公众智商、贬损自身公信的事件出现了。但常识,似乎真的也很难。为什么我们会一次次违背"常识"呢? 缺乏宗教基础和文化传统? 还是我们的道德底线和容忍度在不断下降?

其实和很多人一样,我所期待的,只是常识的力量。

"香港胜在有你和ICAC"*

　　3月11日清晨,全球最有影响力的华语电视台之一的香港无线电视台(TVB)业务总经理陈志云,与另外两名高管、一名艺员以及经营6家公司的前助手,涉嫌贪污,被香港廉政公署(ICAC)拘捕。40小时后,陈志云获保释,但该案目前仍在调查之中。

陈志云背后的腐败"潜规则"

　　消息一传出,随即震动整个香港娱乐圈乃至香港全社会。你可能很惊诧:一起小小的"私营机构"涉贪案,哪来这么大的影响力?!或许你并不熟悉TVB在香港娱乐界的地位,但对TVB的老板一定不会陌生——104岁的邵逸夫先生;你也许没有亲眼见过他,但在中

---

　　*　本文发表于《法制日报》2010年3月30日"香江札记"专栏。

学或者大学一定会使用过他捐助的"逸夫楼"。TVB出产的港剧,你也许没有看全过,但八成可能会很熟:《陀枪师姐》《刑事侦缉档案》《学警出更》《扫黄先锋》《反黑先锋》《谈判专家》《妙手仁心》《律政新人王》——这个名单还可以列得更长。或许你并不熟悉,陈志云在香港娱乐界集台前幕后大权于一身,"一人之下、万人之上"的地位,但香港市民都知道,他主持的《志云饭局》在政商名人、明星大腕的圈子中简直是炙手可热。其实,最引人侧目的是,陈志云涉贪背后的种种娱乐圈潜规则,也会渐渐浮出水面。

廉政公署的消息人士对媒体透露,这次行动与TVB多个大型节目的制作安排有关,怀疑有人以权谋私,将合约先交给自己的空壳公司,再外包给其他制作公司,多年来从中赚取近千万港元。尽管廉政公署表示事件仍在进一步调查中,但市民相信,陈志云涉贪与香港娱乐圈的潜规则有关。据熟悉节目制作流程的人透露,早年TVB人力物力充足,电视剧和综艺节目都是自己制作,公司职员想从外包中获利的机会很少。但近年来,由于优质的大陆剧、台剧、韩剧、日剧涌现,加上TVB开办了收费电视台,外包节目不断增多,TVB的市场及营业部门开始有机会"中饱私囊"。此外,在电视台运作的各个环节中,最容易出现贪腐的是歌曲评选。由于奖项对新人特别重要,除了造势还可以提高歌手的曝光率。由于电视台各自公开不同的评分机制,但选择谁来担任评委,最终的评选标准是什么,还存在不少灰色地带,人为操纵的可能性很大。作为操控评选生杀大权的节目监制,常常成为唱片公司大献殷勤、争相笼络的对象。

反腐败要公私兼顾

香港反腐很重要的一个特色,就是不仅仅针对公权力运行过程中的腐败,而是把整个社会运行中每个可能涉嫌腐败的环节都纳入其中。《香港特别行政区防止贿赂条例》对政府机构、公共机构和私营机构这三类机构人员的行贿、受贿罪名及刑罚分别作了规定。在私营机构中,雇员在没有得到雇主同意前,如果在与公事有关的情况下,接受他人所提供的利益作为提供方便或作出配合的报酬,即属受贿;而提供利益者,则为行贿,两者均有罪。香港之所以授权廉政公署对任何机构和个人的腐败行为进行调查,一个重要的考虑就是,腐败不仅仅是对公权的私用、对民主的亵渎,更是全社会的一大肿瘤。把私营机构纳入反腐体系,并不是说放松对政府机构和公共机构人员的监督,而是要在全社会形成反腐的共同诉求,从而创造和维持一个有序高效的营商环境,维护公平竞争的基本原则。世界反贪组织透明国际在 2000 年的报告中就指出:"腐败无处不在。它不只是公共官员滥用职权的问题,还包括人们为了捞取任何不义之财而滥用职权(不一定是政府权力)的行为。"这也是为什么廉政公署要以陈志云案为切入点,下重手查处娱乐圈的潜规则,不让任何一个个人、机构乃至行业有贪腐特权且逍遥法外。

很多关注香港的人都很好奇,是什么原因,使香港从昔日一个默默无闻的渔岛,一跃雄踞亚洲"四小龙"之首?是什么原因,使这个 100 多年前"除了人之外,只有石头和海水"的无名小岛,经过经济腾飞而蓬勃崛起,仅仅依靠这片 1 092 平方公里面积、630 万人口的"弹丸之地"成为国际金融风云变幻中不可或缺的角色？除了香港得天独厚的地理位置、与内地唇齿相依和紧密联系所形成的"中国因素"、高度开放的自由港政策、积极不干预的自由经济体系等因素,廉政公署成立30多年以来打造高效廉洁的行政体系,创造公平竞争的法治环境的努力,绝对是功不可没的,不仅降低了社会运行的成本,也促进了香港经济的繁荣。

每个人心中都有一座廉政公署

该怎么形容廉政公署在香港市民心目中的地位呢？民意调查显示,香港99%的市民支持廉政公署,81%的市民认为廉署是不偏不倚的,并愿意举报贪污;而愿意提供个人资料实名举报贪污的市民,更是超过70%,反映出公众对廉署的信心。公众的信心,来源于廉署反腐的成效,更来源于廉署有效的自律和监督。近三年来,廉政公署职员因触犯法律而被司法机关调查或起诉的,每年平均不超过3人,在廉署1310多名职员中仅占2‰;而且这些触犯法律的职员,大多是轻微违法,没有一例与职务相关。

曾经到过香港的人,在公共场所或者交通工具上经常能看到这句广告词:"香港胜在有ICAC。"廉政公署绝对配得上这句赞美。美国传统基金会连续15年将香港评选为全球最自由的经济体系。国际著名反腐组织"透明国际"公布的2008年"清廉指数",香港在世界180个国家和地区中排名第12位。研究机构一致认为,香港的成功除了法治、低税、自由港等原因,最关键因素就是有一个廉洁的政府。而这,离不开廉政公署持续不断的努力。

但你或许不知道,还有一句廉政公署更受青睐的广告词:"香港胜在有你同 ICAC。"因为没有广大市民的全力支持,廉政公署单凭独立运作的模式、足够的法定调查权和尽忠职守的职员,是无法完成反腐倡廉的重任的。更何况,社会的清廉风气也有赖于每一位市民的自律和零容忍。

在香港,反腐倡廉已经不只是廉政公署的行动,而是自觉自发的公民意识;廉政公署,也早已不仅仅代表一个传奇机构,更成了每个香港人核心价值的一部分:公正、平等、秩序。每个人心中都有一座廉政公署,这才是香港社会最让人钦佩的地方。

补记:

2013 年初开始,香港媒体接连爆料前廉政专员汤显明,不当使用公帑的负面新闻。对此,行政长官梁振英于 5 月 2 日宣布,政府决定成立独立检讨委员会,检讨廉署的公务酬酢制度、复核汤显明任内的廉署人员符规情况。9 月 12 日,特区政府公布廉政公署公务酬酢、馈赠及外访规管制度和程序独立检讨委员会报告,指廉署在前廉政专员汤显明在任期间,在公务酬酢、馈赠及外访等三方面都有违规情况。报告建议廉署应采取一系列措施,收紧控制酬酢开支的程序,包括日后禁止在公务场合以烈酒款客、集中由行政总部购酒及贮酒、定出标准表格同计算机系统,处理酬酢开支的申请。

2015 年 10 月 5 日,香港廉政公署起诉香港前行政长官曾荫权两项公职人员行为失当罪名。一项是指控曾荫权在 2010 年底至 2012 年初任特首期间,会同行政会议批准"雄涛广播"三项申请,但没有申报他本人与"雄涛"主要股东黄楚标存在有租赁某物业的商议。另一项则指控曾荫权建议提名向建筑师何周礼授勋,但没有披露何周礼同时受聘负责他所租赁上述物业的室内设计。曾荫权通过助理发表声明:自己问心无愧,深信法庭会还他清白。12 月 18 日,香港东区裁判法院作出裁定,将有关前任特首曾荫权被控两项公职人员行为失当罪,转呈香港高等法院;同时为保释加上两个条件,包括曾荫权须出席审前复核以及更改地址需要通知廉政公署。由于高院案件排期问题,该案最早也要等到2017 年才能够开审。

"廉署请你喝咖啡!"[*]

香港北角渣华道 303 号,有一座临海而建的 25 层银灰色大楼,如果不是挂着醒目的"廉政公署"的牌子,从外面看无异于普通写字楼。可惜由于机密甚多,廉署很少对外开放,这就愈发吸引市民的兴趣。我在香港学习时,也一直很想走进这座神秘的大楼看个究竟。所以,终于等到一次拜访的机会时,兴奋地恨不得让左邻右舍都来分享好消息。早上临出门前,宿舍的门卫老大爷笑呵呵地对我说:"小心廉署请你喝咖啡哦!"

我在廉署喝咖啡

其实,廉署搬进这座新楼还不到两年。在此之前,威名远震香

---

* 本文发表于《法制日报》2010 年 4 月 6 日"香江札记"专栏。

江的廉署，一直都在中环的美利道停车场大厦办公。那栋大楼差不多有十多层高，但却有一多半是停车场，嘈杂闷热，办公条件确实不佳。进门时和廉署的工作人员聊起新楼，他们都笑称和以前相比，简直是天壤之别，但还是一个劲地强调：如果不是成立三十多年来交出了一份市民满意的成绩单，哪能这么容易就享受到如此好的办公条件？

廉署新大楼注重环保设计，特色是采用高透明度的玻璃幕外墙，不少楼层都是靠自然采光，象征廉署的工作接受监督，对市民负责。但与一般政府部门的开放亲民不同，廉署戒备森严，进出每一道门都必须由陪同的工作人员刷卡，恍惚间好像走进了一部港产大片。在会议室里一落座，工作人员亲切地问想喝点什么，我不假思索地答道"咖啡"，大家都会心地一笑。

原来，凡是被请进廉署问话的人，工作人员都会出于礼貌问一声："想喝点什么，茶还是咖啡？"只是廉署的反贪力度实在太强大，只要被请进来喝咖啡的人，几乎都难以逃脱罪名。天长日久，"廉署请喝咖啡"就成了被调查的代名词，也就意味着：你有大麻烦了！这可是广大咖啡爱好者没想到的。廉署的咖啡虽是免费提供的，但不少迷信的香港人，即使去廉署办事，出于某种忌讳，也会拒绝饮用咖啡；出门后一定会向同事解释："我是去办事，可没喝咖啡。"

据廉署的工作人员介绍，前不久向市民开放时，廉署最受欢迎的人就是那位冲咖啡的大姐，连续两天上了各大报纸的头条。看到人潮涌动的廉署大楼咖啡厅，不少人手捧一杯速溶咖啡，争着与冲咖啡的大姐合影，我们就知道"廉署咖啡"深入人心的程度了。其实，与其说廉署的咖啡有名，不如说廉署反腐工作卓有成效，既对腐败分子有威慑力，又受到广大市民欢迎。

香港的"黑暗年代"

一走进廉署的展览大厅，就可以看见"黑暗年代"的展板，这让我们印象深刻。如果说贪污曾是香港日常生活的一部分，对于已经习惯于今日香港廉洁美誉的人，听起来有点难以置信。但这却是真实的历史，因为香港并非天生的宝地。40年前，这块土地上的罪恶和财富一样，聚集速度之快令人侧目。一方面，是经济起飞，人口快速增加，制造业蓬勃发展，财富迅速聚集；另一方面，监管措施的落后和拜金心态的扭曲使贪污歪风渗透到社会的方方面面。

这就是香港的"黑暗年代"：早在1897年，香港已有法例明文禁止贪污贿赂。港英政府于1948年仿效英国法律，制定了《防止贪污条例》；1950年代，香港警队成立了检举贪污组。尽管如此，贪污问题仍然日益猖獗。特别是20世纪中叶以来，随着经济迅猛发展，批文、办照、拿证、领牌等社会服务需求随之增多，政府部门、公共机构贪污受贿现象相当普遍，而且日趋严重。

社会各阶层也是贪污成风，普通市民深受其害。比如救护人员要先索取"茶钱"，才肯将病人送往医院；病人如果不"打赏"护理员和杂工，连开水和便盆都得不到；食肆要取得经营牌照，必须向有关部门派钱疏通；建筑公司要"识做"，向验楼人员行贿才能拿到入伙纸；甚至连消防人员救火，也要先收取"开喉费"。商人更把贿赂视为促成生意的一种手段与方式，以致有"不送礼、不行贿"，则"一事无成"的说法。

社会活动家杜叶锡恩回忆说："当时，每一个小市民都在受苦。从置区内每一位店东，街市每一位小贩都要付黑钱，简直要把他们勒榨至死才肯罢休。"市民面对这些"潜规则"，一方面是无能为力，另一方面也是见怪不怪，因为"贪污就像一辆巴士，你可以上车跟大伙同流合污，否则只能够站在路旁默不作声，若有人试图挡在巴士前面，只会被巴士撞倒"。

"反贪污、捉葛柏"

到了60年代，腐败情况不断恶化，但民众权利意识在觉醒，社会不满情绪日益增长，逐渐形成了声讨贪污恶行和批评政府反贪不力的浪潮。1973年，香港总警司葛柏（Peter Godber）被发现拥有逾四百三十万港元财富，是其22年警察工资总和的6倍。律政司怀疑这是贪污所得，要求葛柏在一周内解释财富来源。然而，葛柏在此期间竟轻易逃离香港，回到英国。这令积聚已久的民怨立即爆发，学生和市民手持写着"反贪污、捉葛柏"的横额，走上街头游行示威宣泄不满，要求政府缉拿潜逃的葛柏归案。

在巨大压力之下，时任港督的麦理浩委任高级副按察司百里渠爵士成立调查委员会，彻查葛柏逃脱的原因并检讨反贪工作。百里渠在报告中详细分析了反贪机构存在于警察机构内部的弊端，并建议建立一个独立的反贪机构，"以挽回公众信心，否则政府永远是被民众质疑与声讨的对象"。

一场静默的革命

1974 年 2 月 15 日,香港廉政公署正式成立,廉政专员由总督委派,并且仅对总督负责,其他任何机构、任何人,都无权干涉廉政专员的工作。廉署下设执行处、防止贪污处及社区关系处三大部门,分别负责调查、预防和教育。

廉署成立后经办的第一个案子,就是葛柏案。因为两名曾贿赂葛柏及目击其贪污过程的前警司愿意做污点证人,廉政公署终于将葛柏引渡回香港受审入狱。这是香港司法史上,第一次以贪污罪将一名高官送进监狱。廉政公署的第一场胜仗,改变了人们对它"敢打苍蝇,不敢打老虎"的预判,市民也看到了廉署的决心。

从此,香港社会掀起了一场"静默的革命"(quiet revolution)。市民大众对贪污的态度,也由无奈接受转变为公开唾弃,进而积极举报;社会风气也得到扭转,人人都意识到行贿贪污是一件丑恶的事,只有孕育廉洁社会(clean society),才会有全体市民的幸福可言。经过三十多年的发展,廉政公署已成为香港最好的名片之一,而"廉署咖啡"也早已声名远播,深入人心。

"黑暗年代"的彻底终结*

引人注目的吕乐之死

有这样一个人,廉政公署自 1976 年 11 月 4 日就发布通缉令,至今已经通缉他三十四年。他是香港历史上被通缉时间最长的通缉犯。

这个人,曾在香港呼风唤雨,手腕精明,人情练达,是当时香港警界"黑白通吃"的"四大华探"之首。传闻他身价高达 5 亿,绰号"五亿探长"。

这个人,眼观六路耳听八方,具有先见之明。1974 年,香港成立廉政公署,彻查警界腐败;他却在"廉政风暴"山雨欲来前,全家移民加拿大,后又转往台湾,从此销声匿迹,难寻踪影。

---

* 本文发表于《法制日报》2010 年 7 月 6 日"香江札记"专栏。

这个人,在台湾30多年,媒体始终拍不到其照片;但却为娱乐圈提供了无数的创作源泉,以他的经历为蓝本的小说、电影、电视剧数不胜数。一部以其为原型拍摄的电影《雷洛传》,不仅捧红了主演刘德华,也更让他传奇的一生,增添了不少神秘的色彩。

这个人,就是吕乐。用粤语发音,正是银幕上的"雷洛"。

吕乐已经隐居多年,有传言他一直居住在台湾。由于台湾与香港之间没有引渡协议,廉政公署只能隔海相望,一声叹息,徒唤奈何。但5月底,香港某媒体的一则报道再次使吕乐成为坊间热议的新闻人物——据报道,吕乐已于5月中旬在加拿大去世,享年90岁。但香港廉政公署表示,暂未能证实吕乐的死讯,需要时间向有关方面求证,目前吕乐仍在通缉名单上。其实,无论死讯是否属实,吕乐这个人早已经在香港的肃贪史上留下了"浓墨重彩"的一笔。

黑暗年代的风云人物

早在1897年,香港就已有法例明文禁止贪污贿赂。港英政府还于1948年仿效英国法律,制定了《防止贪污条例》。1950年代,香港警队成立了检举贪污组。尽管如此,香港的贪污问题仍然日益猖獗。特别是20世纪中叶,香港经济迅猛发展,批文、办照、拿证、领牌等社会服务需求随之增多,政府部门、公共机构贪污受贿现象相当普遍,而且日趋严重。但反贪的侦办一直归警务处管辖,而当时的警界恰恰是贪污、受贿的"大本营"。各警所在辖区内收取"保护费",允许妓院、赌场公开经营,保护费按警衔高低分配,总金额高达10亿港元。利润之丰厚,连汇丰银行都自愧弗如。一年多前热映的一部电影《金钱帝国》，就是当时警界腐败的生动再现，不少影评人都认为主演梁家辉和陈奕迅把警界的腐败演绎得十分到位，让不少香港人观看以后心有余悸，更加珍惜今日香港来之不易的廉洁美誉。

而吕乐就是那个黑暗时代的风云人物，一方面，他有警探"红"的一面，办事雷厉风行、果敢决断；另一方面，又像黑道人物一般，巧取豪夺、仗义疏财。他既向上司行贿，也向下级收贿，同时也利用手中的权力，向辖区所有机构收取好处费，同时充当他们的保护伞。如果不是廉政公署成立后掀起的"廉政风暴"，吕乐根本不会"激流勇退"，提前退休、移民、隐居。

廉署挥别历史包袱

吕乐身居要职却大肆贪污，落得半生颠沛流离、最终客死他乡的下场，这固然体现了香港打击腐败行为、建设廉洁社会的决心；但吕乐至死都未能被引渡回香港接受审判，也从另一个侧面反映了香港反腐的艰难性与不彻底性。

当年在香港黑白两道叱咤风云的"四大华人探长"——吕乐、颜雄、韩森和蓝刚，都在廉政公署发出通缉令前纷纷外逃，没有一人被引渡，也没有一人被定罪。由于吕乐等人一直逍遥法外，廉政公署对他们留在香港的多处不动产，只能向法庭申请长期采取冻结措施。吕乐的家人多次向香港政府提出诉讼，要求解冻资产。1986 年至 1987 年间，这些物业先后被解冻，由政府代为出售，所得款项也是由政府和吕乐家人共同管理。直到今天，廉政公署仍在为追讨他们贪污所得的财产而努力，虽然耗费了大量时间和金钱，但却收效甚微。巨额财产来历不明的总警司葛柏，虽然被从英国引渡回香港，但因为缺少充分的证据，只被判入狱 4 年；葛柏所贪的四百三十多万港币，虽然被法庭认定为非法所得并由政府没收，但因为早已转移国外银行，追讨起来异常艰难。直到今天，这项追讨工作仍在进行，从某种意义上说，葛柏案至今也没有结案。而当年作为葛柏案"污点证人"的两位高级警官韩德和郑汉权，前者提前出狱，带着丰厚的家产移民西班牙；后者没有被追究行贿的法律责任，其他罪行也没有被深究，同样携带大量资产移民加拿大。因为要想成功引渡、起诉"大老虎"葛柏，只能通过"赦免"来赢得韩德和郑汉权等"污点证人"的积极配合。

　　香港成立廉政公署，肃清贪腐，从一开始就是不得已而为之。如果不是葛柏案震惊香港社会，引得市民拍案而起，学生罢课、工人罢工、商人罢市，港英政府也不会痛下决心得罪既得利益集团，力行反腐。而不少颇有影响力的官员尤其是警队高级探长在廉政公署成立前就激流勇退，隐居海外，至今未能被引渡回香港定罪量刑。港督麦里浩还被迫对涉嫌贪污腐败的警员下达了特赦令，来避免激烈的警廉冲突危及当时香港的政局稳定。这是现实的无奈，或许也是历史的妥协。

　　尽管今日的香港早已告别"黑暗年代"，成为世界上最廉洁的地区之一；但不可否认的是，对那些或许已成过眼云烟的"往事"，香港显得有些力不从心。这或许不能怪罪到廉政公署的头上——作为一个划时代的反腐机构，廉署可以凭借非凡的勇气为香港的未来开辟一片廉洁的天空，但却无法彻底清理过去所有的阴暗，斩断所有贪腐的一切链条。正因如此，年逾九旬的吕乐的死讯才会如此引人注目，因为他的去世，也喻示着那个"黑暗年代"的彻底终结。

廉署与警队的"爱恨情仇"*

　　"廉署请你喝咖啡",一句香港人耳熟能详的话,时常令香港政商要人闻之色变,也足见廉政公署的权威性和威慑力。但 11 月 19 日上午 10 时 30 分在廉署总部发生的一幕,却让人顿生"风水轮流转"之感——香港警务处商业罪案调查科数十名便衣探员持法官签发的搜查令,对廉署展开大规模搜查。至下午 4 时 30 分左右,在大批记者包围中,警方将戴着头套的廉政公署总调查主任等 3 名高级执法人员押上警车,并带走了扣押的大批物证资料。这是廉政公署成立 36 年以来,警方第一次进入廉署搜查并拘捕调查人员。而在以往,从来都是廉署请涉嫌腐败的警察"喝咖啡"。这次,媒体纷纷惊呼:"警廉不和""警廉冲突"。其实,廉署与警队的"爱恨情仇"由来已久。要想弄清楚"警廉不和""警廉冲突"的背景和实质,还得翻翻旧账。

　　＊　本文发表于《法制日报》2010 年 12 月 7 日"香江札记"专栏。

廉署成立之初就有警廉冲突

看过电影《岁月神偷》《金钱帝国》或者《五亿探长雷洛》的人，一定会对香港社会 20 世纪六七十年代的腐败风气印象深刻，而腐败的重灾区，无疑就是大权在握的警队。但港英政府却拿不出卓有成效的反腐措施，甚至干脆就视若不见，听任腐败蔓延。直到 1973 年，香港爆发了"反贪污、捉葛柏"的社会运动，港英政府才在民意压力之下宣布成立了廉署。在廉署的努力下，1974 年至 1977 年 11 月，被控涉嫌贪污的警员高达 260 人。警队内部人心惶惶，不少涉案警员更是饱受压力，害怕自己的旧账会被揭发，更加深了对廉署的仇恨。1977 年 10 月，廉署以集体贪污罪拘捕了 140 名九龙区警官，后来又拘捕了 30 多名九龙区警官。这一大动作，激起了警队的激烈反弹，终于在 10 月 28 日首次爆发了警务人员和廉署人员的正面冲突。百余名怒气冲冲的警务人员，冲进廉署总部大肆捣乱，甚至拆了廉署的招牌。11 月 5 日，当时的香港总督麦理浩为了安抚警队，颁布局部特赦令，指令廉署特赦在 1977 年 1 月 1 日以前所有曾经贪污而未经检控的公务人员。这一"既往不咎"的特赦放纵了不少贪污人士，只是危急情景下的无奈之举，但却平息了第一次警廉冲突，也为日后推行廉政扫清了障碍。

警廉再起冲突为否"面子"

几十年过去了，经历过当年事件的警察大多已经退役，后来加入警队的新一代，对廉署早已没有了那种"切齿之痛"。而且，廉署推行廉政卓有成效，得到了广大市民的拥护，警队自然也是心服口服，以崭新的形象来接受市民的检验。

廉署管反贪，警队管治安，从职能上讲，确实是井水不犯河水。但我们不要忘了，虽说那种集团腐败的情况日益减少，但警队腐败依然是廉署监控的重点对象。被廉署请去喝咖啡的警察几乎每年都有，但基于廉署一般都已掌握比较充分的证据，且会通过各种形式与警队高层沟通，警队也就乐见其成，在廉署的帮助下清除害群之马。事实上，由于警员涉嫌腐败犯罪的比例直线下降，执法水准和文明程度也大有提高，香港市民也逐渐恢复了对警队的信心。八九十年代的多次民意调查都显示，香港市民对警队的印象正面。

但警队也是要"面子"的，有时候，廉署沟通不充分或者"过于高调""下手太重"，常常会让警队感到"面上无光"。2002年5月16日，廉署在一家酒店内高调拘捕了涉嫌包庇色情场所、在香港警队享有"明日之星"之称的高级警司冼锦华，并在没有提前知会警队的前提下，大规模约谈涉案警员，引发了1970年代警廉冲突以来警队对廉署最大的反弹。警队公开批评廉署的办案手法，指责廉署对此案过分张扬，意在"抹黑警队"。廉署也针锋相对地发表公开声明，认为廉政公署所有调查都是根据有关的贪污举报而采取的，拘捕行动也是严格按照法律程序进行。双方互相指责，香港社会为之侧目。最后，时任特首的董建华先生不得不直接介入，调和多年罕见的警廉冲突。经过特首调和，廉署和警队的首长一同向外界重申，警廉关系良好，会加强沟通，继续合作，共同打击贪污，维护香港廉洁的国际声誉。

表面上警廉"将相和",但深层次的矛盾和问题并没有解决。比如说,廉署始终没有找到冼锦华的重大犯罪证据,冼锦华最后被定的只是"公职人员行为不当罪",刑期还被上诉庭减至两年。这不免让社会怀疑廉署当初对案情严重性的判断,究竟有没有必要放弃正常的警廉联合行动,放弃例行的信息沟通,导致警廉失去互信,并险些令双方关系陷于破裂?对警队来说,与廉署的"意气之争",为的可能不仅仅是个"面子",而是廉署的办案手法确有值得商榷之处。廉署在冼锦华案之前,曾多次高调拘捕警员并公布案情,但此后却没有人受到检控,从某种程度上说,廉署在拘捕之时掌握的证据并不充分。接二连三出现这种情况,警方高层和前线警员自然产生不满,认为有损警队声誉,抹黑警务人员。香港督察协会主席廖洁明就指出,廉署没有充分证据时便公布案情,对当事人造成伤害,尤其警队对涉嫌贪污采取敏感及保守态度,曾被调查的警务人员几乎前途尽毁。但对廉署来说,也有自己的难处,反腐和查处其他一般案件有很大的不同,被调查对象往往有着丰富的反侦查经验,且腐败行为越来越隐蔽,如果不能"闻风而动",而是等到证据足够充足时再重拳出击,可能早已错失了时机,放纵了腐败。

不管这次警廉冲突中谁对谁错、责任在谁,至少我们还是看到了两个进步:第一,尽管警廉互有隔空的言语指责,警队高层和不少警员对廉署也颇有微词,但并没有爆发20世纪70年代那种激烈的肢体冲突;第二,70年代警廉冲突的关键在于要不要反腐败,这次发生的警廉冲突,反腐败早已成为双方乃至整个社会的共识,争执只是在于应该如何更好地反腐败。

第三次冲突警方高调执法

发生在今年的第三次"警廉冲突"，其实并不是有些媒体所说的"警队反扑廉署"，来报 8 年前的"抹黑"之仇，无非是警方的一次普通执法行动，只是比较高调而已。警方从廉署带走了廉政公署总调查主任曹永年、高级调查主任陈启鸿、助理调查主任欧剑锋，并指控他们涉嫌妨碍司法公正罪，开创了廉署成立 36 年来首次成为警方执法对象的先例。警队的商业罪案调查科认为廉署人员涉嫌诱导证人作供，有妨碍司法公正的嫌疑，于是才向法庭申请搜查令到廉署总部抓人。

尽管警队依照正常手续办案，向法庭申请了搜查令，事先反复考虑证据是否充分，征求了律政司的意见，并通知了廉署高层，但依然惹来廉署的不满。

案子尚未进入司法程序，警方的指控是否确凿、廉署的做法是否合法，还有待法院最终的判决，现在还不好擅下结论。警队的这次执法行动，虽然过于高调，有违警廉之间默认的"相互低调调查原则"，从形式上看虽有"复仇"之嫌，但从案情本身来看，警队却是秉公执法，公事公办，真正暴露出了廉署近年来在办案程序上存在的问题。

廉署办案确有需改进之处

廉署的英文名称是 ICAC，其中的"I"，指的就是"Independent"

（独立）。独立是廉署反腐卓有成效的一大法宝，正是因为独立，廉署只对特首负责，避免了任何横向的政府部门的干涉，使得廉署可以无畏无惧、不偏不倚。但独立也是一把双柄剑，也容易让廉署过于自信，权力过大，脱离监督，成为独立王国。尽管制度设计者为廉署量身定做了一套有效的监督机制，如独立的"廉政公署事宜投诉委员会"与立法会的监督，将廉署的调查权与律政司的检控权分开等，但警队的反弹、市民的非议和媒体的反弹，在某种程度上也体现了全社会对廉署权力过分扩张的忧心。

廉署成立36年来声名远播，战功卓著，为香港守护了廉洁的美誉，但近些年来，廉署的办案手段确实也受到了不少非议和批评。2004年7月24日，廉署为调查受保护的证人身份被泄露的事实，突然派出大批调查人员，持香港高等法院发出的搜查令，兵分7路搜查多家报馆。此举遭到激烈批评，被搜查的媒体发起舆论反击和诉讼，抨击廉署滥用权力，践踏新闻自由。香港《星岛日报》还反诉廉署，要求取消搜查令，并获得胜诉。此外，由于与一般的刑事案件相比，贪污腐败案件很难有明确的证人和证物作为呈堂证供，因此廉署往往要采取一些秘密侦查手段。但在2005年的HKSAR v. Li-ManTak and Others和HKSAR v. ShumChiu and Others两案中主审法官都严厉批评了廉署通过窃听偷拍收集证据的做法。为了防止廉署的调查能力减弱，影响反腐败的成效，政府不得不推动立法规范秘密侦查行为。

廉洁是香港的核心价值，反腐是香港社会的共识。正因为廉署守护了香港的廉洁，才赢得了全体市民的信任。但廉署反腐也要依法进行，维护人权，绝不能以反腐为理由，损害受基本法保护的公民权利和自由。几十年前,香港市民对廉署的期待是重拳出击、惩治腐败,哪怕下点"猛药"、用些"重典",社会也会予以体谅和理解。世易时移,随着人权意识的普及,香港市民对廉署的要求更高了,期待廉署在反腐的同时,更加注意对市民人权的保护,更加注意执法手段的正当。打铁要靠自身硬,廉署的反腐佳绩,离不开市民的信任和支持;廉署要想继续得到市民的支持,就必须及时回应市民的新期待和新要求,认真反思,有所改进。

从这个意义上讲,这次的"警廉冲突"反倒不是件坏事,而是件好事。首先,"警廉冲突"从第一次的肢体冲突,发展到第二次的言语攻击,再发展到这一次的"依法对抗","法庭上见",本身就是进步;其次,廉署调查警员腐败行为,警队彻查廉署违法办案,两大执法部门不是相互敌对,而是正面制衡,可以防止权力滥用;最后,不管"警廉冲突"起因是什么、责任怎么定,把两大强力机构的"冲突"公开化、阳光化,更符合法治的要义。

一部纪录片背后的冲突与妥协[*]

前些天，一位在香港艺术中心参与组织华语纪录片节的朋友发来邮件，说是给我留了几张纪录片《麦收》的票。单看"麦收"这个名字，稀松平常得像北京的胡同、上海的弄堂、香港的糖水，似乎也没什么特别。吊起我胃口的是附件里长长的抗议信：香港的几家维护性交易牟利者权利的 NGO 团体（紫藤、青鸟和午夜蓝）要求主办方终止播放《麦收》，停止侵犯性交易牟利者的隐私。原来，这部纪录片真实记录了一个 20 岁女孩在香港从事性交易牟利的生活片断。

果然，开场前，就在场外收到了不下五封抗议信。正在低头细读，一转眼几位 NGO 的志愿者已经"霸占"了舞台，红色的横幅，白色的标语，分外鲜明。NGO 力劝观众离场，不要以性交易牟利者的隐私为看点。不少观众则反戈一击——你行使言论自由可以，但请

＊　本文发表于《晶报》2009 年 5 月 22 日"法眼旁观"专栏。

不要影响我的合法权利；你为弱势群体发声可以，但无资格来为我来做判断。

在我看来，弱势群体表达对权利的关切无可厚非，只是得注意方式和方法，以获得支持和理解为目标，过度的"表达"只会适得其反，起不到预期的效果。争论日益白热化，谁也说服不了谁。主办方请来的四五位警察，却只是例行询问、抄录标语和维持秩序，并没有什么实际的行动。

NGO 的极端举动似乎情有可原，因为一旦放映，势必扩大受众面，加速对他人隐私的传播；观众的激烈反应也是有理可据，究竟是否侵犯隐私，自己不看又怎能确信？更何况，合法上映的纪录片，正当渠道购买的入场券，有什么不看的道理？存在交集的权利一旦对掐，就是一个难解的方程式。

一个小时过去了，该表达的意见也表达了，该发泄的情绪也发泄完了，大家也渐渐平静下来，有些观众到舞台上和那些志愿者对话，有些观众则到门外和警察商量妥协的办法，还有些观众就静静坐在那里，等待事情的转机。

不一会，主办方出来喊话，宣布电影即将放映，但祈求志愿者只在舞台前方安静地抗议，希望观众不要太苛求观影的效果，双方和平相处。于是乎，留下来几个保安，坐到了第一排，几位警察在最后一排压阵。双方井水不犯河水，相安无事。

一次小小的"冲突"，让我看到了尊重自由所必须付出的代价，也看到了在高度理性的市民群体中可贵的相互协商和促成和解的"自治精神"，更看到了行政权力在面对宪法权利（表达自由）时的自我克制和时时谦抑。反过来看，相安无事的两种权利，深入透彻的辩论说服，也使得两种利益各得其所——抗议者实现了"警醒"的效果，观众得以自己来判断是非。

在我看来，《麦收》算是一部好的纪录片，至少让我重新审视这个生活在社会边缘和重重夜幕中的特殊群体，只是在处理手法上还有欠纪录片导演的职业操守。比如一些涉及隐私的问题，原本简单的马赛克处理就可以解决，导演却没有这样做。这或许正是招致NGO抗议的原因。的确，拍摄纪录片，尤其是关注弱势群体生活的纪录片，需要有艺术的灵感和敏锐的触角，但更要有一颗尊重人权、关怀人文的心灵。我们很多时候，看的是场面、情节、图像、意境、对白，却单单忽视了这其中的一个个大写的"人"，我们似乎觉得，只要目的正确、动机纯正，只要利益是"集体"的、"公共"的，就可以忽视、矮化甚至牺牲个人的利益。而这，与香港这个多元化社会所坚守的人权价值是完全背道而驰的。

香港街头的"标语"与"告示"[*]

　　在香港读书和实习,时常会注意街头的"标语"与"告示"。香港是一个高度规则化的社会,法律已经深入社会的各个角落,法治已经成为普通市民的生活方式,因此除了对吸烟和乱扔垃圾的重罚提醒之外,很少在街头看到鼓动人心的标语和单纯的普法教育。管治能力较差的地方,需要靠标语来鼓动人心;反之,平和有趣的告示已经足以达到目的。在香港就是这样,法治能解决的问题,绝不会出现标语。

　　比较常见的"告示",也不是政府对民众义务的要求,更多的是对自身责任的宣示。因此,很少看到"严禁""不得""禁止"这样的字样,时常会看到的是"此处由某某署负责,联系电话……"这样的标牌。而传媒上确实也少不了各种"告示",但不枯燥,会让人有兴

＊　本文发表于《法制日报》2009 年 7 月 28 日"香江札记"专栏。

趣和耐心看完——因为绝大多数都是以公益广告的形式出现,一个信息以轻松活泼或者发人深省的方式传递,效果应该会远远好于死板的"标语"和严肃的"告示"。

看香港的公益广告,最大的感受是亲切自然,其用语直白平实,具有亲和力,理性而不失情感依托,贴近现实而不少幽默搞笑,节奏活泼易于让人接受;与其他地区的公益广告相比,个性独具,成为香港文化不可分割的一部分。以公交车上的公益广告为例:有的是直接告诉乘客抓牢扶手,有的则是采取含蓄的方式传递信息,起到提醒、规劝的作用。公交车广告,创作者则用象棋中的"象不过河"做比喻,提醒乘客下棋有下棋的规矩,做人有做人的规矩,不要将脚放在对面的椅子上,极富创意,令人暗挑大拇指,啧啧称赞。

香港公益广告的内容,或关注民众生活,或保护民众权利,或宣传政府的管理理念,或引导市民的文明行为习惯,方方面面,无所不包。内容从"请珍惜你的选举权"到"垃圾分类,就是这么简单",从"急需 O 型血"到"扶助老弱,从细处(小处)做起啦",从"改善服务态度,多一个笑容"到"学好英语,丰盛人生",无所不有。通过这一个个个性鲜明、清新自然的公益广告,文明和谐的理念走进每一个香港市民的生活。比如"关注职业健康"的公益广告,在搬运工、厨师等工种劳动的画面背后,配音为:尽管你"力大无穷",尽管你"刀法如神",但难免"筋肌劳损";请使用工具,减少重复劳动,请合理用力,不损伤筋骨。最后总结"职业健康齐关注,筋肌劳损可避免"。再比如"煮食卫生"的公益广告,在做饭的分解步骤中,RAP 一样的配音为:煮食前要洗手,生熟食砧板要分开,多余食物保存在冰箱,生熟食分开存放,保持厨房清洁等。用语简单,清新明了。也许是政府管理部门的服务意识，也许是香港的市民文化使然，香港的公益广告，没有高深的用语，没有灌输的姿态，让民众看了喜欢，自然就起效果了。

在内地的城市游走，我也时常关注形形色色的"标语"和"口号"。比如说在乡间小路上看到"生男生女一个样，女儿也是传后人"，你会知道这里重男轻女的风气颇浓，未来十几年，失衡的男女性别比例将是很难克服的社会难题。又比如在高速公路上偶然瞥见一个偌大的广告牌，上书"某某烟，厅局级的享受"，大概就能想到此地官场的风气，"天价烟局长"被曝光和调查，一点都不让我惊诧。还有一些相当雷人的标语和告示，比如某火车站的"买票卖票都有罪"，某商场的"发现小偷，乱棍打死"，某奶厂的"原奶掺假，断子绝孙"，某小区的"乱倒垃圾，全家死光"，某派出所的"飞车抢劫，当场击毙"——让人哭笑不得。

这么看来，"标语"与"告示"不单纯是个文化现象，这些雷人的标语和告示似乎也不能完全用"民智未开""不够文明"来解释，因为在更大程度上，"标语"与"告示"还是一个社会治理理念的表征。

长期以来，我们的社会治理是靠政策落实和群众运动来推进的，因此"标语"这种高度浓缩化的语言在传达政策、发动群众方面就会显示出巨大的力量。尽管具有信息传递和组织动员方面的优势，但负面的影响也是不可忽视的：一是无形中增加了社会治理的成本，因为从长远来看，只有制度化的社会治理模式才是最节约资源；二是非常态的标语施政可能会使制度的运行无法连贯和持续，一阵风、应景式的执法带来的弊端就是明证；三是标语文化给社会大众带来了心理的冲击，一定程度上影响了文明习惯的塑造。如果某个地方政府时常以"谁影响嘉禾一阵子,我就影响他一辈子"这样的"霸气"与"谁与招商引资企业过不去,就是与蛟河人民过不去"这样的"牛气"来面对民众施行社会治理,我们可以想象民众会以怎样的心态来面对种种社会纠纷和矛盾——"发现小偷,乱棍打死""乱倒垃圾,全家死光"这样的言语暴力绝不是空穴来风,更不能把责任都推到普通民众的不文明和不理智上。

我们每天都生活"标语"与"告示"之中,一天 24 小时要看、要听无数从政府、机构和个人传递过来的信息。这些信息的内容和传递的方式,某种程度上决定了我们一天的心情和生活的质量,同时也塑造了城市的文化特性和市民的文明习惯。像香港这样轻松、幽默的公益广告,没有高深的用语,没有灌输的姿态,民众看了喜欢,效果自然会好。正是香港的公益广告,教会了雇主与雇员之间如何正确处理劳资关系,防止职场的性骚扰和歧视;教会了孩子们如何分类处理生活垃圾,不仅环保,更节约能源;教会了家长应该多点时间陪伴年幼的孩子;教会了孩子们应该帮助身边需要得到帮助的人;教会了市民"25.5℃"是夏季空调的最佳温度;教育青少年应该远离毒品;教会了小朋友当发现有同学呕吐时该如何处理;提醒司机朋友当遇到山体滑坡的时候该如何驾驶;倡导市民义务捐血的同时并告诉大家捐血"不单止可以帮助别人,还可以促进自身液循环",等等。

从更宏大的角度看,"标语"与"告示"还折射了一个社会的治理水平:一方面,在理性的法治社会,一切按照规则办事,并不需要靠铺天盖地的标语来动员全民行动,因此大多数"标语"与"告示"是完全没有必要的,属于清除的对象;那些野蛮的、充满着血腥和暴力内容的标语,更应当在现代社会退席。另一方面,与其在制度设计和政府决策之后通过"标语"来"宣传"和"告知",不如在立法和行政程序中充分吸纳民意,提高民众的参与度,保障民众的知情权。这既有利于制度和政策的推行,同时也能降低社会治理的成本。即使有必要向民众传递特定的信息,也应考虑尽量以轻松活泼的公益广告的形式,同时发挥各种 NGO 组织的作用,多宣示政府的责任,少滥施民众的义务。

后记：热血的青春还需好好淬炼

《法治的底色》一书收录了我 2004 年大学毕业、参加工作以来，利用业余时间撰写、发表的评论随笔。蒙北京大学出版社和编辑曾健先生大力支持，幸得编辑陈晓洁女士、学友赵燕女士精心审校，得以结集出版。敝帚自珍，也算是对自己过去十年"码字"生涯的一个总结和交代。

有的文章，写于北京西交民巷甲 19 号。那时刚到北京工作，人生地不熟，下班后时常主动"滞留"办公室，加班、读书、写作。对于一个血气方刚的毛头小伙，文字既是排遣时光和对抗寂寞的绝佳利器，也是挥洒激情和自我标榜的良径。头几年，或许是初生牛犊不怕虎，我延续了在校时的激情和理想主义，对热点事件习惯性地以法律人的眼光进行分析点评，自然免不了"指手画脚"。这种惯习使我保持了对法治的热忱和信仰，也让我幸识"法律博客"和"法律读库"创办人赵志刚学长，《新京报》编辑曹保印、赵继成等，《中国青年报》编辑曹林,《法制日报》编辑阮占江、凌锋、唐俊等,《人民法院报》编辑张娜,《检察日报》编辑鞠倩,《文汇报》编辑范兵,《解放日报》编辑华伟、支玲琳等,《南方周末》编辑赵凌、赵蕾、蔡军剑等,《潇湘晨报》编辑杨耕身等。他们指点有方,对我多有提携,方使得有时稚嫩、间或激进的文字有幸登上了这些媒体的评论版或者观点版,甚至成为社论。他们的敏锐、开放、博学和宽容,成为我踏出校门、走进社会后宝贵的智识和涵养来源。

有的文章,写于香港薄扶林道82号。那时公派到港大攻读普通法硕士,住在半山腰上的圣约翰学院王植庭堂。在香港这个熟悉的特区、陌生的法域,我一边适应学习模式、工作节奏和生活方式,一边迫不及待地去探索、比较和发掘,不断会有一些新鲜的发现和直观的感受。在某个深夜,我和一同来港的同学徐露颖、付侃、汪翌、王海波、徐运凯、周典、张剑峰、张军、李琳琳等站在阳台上聊天,约定要通过《法制日报》"香江札记"专栏(编辑陈学红女士)和《晶报》"法眼旁观"专栏(编辑卓丽丽女士),真实地记录见闻,分享感悟。当然,我们也明白,单靠几篇介绍香港经验的文章,对制度完善乃至法治进步的贡献可谓微乎其微,甚至可以忽略不计。但是我们怀有恒心,相信水滴石穿、水到渠成,甘愿以点滴的积累,为正在发生的改变和进步做铺路石。颇为庆幸的是,经过大家的共同努力,当年闲聊中的"头脑风暴"、文章里的"灵光闪现",已有不少付诸实践。

有的文章,写于饮马井巷或五老胡同。除了工作、读书和写作,也会恋爱、娶妻、生子,毛头小伙一晃已到而立之年。虽然文章渐渐写得少了,但也有了时间和心境来反思那些发表过的文章、兜售过的观点:有的比较偏激,无助于问题的解决和制度的进步,只是添油加醋;有的缺乏实证,没有经过认真分析和梳理,只是旁敲侧击;有的太过理想,未能准确把握现实国情和民众愿景,犹如轻风拂面,不痛不痒。回头再看这十年间的文字,依稀还能回想起当时的义愤填膺、拍案而起或者辗转反侧、低声吟唱。

那些年的自己,就像是一个爱唠叨的小孩,热衷在报社时评、专栏文章、讲座会议甚至亲友闲谈中喋喋不休,兜售自己的立场,推销自己的观点。直到2011年,我到广西壮族自治区百色市那坡县基层锻炼,在走完207公里的中越边境线,走进刀耕火种的苗寨,看到衣不蔽体的边民,感受战争带来的伤痛之后,才蓦然发现我身处的是一个如此复杂、多元的中国:过去学到的理论、固守的逻辑、执著的观点,在这些面前竟显得那么苍白无力。在差序格局的乡土中国推进法治,岂是一介书生纸上谈兵就能挥洒自如、笑傲江湖的?特别是听"大理寺"的何帆兄谈云南锻炼的见闻、"土司城"的倾城兄谈鄂西边城的风物、"都察院"的周典兄谈乡镇挂职的艰辛、"中书省"的徐运凯兄谈军区大院的掌故以后,我更加坚信:推进法治离不开理想和情怀,但更需要丰富的经验和多元的视角,更需要扎根本土的资源和仰仗善良的民众。

在微博微信当道的时代,人人都是"发言人",个个都有"麦克风",处处都是"大数据"。当年有幸发表文章的纸媒,被无处不在的网络咬得千疮百孔,"一纸风行"的荣耀不再,有的渐次凋零,有的风雨飘摇,还有的一边坚守、一边突围。就连自己的个人博客"饮马井主人"和"京沪双城记",经历了几年的热闹之后,也渐渐消沉下来,杂草丛生。一切都在悄悄起变化,青灯黄卷夜读书早已过时、张开双臂拥抱"互联网+"才是正道,话语权从评论版转移到公众号,稿费被打赏代替,信息也从匮乏到爆炸再到泛滥。五花八门的各类信息,没日没夜、铺天盖日而来,有时来不及分析和思考,就已成为明日黄花。人被裹挟其中,既难以自拔,又欲罢不能。这个喧嚣的世界、多元的社会,不乏评论者、旁观者甚至是搅局者,但更需要不忘初心、始终如一,为了心中理想默默坚持、久久为功的实干家。虽未能至,心向往之。

我们应该努力去做倾听者。听听大江南北的人文掌故、大国小城的街谈巷议;也听听大时代中老炮儿的诉说和发泄、大变革下参与者的呐喊和心声。继而,让自己的阅历一点一点丰富起来,判断一点一点精准起来,思考一点一点成熟起来。相信这些感悟和体验的记录,要比曾经的"无病呻吟"和"义愤填膺"更有价值。我们还应该努力去做实践者。不能总是书生意气、坐而论道,为了赢得廉价的掌声而迷失自己,计较并在乎自己说了什么或者说过什么,而应俯下身子、接接地气,问问自己做过什么或者做成什么;不断充实、完善自己,从细微处着手,观察制度的运作,发现制度的脉络,把那些"理念"和"大词",转化为活生生的现实。

每个人都有青春,每个青春都有故事,每个故事都有遗憾,每个遗憾都有回味不尽的美。匆匆十年致青春,如白驹过隙。从江苏的梦里水乡到上海的十里洋场,再到北京的胡同巷道、广西的边境小城、香港的薄扶林道,生活空间在变化,人生理想也在调整,幸而有家人的关心、师长的厚爱和朋友的鼓励,一路走来,并不孤单。特别是妻子马腾天真烂漫、活泼可爱,儿子舜骐乐观上进、默默支持,让我在最困惑、最迷茫、最无助的时刻,也能始终保持内心的平静。未来十年,热血的青春仍需好好淬炼,因为还要面对五光十色的诱惑、柴米油盐的生活,还要承担对家庭、对事业的责任。让我们保留一点小理想和小情怀,不被现实打败,不因岁月消磨;不媚俗也不犬儒,要练达也要情怀,带着大理想做小事情,尊重并坚守自己的选择,争取早日过上既有诗和远方,也有酒和朋友的日子。

2016 年 3 月 16 日,春浅霾重,定稿于西交民巷

图书在版编目(CIP)数据

法治的底色/胡健著. —北京:北京大学出版社,2016.5
ISBN 978 – 7 – 301 – 27024 – 0

Ⅰ. ①法… Ⅱ. ①胡… Ⅲ. ①立法—研究—中国 Ⅳ. ①D920.0

中国版本图书馆 CIP 数据核字(2016)第 073223 号

书 名	法治的底色
	Fazhi de Dise
著作责任者	胡 健 著
责 任 编 辑	曾 健 陈晓洁
标 准 书 号	ISBN 978 – 7 – 301 – 27024 – 0
出 版 发 行	北京大学出版社
地 址	北京市海淀区成府路 205 号 100871
网 址	http://www.pup.cn http://www.yandayuanzhao.com
电 子 信 箱	yandayuanzhao@163.com
新 浪 微 博	@北京大学出版社 @北大出版社燕大元照法律图书
电 话	邮购部 62752015 发行部 62750672 编辑部 62117788
印 刷 者	北京中科印刷有限公司
经 销 者	新华书店
	880 毫米×1230 毫米 A5 16.5 印张 355 千字
	2016 年 5 月第 1 版 2016 年 5 月第 1 次印刷
定 价	56.00 元